高中语文教学方法探究

李 丽 杨丽丽 姜 华 ◎著

吉林文史出版社

图书在版编目（CIP）数据

高中语文教学方法探究 ／ 李丽，杨丽丽，姜华著
. -- 长春：吉林文史出版社，2023.5
ISBN 978-7-5472-9425-3

Ⅰ．①高… Ⅱ．①李… ②杨… ③姜… Ⅲ．①中学语
文课－教学研究－高中 Ⅳ．① G633.302

中国国家版本馆 CIP 数据核字（2023）第 093906 号

GAOZHONG YUWEN JIAOXUE FANGFA TANJIU

书　　名 高中语文教学方法探究
作　　者 李　丽　杨丽丽　姜　华
责任编辑 陈　昊　张　蕊
出版发行 吉林文史出版社有限责任公司
地　　址 长春市福祉大路 5788 号
网　　址 www.jlws.com.cn
印　　刷 北京四海锦诚印刷技术有限公司
开　　本 787mm×1092mm　1/16
印　　张 10.75
字　　数 252 千字
版　　次 2024 年 4 月第 1 版　2024 年 4 月第 1 次印刷
定　　价 52.00 元
书　　号 ISBN 978-7-5472-9425-3

前　　言

　　语文是高中教学的一个基础性学科，是以分析解读课文内容主旨思路为主的教学方式。长期以来，受传统应试教育的影响，多数语文老师在教学中习惯以自我为中心，从而忽视了学生在教学中的主体地位，使得部分学生失去了学习语文的兴趣，因此，为了有效地提高语文教学的质量，要努力对教学方法和手段进行不断的探究，始终以学生的学习思路为主要落脚点，培养学生的自主探究能力以及促进学生个性发展，提高教学艺术性，利用设置问题情景，充分调动学生的积极性、主动性和创造精神，让学生在自主学习中发现问题，发生困难时，形成强烈的求知动机，激发学生的学习兴趣和潜能，从而提高课堂教学效果。

　　鉴于此，笔者撰写了《高中语文教学方法探究》一书，在内容编排上共设置七章：第一章作为本书论述的基础和前提，主要阐释高中语文教学的目标和作用、高中语文教学的原则与类型、高中语文教学中的核心素养、高中语文要素的具体渗透方法；第二至六章围绕高中语文教学方法的有效导入、比较观念、主题单元、学习创新、整本书阅读等不同方面进行论述；第七章突出实践性，围绕中职语文与高中语文的区别和联系、职业高中语文教学的实用性提升、职业高中语文中引入国学经典教育、中职语文教学中阅读与写作的结合进行研究。

　　本书结构科学、论述清晰，主要探究高中语文教学的相关方法，其目的是要按照一定的线索或者原则来将教材中的内容进行重新组合，并借助恰当的教学方法开展，确保教材价值的最大实现，同时，也能打破原有的课堂形式，最终，在确保达成语文教学目标的同时，也为学生语文学习兴趣的激发以及学习效率的提高做好保障性工作。

　　本书在撰写时参考了很多相关专家的研究文献，也得到了许多专家和老师的帮助，在此真诚地表示感谢。虽然在成书过程中，作者翻阅了无数资料，进行了多次修改与校验，但限于作者水平，书中难免会有疏漏，恳请广大读者批评指正。

目录

第一章 高中语文教学方法——理论审视

第一节 高中语文教学的目标和作用

一、高中语文教学课程及目标

在探讨课程目标及语文课程目标前，需要先明确一下"课程"与"语文课程"的相关概念，因为对这两者概念上的把握直接影响对目标的真正理解。新课程理念与新课标获得推行，广大教师对"课程"才有所了解。但仍有教师对课程持模糊的观念，有的将课程等同于"教学过程"或"教材"，有的把课程与"课"或"学科"混淆。人们常说的教学计划、课程标准（教学大纲）、教科书是属于"课"或"学科"的，不是完整的课程概念。这样的情形严重影响了人们对语文课程及语文课程目标的解读。为此，我们给课程重新定义如下："课程是根据一定的教育政策、教育方针，遵循一定的教育规律，为实现一定的教育目的而在具体的教育过程中形成的复杂的教学构架；在这个构架中各节点可以视作一门门具体的科学与一项项具体的活动，节点与节点的连线可视作经验通道与学习进程。"[①]

（一）高中语文教学的课程分析

I. 高中语文课程价值

（1）语文课程价值的形式。

第一，语文课程的个体价值（表1-1）。

[①] 张先亮.高中语文教学质量目标设定与标准监控研究[M].北京：语文出版社，2012：63.

表 1-1 语文课程的个体价值

类别	内容
学生人文素质的提升	人文指的是社会人伦，具体表现是尊重、关心和爱护他人。学校的教育目标不应该局限于培养各个专业的精英，而应该是将学校的学生培养成高水准、高素质的和谐型人才。语文课程对学生人文素质的提升具有深远的影响，因为语文本身具有丰富的文化底蕴和人文内涵，学生人文素养的培育正需要这种正能量的浇灌。 首先，学生道德水平的提高。学校教育的初衷是发扬高尚的品德，不断创新。学校设立的课程都是有专业性的，但共性是为了对学生进行道德素质教育。语文课程在道德教育中具有独特的先天条件，具有教学形式多样化、教学内容丰富的特点。教育过程中对教材的选取是经过深思熟虑的，所有选定的作品都蕴含着文学大家的正确的观念。无论是先秦的诸子散文、明清小说，还是现代时期新创作的作品，都是中华民族的美好道德和民族精神凝聚成的无形财富。通过对语文课程的系统化学习，学生的精神世界被净化，道德素养被提升，并在长期潜移默化的指引和激励的作用下最终实现了道德品质更高层次的升华。 其次，学生审美水准的提升。文学作品自身具有美学价值，而学生在学习过程中除了学习科学文化知识，还应该具备各种各样的能力，其中包括鉴别美好事物的能力，所以要开设语文课程。语文课程对学生的审美教育，主要是借助学习欣赏文学作品的手段来培养的。文学欣赏是指阅读文学作品时的审美享受，这个过程经历了认知、感受、想象和回味等一系列心理活动。在文学欣赏的过程中，学生不仅可以开阔眼界，更深刻地了解世界上人们生活的世界，还可以享受美丽，从而放空心灵、陶冶情操。散文、诗词、戏剧和小说等文学体裁都是由美丽的语言串联起来的。这些美丽的语言刻画了美好的人物形象，塑造出了美好的景象，美丽的大千世界就这样静悄悄地被送到眼前，为人们呈现出一个美丽缤纷的世界。 最后，学生心理素质的增强。无论是学习、生活还是工作，学生在各方面都承受着巨大的压力。学校教育之所以坚持开设语文课程，是因为语文课程不但给学生传递知识，而且影响学生精神和品格的形成。语文教材收录的是古今中外的文学著作，其中蕴含的哲理内涵是值得细细推敲、认真学习的，能够入情入理地对学生的心理素质产生积极的影响。
学生思维能力的培养	首先，培养学生的批判性思维能力。每部文学作品的问世都是经历了作者上百次斟酌修改的，在不同程度上反映了当时的社会背景和作者的思想境界，甚至其中有一部分蕴含比较犀利的批判性的观点。 其次，培养学生的创新思维的能力。目前是经济文化快速发展的时代，文学作品的背后是创作者的头脑风暴，文学创作需要有创新意识，创新意识是创新能力产生的前提和基础。 学生是祖国的新生力量，他们的思维活跃，对世界保持好奇心，接受新鲜事物的能力比较强。少年强，则国强，学生有创造力，则国家有创造力。创新意识、创新能力的高低直接或间接地影响着祖国的未来。 学生在阅读过程中应该插上想象的翅膀，发挥自己丰富的想象力，把文学作品中描绘的内容和现实相结合，转化成学生自己需要的知识储备。这个过程除了有利于收获知识，还有利于培养和提高学生的创新意识和创造力。

第二，语文课程的社会价值（表1-2）。

表1-2 语文课程的社会价值

类别	内容
语文课程的文化价值	中国传统文化博大精深、兼容并蓄、留传至今，其中大部分的优秀传统文化保留了下来。语文的教学内容以历代名篇佳作为主，是从传统文化宝库中挑选的精品。作品中有对正直和善良的赞扬，也有对虚伪和丑恶的批判。总而言之，通过语文课程的学习，学生可以了解中华民族的传统文化知识，接受传统美德的精神洗礼。最重要的一点是思想境界被打开，可以用发展的、辩证统一的眼光看历史和世界，在学习中将优秀传统传承下去。
语文课程的经济价值	语文课程的经济价值，主要指的是语文课程对人和社会发展具有的经济意义，社会经济的发展受到语文课程的促进作用。但是语文课程需要劳动者作为媒介载体来实现对社会经济的间接作用，经济发展的主体是人，开设语文课程也是为了谋求人的发展，人在取得一定发展后可以通过经济活动创造出经济价值。

第三，语文课程的生态价值。随着全球环境的不断恶化，人类才意识到保护生态环境。语文课程是专门提高人们文化素质教育的课程，课程的教育理念和生态文明建设的理念相统一，可以教导学生从现实生活做起，爱护环境。

语文课程可以帮助学生认识到自然的神秘力量，认识到保护生态的重要性，激发学生正确的生态意识，激发学生对自然界的热爱，使学生加入保护生态环境的行动中。

语文课程能通过其独特的教学方法和教学内容，引导学生把对大自然的尊重和热爱，间接转化为自己的生态观念，并且和自己的价值观相互作用、相互影响，最终体现在行动中，积极地参与社会实践。

（2）语文课程价值的实现路径（表1-3）。

表1-3 语文课程价值的实现路径

类别	内容
教育的首要基础	第一，学习语文兴趣的培养。基础教育是学生接触学习的首要阶段，这个时期应该为学生的兴趣、爱好和个性趋于稳定奠定坚实的基础。兴趣是最好的老师，因此，基础教育阶段应该想方设法引导学生对学习产生兴趣，积极热爱学习。首先，可以引导学生认识学习语文的重要性。学习语文不但可以提高语文成绩，而且有利于学生形成正确的人生观，开阔眼界。由此可见，语文对于学生的成长和发展有着至关重要的作用。其次，学校可以跟随时代潮流的发展，将先进的教学理念贯彻到语文教学活动中。作为学校，要敢于创新、敢于尝试。最后，教师为学生的学习保驾护航。如果自身实力薄弱，是无法把学生培育成和谐人才的，所以应该在工作中不断摸索，早日形成独特的教学风格，用人格魅力去感染学生，吸引他们对语文学习产生浓厚的兴趣。通过基础教育阶段的良好培养，为学生学习将来的语文课程奠定基础。 第二，工具性与人文性兼具的语文教育。在高中教育阶段，语文课程要求教师不局限于死气沉沉的课堂教学中，要施展语文的独特魅力。学生之所以要认真学习语文，除了完成教学目标，取得不错的学习成绩外，还应该更加注重能力的培养。学生在正确理解和运用语言文字的基础上深入学习，从而实现阅读能力、写作水平的大幅度提升。尤其是在实际生活中，一个人的文化素养越高，行为举止和言语谈吐越是优雅。教师在语文教学过程中，不只局限于书本知识的讲解，还应该通过语文教学活动激发学生的学习热情，让学生积极投身于文学作品的学习中，受到文学作品的启迪和鼓舞，从而形成乐观的精神，为社会发展做出自己的贡献。

改善语文课程的发展环境	第一，明确语文课程的定位。明确语文课程的定位，才能充分实现语文课程的价值。语文课程在学生和社会的发展中起着重要而不可替代的作用。语文课程占据着高中教育的重要地位，它的出现适应时代的潮流，与生活实践息息相关。语文课程的存在是有价值的，在学生经历了中小学语文的课程教育后，知识系统虽然初步完善，但是需要进一步改革和发展，语文教育就担此重任，不只是中小学语文课程的简单延续，更是从更深层次作用于学生精神思想、审美情趣和人生价值观等的过程。语文课程可以让学生发展更好，走得更远。 第二，强化师资力量。语文课程的发展需要建设一支强大、稳定、高质量的师资队伍，确保语文课程的教学质量。需要注意的是要加强教学人员的稳定性。学生对教师的更换是有一个接受和适应的心理变化过程的。如果授课学习过程中，更换老师十分频繁，学生的正常学习将会受到影响，甚至对课程产生强烈抵触情绪，不再积极主动地学习。学校应该重视语文教师的生存环境，要采取一系列强有力的措施提高教师的福利待遇与教学资源和平台，提高教师队伍的综合素质。 语文内容涉及的方向很广，内容很多，这对任课教师而言是一项挑战。不但需要语文教师对自己授课的专业文化知识精通，而且对哲学、历史学等冷门知识也需要有所涉猎。这样在授课过程中，既可以将课堂气氛调动起来，又可以给学生补充书本以外的知识，拓宽他们的视野。此外，语文课程因为其特殊性还要求任课教师在思想和道德素养方面严格要求自己。因为语文课程虽然是一门基础课程，但是旨在培养高素质人才，学生很容易受到教师三观的影响。 语文教师队伍想要发展得更好，学校可以从两方面着手改进：首先，拟聘部分专业素养高、层次水平高的专业人士来校任教；其次，在学校任教的教师应该严格要求自己，以教书育人为己任，不断提高自身专业文化素质和道德品行修养，身体力行地去影响学生，促进学生更好地发展。

语文课程要进行内部改革	第一，语文课程教材的规范。首先，语文课程教材的全面性与启发性。中国文学历史悠久，要有选择地进行编入。在编写教材的时候应该考虑各方面的问题，从宏观角度进行把控，从时代的角度划分。在选取教材内容的时候应该选择最能代表某一时代的优秀作品，让学生对于中国文学的发展历史有更广泛深刻的了解。进行课程教材编排时，要以中国的文学作品作为主角，加入其他国家的优秀作品。另外，在进行语文教材的编写时，可以选择比较有争议性和讨论性的作品作为教学内容；可以让学生在学习的过程中积极地讨论，发挥自己的看法，从而打破传统的思维局限性；可以让学生从不同的思想、不同的角度去思考很有争议的问题。这种方法不仅可以让学生在进行教材学习的时候获取文学知识，还锻炼了沟通能力和思考能力。其次，语文课程教材的归类性与大容量。语文教材的编写应该在文学时代的基础上，根据题材及主旨将文学作品进行分单元归类编写，这样分类的方便之处在于教师和学生能够对教材的整体内容有更明确的梳理，能对于后期教师开展教学工作和学生进行知识学习有很大的帮助。学生可以根据自己的学习水平在单元学习的过程当中体会到不一样的情感，这种情感会对学生的阅读能力和写作能力有非常大的影响。 　　第二，语文课程教材的教学改进方法。首先，师生互动模式，发挥学生的主体性。对于教师而言，想要最大限度地展现出学生的主体性，就应在进行语文教学的时候，使用自由讨论的教学模式。其次，以课内学习为主，课内课外学习相结合。将课内教学和课外活动时间建立起联系，将多种形式的课外活动变成课内教学任务的另一种形式。学生可以通过课下接触到更多方面的文学形式增加对文学的了解，了解自身的文学鉴赏能力，增强美学体验。例如，可以通过参加如社团活动、学校讲座、创办文学刊物等非常好的语文课外活动。拓宽自己的文学知识面，丰富自己的学习，累积不同活动的实践经验。最后，利用现代化的科学技术完善教学的方法。多媒体技术能够将文学全面地展现在学生的面前，丰富文学的立体形象，让学生对于文学更感兴趣。通过刺激学生的感官，使学生对于文学产生联想，打破传统的教学方式，使学生置身于文学的情景当中。这样的先进教学方式不仅可以更好地激发学生的自主学习性，还能激发学生的创造能力和想象能力，最终达到对文学产生深刻认识的目的。 　　第三，更新语文课程考核的方式。语文课程的考核内容主要是检查学生的学习能力。完善合理的考核标准由两个部分组成。第一部分是学生的学习过程表现。对于学生在学习过程中的表现和作业的完成度进行打分，最后算在总成绩当中，这种方法可以督促学生平时认真地学习，也会使考核的标准更具有公平性。第二部分就是平时知识的总结能力。这一种考试可以分为开卷和闭卷两种形式，通过闭卷的考试可以对于学生的学习状态和记忆能力有一定的掌握；开卷考试可以了解学生对于知识点的总结、表达能力，如可以让学生针对某一主题写论文，论述自己的观点与看法。

2.语文课程教学过程

　　教学目的需要经过一定的教学过程来实现，教学规律必然在教学过程中发挥其客观影响，教学原则也需要在一定的教学过程中去贯彻，教学内容必负载于教学过程，教学过程必伴随某种教学方法。教学过程是教学论中一个绕不过、避不开的论题之一，探究语文教学过程的"生成"，有必要先弄清楚教学过程及其本质。

　　语文课程教学过程主要有以下特性（表1-4）、

表1-4 语文课程教学过程的特性

类别	内容
教学过程是双边互动的过程	教学过程强调师生双方的共同参与，"教"与"学"处于同一教育活动中。教学过程是师生教学活动连续展开的过程，而不是教师或学生单方面的和随意的行为动作，更不是某种一成不变的形式或状态。教师和学生中任何一方的能动性都不能够被抹杀。学生的学习的确离不开教师的指引，但同时，"学"也必须通过学生自己的认识、实践活动才能把人类宝贵的知识和经验内化。这种内化不是教师或任何一个旁人所能替代完成的。双方在这一过程中相互依存、相互影响，从而使得教学活动的状态不断交替变化，形成现实的、具体的教学过程。
教学过程是个流动变化的过程	我们在承认师生共同参与教学过程的基础之上，在肯定教学过程存在着师生之间的交流和沟通并碰撞出思维火花的前提之下，不得不注重教学过程的"流动"。众所周知，教学过程主要是通过师生的语言活动得以展开的。所谓教学过程的流动性，指的是一堂课的教学过程中所包含的各种基本信息和定义都伴随教学语言有秩序、递进的变化，并最终引向或指向教师的目标。

（二）高中语文课程的重要目标

I. 高中语文课程目标的主要内容

课程目标是一个相对宏观的概念，是课程本身要实现的制度化的具体要求。课程目标对课程编制、教学目标的制定有重要的指导价值，是课程内容设计、课程实施、课程评价的重要依据。

语文课程目标是课程目标在语文课程中的具体体现，或者说是语文课程的具体要求；我们也可以认为语文课程目标就是语文教学中学习主体的学习需要的体现。对应于目前的课程三级体系，语文课程目标也存在着国家语文课程目标、地方语文课程目标及学校语文课程目标三级。国家语文课程目标体现在《普通高中语文课程标准》中，而地方语文课程目标与学校语文课程目标则是由地方和学校根据各地的具体情况来制定的。

《普通高中语文课程标准》从"积累·整合""感受·鉴赏""思考·领悟""应用·拓展""发现·创新"五个方面提出了课程目标。

(1)积累·整合。积累是能围绕所选择的目标加强语文积累，在积累过程中注重梳理，整合体现在通过对语文知识、能力、学习方法和情感、价值观等方面要素的融会整合，切实提高语文能力。课程标准将"积累·整合"放在第一位，一则强调其基础性；二则强调其重要性。

积累的对象包括语文知识、能力、学习方法和情感、态度、价值观等方面的要素。积累语文知识、能力、学习方法等要素，侧重于逐步形成富有个性的语文学习方式；个性化的语文学习方式还包括了学习方法的多样性，教师要注重对学生学习方法的引导。而情感、态度、价值观等方面要素的积累，侧重于形成良好的思想道德素质和科学文化素质。

从文学教育的角度看，学生学习使用语言文字这一工具，应该在人文精神熏陶的过程中进行；相应地，当学生较好地掌握了语言文字这个工具，人文精神的教育也自然更能落到实处。语文课的思想教育不同于政治道德课之处，是因为它是渗透于文学的审美过程之中，以潜移默化的方式进行的，而不是将语文教材仅仅作为思想教育的材料。

在整个语文学习过程中，语文知识、能力、方法和情感、态度、价值观等方方面面需要融会整合的要素非常多，而最需要获取、积累的，应当是能够为学生终身学习和个性发展奠定坚实基础的那些要素。这个获取的过程，也就是整合筛选的过程，要对所有的积累对象进行分类，取其精华，并聚集起来为我所用。到这个时候，积累的过程才算完成，积累的方法才算掌握，长此以往，积累的能力才能形成。

通过积累和整合，学生形成了较丰富的语言积累及文字、文学等方面的基本知识，掌握了恰当的学习方法，良好的学习习惯不断养成，从而切实提高了语文素养，真正达到了新课标所提出的目标：培养学生热爱祖国语言文字的感情，正确理解和运用祖国语文的意识。

（2）感受·鉴赏。传统的阅读教学往往把文本作为传授知识的载体，而忽视了学生学习的主动权。新课标则相当强调学生独立阅读文本的能力，提倡让学生在阅读文本中获得自己的体验，获得认识的再创造，从而在阅读中真正发挥学生的主体作用。

感受和鉴赏重在作品阅读过程当中，品味语言，感受其思想、艺术魅力，发展想象力和审美力。具有良好的现代汉语语感，努力提高对古诗文语言的感受力。体味大自然和人生的多姿多彩，激发珍爱自然、热爱生活的感情；感受艺术和科学中的美，提升审美境界。

文学艺术是语言的艺术，要进行文学作品的感受和鉴赏，首先，应了解诗歌、散文、小说、戏剧等文学体裁的基本特征及主要表现手法，了解作品所涉及的有关背景材料，以助于阅读和理解作品；其次，从感受形象、品味语言入手，领悟作品的丰富内涵，体会其艺术表现力，进而根据自己的生活、情感体验做出自己对作品的评价，去伪存真，去劣存优，然后对自己认定的优秀篇章更进一步地去欣赏、去领略，获得美好的艺术享受，形成良好的语感和思维品质，培养较好的阅读理解能力和表达交流能力，使自己具备高尚的审美情趣和一定的审美能力。

个性化阅读是新课标着力提倡的一种阅读方式，它是指阅读主体在一种自由放松的心理状态下的自主、探究、发现的阅读，是一种走进作品、与作者直面对话的阅读，也是一种自由抒发自己的感受、大胆发表自己的见解的阅读。学生可以通过充分调动自己的生活经验和知识积累，在主动积极的思维和情感活动中，获得独特的感受和体验。

（3）思考·领悟。阅读是学生的个性化行为，不应以教师的分析来代替学生的阅读实践，要珍视学生独特的感受、体验和理解。我们要引导学生根据自己的学习目标，在读经典名著与其他优秀读物时，深入文本进行思考与领悟。

"感受·鉴赏"的对象是优秀作品，方法是通过阅读、品味语言来感受作品的思想和艺术魅力，目的是培养学生良好的现代汉语语感，提高对古诗文语言的感受力，激发珍爱自然、热爱生活、热爱祖国语文的感情，提升审美境界和道德修养。"思考·领悟"的对象依然是经典名著和其他优秀读物，这是一样的，但在具体要求上，则更深入了一步。

"思考·领悟"的方法是通过阅读和思考来领悟作品的丰富内涵，"内涵"当然是作品的思想和艺术魅力。由思考到领悟这一过程，更主要的还是在感受鉴赏的基础上进一步提高学生独立阅读的能力，引导学生根据语境揣摩语句含义，体会精彩语句的表现力，从整体上把握文本内容，理清思路，对文本能够做出自己的分析判断，并从不同的角度和层面进行阐发、评价和质疑，探讨人生价值和时代精神，以逐步形成自己的思想行为准则，树立积极向上的人生理想，增强责任感，养成独立思考、质疑探究的习惯，发展思维的严密性、深刻性和批判性。为此教师还须引导学生深入文本，与文本进行有效的对话，并在此基础上展开师生对话，充分关注学生阅读心理，尊重学生独立的阅读见解，鼓励学生批判质疑，发表个人意见。积极倡导探究式阅读及创造性阅读，给学生足够的思考与领悟的阅读实践机会。

(4)应用·拓展。《普通高中语文课程标准》提出：能在生活和其他学习领域中，正确、熟练、有效地运用祖国语言文字。而语言文字运用能力的提高重在实践，教师要引导学生在生活和跨学科的学习中学语文、用语文，能综合运用在语文与其他学科中获得的知识、能力与方法，并在实践活动中努力提高口语应用的能力。

新课标顺应社会发展的需要以及语文学习的规律，鲜明地提出了教师应当引导学生拓展语文学习的范围和实践方式，如通过研究性学习与个性化写作来提高语文综合应用能力。"研究性学习"是实践性很强的学习方式，在内容上具有开放性、实践性、研究性，因而能够为学生最大限度地应用和拓展语文学习空间提供充分的条件。它要求学生必须亲自去做，在实践中去体会、领悟，把教育活动中以"教师、课堂、书本"为中心转移到以"学生发展为本"上来。通过提供尽可能多的活动，给不同的学生以不同的激励。学生在学习、研究的过程中始终处于主动地位，虽然会遇到各种困难，但创造性思维能力却得到了充分的调动。研究的成果又可以激发起他们的自信，从而进一步激励他们进行新的探索。

个性化写作就是为了表情达意并与人交流而进行的写作，就是写作者对自然世界、社会生活和人生旅程的真体验、真思考和真感受的表达。学生自主地写出真实、健康、充分展示个性的文章，就能够使写作真正成为他们审视生活、思考人生的重要方式之一，在个性得到最大限度保护的基础上，学生的创造潜能得到了最大限度的发展。

(5) 发现·创新。发现、创新旨在注意观察语言、文学和中外文化现象，学习从习以为常的事实和过程中发现问题，培养探究意识和发现问题的敏感性，并敢于走进新的学习领域，尝试新的方法，追求思维的创新、表达的创新。只有善于思考、敢于发问，才会有学业的进步、事业的成功、发明创造的出现。

在当前的语文教学中，"问"大多只停留在教师提问、学生回答的浅层次上。教师考虑的恐怕多是怎样问更巧妙，怎样问有利于课堂气氛的活跃，课堂教学便成了以教师为中心的模式。新课标主张，要培养学生的发现能力和创新精神，必须从引导学生的多思多问入手，创造一个"以问题为中心""以学生的发现、质疑、思索、研究为主要形式"的课堂氛围。引导学生多疑多问的方式也非常丰富，它涵盖文章中字、词、句、篇的任何一方面。这样，学生通过质疑、思索、研究，无形中提高了实践能力，由"发现"到"创新"这一环节就得到了最大限度的充实。

总而言之，新课标在"课程目标"方面的理念可以概括为：回归语文教学的原始本位，着力倡导生活化的语文学习，执着追求个性化的阅读写作。

2.高中语文课程目标的具体特性

(1) 语文课程目标的长效性。语文课程目标从宏观上为语文教学确立了大的方向，统帅语文学科教学的整体，其效用需要通过较长的时间或很长的时间来体现。

(2) 强调课程的整合，注重整体性和综合性。语文课程目标体现在知识和能力、过程和方法、情感态度和价值观这三个维度。高中语文必修课和选修课，要求学生在五个方面获得发展，这五个方面就是指"积累·整合""感受·鉴赏""思考·领悟""应用·拓展""发现·创新"。这种课程目标比较注重学生语文学习的过程与方法，并通过综合表述"打通"了知识与能力、过程与方法、情感态度与价值观之间的界限。在突出整体性的同时又有所侧重，体现一定的层次性和过程性。

(3) 体现学生学习的主体性、自主性。学生是学习的主人，一切为了学生的发展。这就要求教师对课堂上的角色转变要有充分的准备，并在教学过程中，真正由传授者转变为共同学习者、共同参与者。学生也由被动转为主动，积极思考，学会学习，并反过来促进老师共同进步。

二、高中语文教学的作用

（一）高中语文是提升教学质量的重要因素

课堂教学一定要有计划、有规律地开展，所以课堂活动需要遵守秩序和规定，但是课堂并不是一成不变的，经常会有各种突发的问题，也可能会产生矛盾，因此，为了保持正常的课堂秩序，教师要及时排除可能干扰教学活动的因素，保证教学活动能够正常有序地开展。规定和秩序对于教学活动来讲是至关重要的，有经验的教师非常注重教学过程的管理，只有做好教学管理才能实现语文教学效果的提升，而且教学管理能够保证教学氛围的和谐融洽，也能够让师生处于和谐的氛围中，进而保证了教学任务的有效完成。

（二）高中语文有利于促进课堂教学的生长

课堂教学活动的最终目的是促进师生共同发展。"教学相长"在今天看来，其含义就是指教师与学生的相互影响和相互作用会促进彼此的进步。二者的进步当然离不开良好的课堂教学环境，只有课堂在生长，课堂中的人才能得到生长。课堂的生长是课堂中人的生长的前提，同时，课堂的生长又为人的生长创造了条件。促进课堂的生长，增强语文教学管理的指向性功能，也是语文教学管理的基本目标。语文教学管理就是要调动各种可能的因素，开掘课堂的活力，发挥其生长功能。如果失去了这一生长功能，课堂气氛就会变得单调，课堂缺乏应有的活力，从而也谈不上促进人的发展。

第二节 高中语文教学的原则与类型

一、高中语文教学的原则

课堂教学管理有其内在的机制与规律，要有效实现语文教学管理的目标，就必须遵循课堂教学管理的原则。高中语文教学原则不仅与课堂教学管理目标有关，而且与课堂系统的特征直接相关。

（一）系统性原则

课堂系统是由内在联系的特定要素构成的有机统一的整体。把课堂视为一个系统，其构成因素是较为复杂的，既有物质的，也有非物质的即精神或心理上的；既有有形的，也有无形的。这样一个多因素构成的系统，只有在各因素协调一致时，课堂才会产生根本作用。因此，教师作为一个课堂教学的管理者，应具备全局的观念，从系统整体对课堂系统的各个方面进行规划与调整，以便把各种因素有机地协调为一个整体，发挥更有效的功能。出现课堂问题时，要从课堂的整体来分析与把握，从问题与环境，时间、空间与场合，得与失，利与害，个人与集体，社会、历史、现实与未来，自我与非我等多方面的关系中形成一个全面而正确的认识。

（二）自组织原则

自组织现象，是指自然或客观事物本身自主地组织化、有序化的过程。对于组织的认识需要我们一开始就假定教师、学生、课程和原料一道进入的是一个全新的场景。对教师而言，语文教学管理的目标是通过怎样的方法使学生能养成自我管理的好习惯，教师并不是在"转让"知识或技巧给学生，而是努力想让学生进入自己的世界，让自己进入学生的世界，因而和学生共享一个世界。

课堂的进展过程实际上就是在寻求新的信息，不断从事与创造有意义的对话，不断实现新的连接的过程。这种过程本身是自然发展着的。但在传统的语文教学管理中，教师常常根据自己的判断试图给课堂加上一些人为的框架，于是课堂并不能很好地与之对应，而必须经常加以限制直至它能管理这些框架，因而在课堂教学管理中容易出现单向的专断性控制。在这种情况下，教师实际上是很难对课堂本身进行管理的。课堂作为一个开放的系统将由于对组织的充分重视或自组织作用的充分发挥而趋向自我完善。

（三）激励性原则

激励性原则就是在高中语文教学时，通过各种有效手段，最大限度地激发学生内在的学习积极性和求知热情。贯彻激励原则，首先要求教师在课堂上努力创造和谐的教学气氛，创造有利于学生思维、有利于教学顺利进行的民主氛围，而不是把学生课堂上的紧张与畏缩看作教师管理能力强的表现。

语文教学的任务之一是培养良好的课堂集体和学生课堂行为，但这并不是一蹴而就的事情，需要长期培育，而最好的方法就是通过不断鼓励和强化，激励学生进步，满足学生的心理需求，营造积极向上的课堂气氛。为此，在语文教学管理中，需要做到以下方面。

第一，教师要鼓励和提倡积极的个人行为，如刻苦学习、遵守课堂纪律、尊敬师长、互帮互助等，对在这些方面有突出表现的学生应及时给予表扬，因为教师的表扬是对学生行为的肯定，这样，学生就会受到鼓舞，增强信心。

第二，教师要用发展的眼光对待每一位学生。现代心理学告诉我们，学生是发展中的人，其生理、心理、知识、能力、自律等都处在发展之中，处于不成熟、不完善的状态，每个学生不论其目前的状况如何，都存在着发展的潜能。教育的责任就在于使学生的潜在可能性向现实可能性发展。因此，教师应该时刻用发展的眼光期待学生，尤其是曾有课堂不良行为的学生，要充分相信他们经过教育培养都能成人成才。

第三，教师要随时关注学生积极的变化，细心发现学生在原有基础上的每一点滴进步，不失时机地给予赞赏，让每个学生都有成功的喜悦，都有管理其能力的成功体验。

第四，对学生的不良课堂行为要宽容，并且进行正确引导，促使其自我克服、自我矫正、自我完善。现代课堂管理理论研究表明，教师对课堂的最大影响就是对学生发展的激励。激励是有效语文课堂教学的核心。

二、高中语文教学的类型

长期以来，人们进行了多种多样的语文教学的实践，总结了丰富多样的课堂管理经验。下面分析在高中语文教学中较为典型的类型。

第一，教导型。教导型的课堂模式指出，在课堂教学中认真地设计、仔细地实施教学步骤能够解决很多课堂中出现的问题。对课堂进行有效的管理必然能够带来教学效果的提高，所以教师要认真教学，教学内容要与学生的需求相吻合，让每一个学生都能够获得他需要的知识，培养学生的学习兴趣，保护学生的学习积极性。教导型的课堂认为，教师的指导是非常重要的，如果教师能够对教学过程、学生发展做出积极而正确的指导，那么将非常有利于学生的成长。

第二，民主型。在民主型教学模式中，教师能够用积极的教学态度认真严谨地对待教学活动，与此同时，教师还能对学生的学习进行适当的引导。这种教学模式下的语文教师既让人感到亲近又让人由衷地尊敬，而且学生也能够更加主动、更加愉快地学习，整体的教学效率有显著的提高。

第三，情感型。对学生进行爱的关怀、爱的教育可以实现教学的不管而管。如果语文教师在走进课堂的时候就满怀着对学生的喜爱、对学生的关怀，表情中自然地流露出亲切的爱意，教学中使用的语言和动作都是亲和的，并且经常表扬学生的进步，发自内心地对学生的优点进行赞扬，那么学生将会受到特别大的情感激发，学生学习的积极性将会得到前所未有的提高。例如，在快要下课的时候，有的同学不自觉地做了一些小动作，教师对这样的行为只是发出了轻微的"嗯哼"，以此来提醒学生，当学生注意到老师的关注之后，老师回以甜蜜的微笑，这会使学生感到羞愧，从而非常专心地听课。分析情感型的教学模式，我们会发现并没有各种值得探讨的技术或技巧，但是这种教学模式又有其明显的特征，学生和教师之间始终有亲切的、温暖的情感传递，无论是教师对待学生还是学生对待教师，都是从亲切、关怀的角度出发，这对语文教学来讲是非常强大的推动力，既能够激发教师的教学热情，也能够提高学生的学习兴趣，对于学生的成长来说是非常有帮助的。

第四，兴趣型。兴趣型课堂指的是教师能够在教学过程中加入艺术化的教学方法，能激发学生的兴趣，并且能陶冶学生的情操。艺术性的教学方法主要指的是教师在上课过程中使用生动的语言、形象的姿态、书写优美整齐的板书、掌控灵活变化的教学节奏，让学生在欢乐的过程中学习知识。由此可见，这种教学模式让教学富有美感，让学生可以体会到教学的美，在这种教学模式中，教师可以通过故事、视频或者有趣的例子引出教学内容，吸引学生的兴趣，然后在后续的教学中使用非常灵活的教学方法启发学生，把学生吸引到教学过程中来，进而实现语文教学的目的。

第五，群体型管理。这种教学模式建立的基础是社会心理学、社会群体动力学，并且依靠这两种学科理论展开管理和教学。理论认为学校教育是一种特殊的群体教学，环境也是特殊的，教师要和学生之间建立有效的积极的关系，这种理论认为课堂群体属于社会系统的一种，并且具备社会系统的特征，课堂群体的建设和管理应该符合社会群体的一些特定条件，教师要做的就是建立和维持社会群体运行需要的条件。群体性教学管理主要强调领导行为、课堂内聚、人际期望以及真诚接纳四个方面的内容。

第三节 高中语文教学中的核心素养

一、高中语文教学中核心素养的理论分析

（一）知识论

一个人的核心素养有着较大的发展空间，其中，教育以及自身的努力是最主要的，也是最基本的发展途径。对于核心素养的培养，通常是以学科内容知识为基础和载体的，是在对知识的学习过程中，加强培养学科核心素养的意识，促进对学科核心概念、规律、原理的理解，并形成态度与能力，从而达到对学科核心素养的理解与构建。任何教学活动，都是以一定知识的传授与学习为基础的，这也是学校教学模式的基本形式。

随着教育理念的不断完善以及教育改革的逐步推进，我国学科知识教学内容也发生了相应的变化，其内涵也更加丰富与多样化。而以学科本位到以素养本位的转变，是当前素养教育的本质特征。尽管素养教育被提升到了一定的高度，但这并不代表对知识地位的忽略。相反，传授学科知识仍被作为教学的最基本形式。

以学科知识为基础的核心素养的培养要注意以下两点：首先，通过课程化的知识教学过程，将以认知价值为核心取向的知识学习与智力发展相统一；其次，注重学生学科思维能力的培养。与此同时，还需要加强学生对学科特征的理解。在此基础上，促进学生学科核心知识、核心观念、方法等多方面的建构与发展。

核心素养与学科知识相互促进，互为统一。核心素养的培养以学科知识为基础，主要是对学科知识中核心知识的学习。同时，进行学科观念、思维、态度培养。从教学的任务来看，教学的一般任务是引导学生能动地学习，掌握基本的知识与技能，同时具备灵活运用的能力，这也是其他任务得以完成的基础和前提。因此，核心素养的形成过程是学科知识教育价值实现的过程。没有基础知识的掌握，就无法获得以知识为基础抽象出来的方法、态度以及能力，核心素养的培养也便成为无本之木，效果可想而知。

（二）认识论

知识建构理论成为核心素养培养的理论基础。生活在社会中的人，或多或少都会有一定的生活经验以及所学知识的积累，并自觉或不自觉地将其运用于新知识的学习及能力方法的获取。对于核心素养培养而言，核心素养形成的过程，可认为是意义建构的过程。其

中，已有经验或观念是基础。教师的作用不是忽略学生已有经验或知识，对学生进行新知识的传授，而是应该充分考虑学生对已有知识的掌握，并基于此，找到新旧知识间的连接点，建构新的知识。由此可见，新知识的形成，对于原有知识结构的改进与发展同样有着积极的促进作用。建构主义指导下的核实素养的培养，可从以下方面实现。

第一，以学科问题情境为教学活动方式。核心素养是知识与能力的统一，而以学科教学为基础的核心素养的培养，重在以学科问题情境为背景，引导学生形成在具体情境中解决具体问题的能力，而非依靠传统的教师传授。而这一观点，恰好符合建构主义者所秉持的情境性认知观点（强调学习、知识、智慧的情境性，认为知识是不可能脱离活动情境而抽象地存在的，学习应该与社会化的情境活动结合起来）。传统的学校教育奠定了知识传授的基础，而能力的获取，以及思维能力的提升，仅凭教师的传授，无法真正实现。通过参与性的实践所获取的某种能力、方法等，远大于从书本或演示中所获。思维能力的培养与提高，取决于学生解决具体问题时方法策略的选择、应用以及对行为过程、行为结果的反思。无论是知识的获取，抑或是知识的运用，既来源于实践，也离不开实践过程的体验，是在具体情境中的反复尝试、小组协作以及不断思考。同样，掌握科学的学习方法，也与实践关系紧密，也是在具体情境中，面对所解决具体问题时不断反思的结果。建构主义主张"抛锚式教学"，即在教学过程中，教师应善于创造与现实相似的情境，引导学生对相应的问题情境进行探讨，培养学生对问题情境的建构，促进思维能力的发展。

第二，以探究式学习[①]为教学活动方式。在我国当前的学校教育中，课堂教学是学生学习知识内容最主要，也是最基本的形式。课堂能够为学生提供系统学习学科知识的机会，使学生掌握系统的科学知识。但是与此同时，我国课堂教学也存在以教师讲授为主，忽略学生在学习中的主体性，忽略对学生探究性思维能力的培养这一主要问题。教学过程不应该以知识传授的多少为衡量标准，而更应该以学生对知识的理解、吸收，乃至掌握程度为主，这一教学目标的实现，离不开探究式教学过程。建构主义指出探究式学习过程是以问题为导向，通过发现问题和解决问题而建构知识的过程。由此可见，探究式学习的开展离不开问题情境的创建，而所创建的问题情境必须是与所学内容相关的、有意义的。

另外，创建有意义的问题情境，与教师的探究意识及能力有着直接的关系。需要教师强化探究学习的意识，合理设计探究过程。既要结合学生的实际状况以及知识水平，又要与生活实际密切相关。同时将探究活动的难度控制在合理的范围内，既要避免问题超出学生的能力，而让学生望而生畏，挫伤学生学习的积极性，也要避免问题设置过于简单，达不到提升学生探究思维能力的效果。在这个过程中，教师要设置一系列的合理问题，并以问题链的形式将这些问题串起来，用于指导学生的探究，促进学生核心素养的构建。

综上所述，探究式学习的过程，离不开与他人的互动与沟通。因而，探究的过程是合作交流的过程；是一种对话式的实践过程；是参与探究活动的学生，针对探究的主题或某

---

① 探究式学习（Hands-on Inquiry Based Learning），又称为研究性学习，是指从学科领域或现实生活中选择和确立主题，在教学中创设类似于学术研究的情境，学生通过动手做、做中学主动地发现问题、实验、操作、调查、收集与处理信息、表达与交流等探索活动，获得知识，培养能力，发展情感与态度，特别是发展探索精神与创新能力。

一问题，与同伴、老师展开合理的对话，促进问题解决的思维过程。对话的过程同样需要教师运用教学的智慧，进行科学合理的引导。在学校教育教学过程中，教师需要在程序性学习的基础上，对探究式学习方式给予适时引导，通过探究性学习，培养学生的问题思维能力及解决问题能力，从而增强学生的学科核心素养。

二、高中语文教学中核心素养的教学观

（一）树立"立德树人""以生为本"教学观

"立德树人"已成为现代教育理念及基本要求。所谓"立德树人"，就是要求教师在面对作为教育对象的学生时，要明确教学的关键在于人的培养，教学活动应围绕学生的个性自由而有序开展，教学服务于学生的成长成才。对于学生而言，其个性自由和健康发展应该以良好的道德品质为前提。而这正是核心素养导向下教学的重点。所以，重建核心素养导向的教学，必须坚持"立德树人"的教学观。

"以生为本"也是现代教育理念，即以学生为中心。"以生为本"是指在教学活动中，教师应关注学生，尊重学生的个体差异；要根据学生兴趣特长、能力水平等特点，制定不同的教学内容；要鼓励学生进行自主学习，充分挖掘学生潜能，以促进学生全面、均衡地发展。具体可从以下方面探讨。

第一，教师需要在观念上进行转变。对于教学而言，知识的传授和能力的培养对于成绩的提升固然重要，但是这些必须服从于学生的健康和幸福。健康，不仅仅是狭隘层面的身体健康，健康应该包含更为广泛的意义，即心理健康以及良好的品质。因此，教师在教学活动中，要以学生的健康为前提，注重将学生良好道德品质的形成与知识的传授相结合，这就要求教师以学生为中心，全面了解学生实际情况与需求，尊重学生的个体差异性，对不同学生采取不同的教学方法。作为教师既要鼓励及要求学生学好知识，还应该尊重并爱护学生，善于发现学生的优点和长处，尤其应注重对学生潜能的挖掘。

第二，理解学生发展的顶层设计就是核心素养，它是实现"立德树人"根本任务的价值所在。教师的任务不仅是教书，更为重要的是育人。教师要关注学生，全面了解学生，发现学生的优点和长处，弥补学生缺点与不足。教师应该明白，教学的真正目的是育人。不同学科的性质及内容，所含知识虽有所差异，但是育人的使命和任务是一致的。教师应该明确这一点，牢固树立育人的理念。教师应该明确核心素养的要素和内涵，在教学中形成自己独特的教学风格，并将核心素养融入教学特色。

第三，对于学科核心素养，要有正确清晰的认识，尤其要认识到实施核心素养教育的本质意义。在此基础上，教师才能更好、更自觉地将学科核心素养融入教学，了解学生的真实状况及学习情况，尊重并宽容学生形成自己的教学智慧与教学风格。只有这样，才能真正落实基于核心素养的新课标精神，也才能提高教师基于核心素养培养的教学能力。

第四，基于学情分析，这是开展有效教学的前提。只有真实准确地分析学情，才能保证教学活动的开展更有针对性。学情分析的对象主要是学生。因此，对学情的分析主要包括对学生学习起点状态、潜在状态的分析。对学生起点状态的分析可以从三个维度展开，即知识维度，主要是学生对基础知识的掌握与认知；技能维度，主要是指学生已具备的学习能力；素质维度，指学生的学习习惯。

而对学生潜在潜能的分析，也可以从三个维度来理解。首先，知识维度，即学生知识潜能，主要根据学生已有的知识基础、原认知结构，学生的情感和发展需要来分析；其次，技能维度，即对学生知识技能、过程与方法、情感态度与价值观方面所具备的能力分析，包括能力层次及状态；最后，素质维度，即对学生的学习习惯的分析，学生的学习习惯是怎样的，根据习惯选择更有效的学习方法，基于学生的学习习惯，课堂教学可能生成的能够促进学生学习的资源等。

（二）树立"学科本质"教学观

学科核心素养导向下的教学，还应该树立"学科本质"的教学观。这就需要教师了解和掌握基于核心素养的课堂教学方法，能在了解学科本质的基础上梳理学科核心素养与学科本质的关系，以及探讨如何在学科核心素养导向下进行科学教学，彰显学科教学的独特魅力及育人价值。要做到促使教学活动从教学转向教育层面，需要教师具体做到以下方面。

第一，对于学科素养要有客观准确的认识。明白核心素养与学科教学任务之间的联系与区别。核心素养培养的着眼点，也并非学科教学任务的分解。而应该是立足于教学全局，将核心素养定位为学生应对复杂问题所必须具备的解决问题的能力和品质，这也是学生适应终身发展及社会发展需要不可或缺的关键能力和必备品质。在教学过程中，教师要发扬伯乐精神，独具慧眼，善于捕捉、发现并利用学生的优势、特长、经验、创意、见解，乃至问题等，使之成为教学的生长点。作为教师，要不断丰富教学资源，尤其需要开发学生身边的资源；培养学生的实践能力，让学生在实践中锻炼并提升能力；除此之外，还要广泛利用学校图书馆、实验室、课程基地、运动场等及校外科技馆、博物馆、农业科技园等；处于信息时代的今天，教师还应该鼓励学生充分利用网络资源，丰富自己的学习经验，利用互联网丰富的资源，扩大视野，开阔眼界。

第二，只有在"学科本质"教学观的引导下，教师才能够深刻认识教学的实质，真正领会核心素养导向下的教学育人价值。教师要为学生的自主学习与探讨，营造良好的学习氛围，借助多种教学手段与方法，引导学生自主地进行能力锻炼。此外，教师应注重对学生兴趣的塑造，在教学活动中，努力培养学生的兴趣，为其将来的发展奠定基础。

第三，树立"学科本质"的教学观，要求教师明白，教学的真正目的在于使学生掌握"解决问题"的能力，这也是学习的本质。在以核心素养为导向的教学过程中，教师应该灵活选择并调整教学内容，根据学生的特点及需求，以及教学现状，及时变革教学方法及模式。而要实现这一改变，教师是关键。教师必须回归教学本质。唯物辩证主义的发展观告诉我们，世界是变化发展的，任何事物都处于变化发展之中，教学活动也是如此。教师在这个过程中，要发挥自己的教学智慧，引导学生发展问题、探讨问题、解决问题。只有这样，才能保证教学活动从以讲授为主向以学生的自主学习为中心的转变，这也为以学生的学习为中心的教学设计奠定了基础，从而保证教学活动真正围绕学生而开展。

总而言之，意识对行为有着一定的引导作用，正确的观念是行动的指南，核心素养导向下的课堂教学，必须树立科学的教育观念，并保持观念的与时俱进。只有在观念上注重更新与转变，以核心素养教育观引导教育活动，才能保证核心素养与教学目标的有机融合，让学生的核心素养在教学中得到培养。

三、高中语文教学中核心素养理论的意义

核心素养是对教学目标及任务的科学化与具体化，是新的时代背景下对教育所培养人才的美好憧憬。对于教师而言，核心素养的提出只是为他们的教学指明了方向，他们更关注的是如何在教学中落实核心素养的培养问题。而对于核心素养理念的教学意义的认识和理解，也需要教师对其有一个客观而全面的认知。

（一）核心素养理论的现实意义

核心素养理论是教学目标的科学化和具体化，为课程的设置指明了方向，成为课程设置的重要依据。对于传统教学而言，课程内容的设置一般是教师针对学科特点及知识结构，以学科发展逻辑为主线而设定。与教材编纂也有相对明确的选择路径。随着时代的发展及教育改革的进行，课程设置在内容的选择上也更为丰富、难度也逐渐提升，但是对于学生的发展价值却没有确切的保障。

教育的根本目的在于促进学生的能力与品质的发展。显然，传统的课程设置并不能很好地促进教学目的的实现。这就需要教师及教育工作者转变教育理念，更新课程设置观念，将知识在学科中的意义，转向知识在核心素养培养中的意义，并作为课程内容的确定依据。换言之，课程内容的设置需要最大限度地容纳能够促进和提升核心素养的一系列相关知识。只有这样，才能免去不必要的、对学生成长意义不大的课程内容，从而使学生在有限时间获得更多、更有价值的知识，调和教学时间有限与知识学习无限之间的冲突。

在核心素养理论的指导下，课程内容的确定与教材编撰，也将发生根本性的变化。主要表现为，从过去单纯以学科知识体系为依据的路径，转变为兼顾以促进学生核心素养的形成为依据的路径。这既符合现代教育的根本目的，也更有利于促进学生的发展，为学生的发展提供有力保障。由此可见，核心素养是课程内容选择的重要依据。在此基础上进行的课程内容的设置、教材的编纂等，才更有教育价值及意义。从一定程度而言，这是课程理论与实践的创新与突破。

在教育改革的不断推进中，核心素养的提出，顺应了教育改革的趋势。在核心素养理论的引导下，教师不再沉浸于厚重的书本、疲惫于繁重的练习，也不再纠结于成绩的好坏、分数的高低，而是透过书本和成绩，看到教育的实质，即人的发展，以及教育育人的目标。尽管分数与学生的成绩有着一定的关系，一定程度上能够反映学生对知识的掌握和运用能力，但这并不是教育的终点。教育应该在促进学生掌握知识的基础上，促进学生能力的提升及全面发展。目标是前提，教材是辅助，学生的关键。这样，才能保证教育发展的正确方向。从知识本位转向核心素养本位，是课程改革的质的深化与升华。

（二）核心素养理论的超越性意义

核心素养理论的超越性意义，主要体现在以下方面。

第一，教学的教育性。教学的意义在于向学生传授基本的文化或内容，并让学生掌握。由此可见，教学必然涉及教与学的过程。换言之，教学必须将借助某种文化内容的习得（学力的形成）同作为生存能力的人格（教学的教育性）的形成联系起来。基于核心素养的定义，教学既包含关键能力，也重视必备品质。因此，核心素养理论对于教学而言，有着积极的意义。此外，从教学过程来看，教学的过程是向学生传授知识与技能的过程。从一定程度而言，也可以理解为是向人传递生命气息的过程。无论基于哪一种理解，人都是教学的关键，人的发展才是教学的价值所在。因而，对于学校教育而言，课堂教学是学校教育最主要的形式，理应顺应时代发展的要求，尊重学生个体，将学生的发展视为教学的价值所在。从这个意义上说，教学目标的实现，不应该只是教学方法、技术层面的改变，其关键在于教育观念的变革，即尊重学生的个体性，要让学生成为真正的自己，而非被概括、被物化的抽象人，这也是教学的教育性的体现。

第二，教学的在场性。教学活动中，教师的教与学生的学，是相互统一的，是教学过程中很重要的一组关系。相对而言，学生的学更应该得到重视与强化。换言之，教师的"教"，是为了学生更好地"学"，教是为学服务的。建构学习理论认为，学习过程是对知识的意义建构过程。而这一过程不是仅依赖教材和教师就能够完成的，还必须通过学习者自身的努力，才能实现。换言之，学生个体是关键，即教学活动必须是学生个人"在场"，才能真正发生。由此可见，学习离不开学生自我的参与，否则，学习活动便不会发生。核心素养理论重在学生能力及品质的培养，引导学生通过自主学习去发现知识、解决问题，并把通过"经验的能动的再建或者统整"的知识视为真理，这种被视为真理的知识，被称为"默会知识"，这种知识的获得意味着"在场"学生对知识的真正学习和理解。

第三，教学的交互性。教学应是师生双向互动的过程，而非教师的一言堂，这是传统教学活动亟待解决的问题。核心素养理论的提出，符合现代教育的要求及理念，强调学习共同体的创建，意在教师与学生间形成多为互动的关系，促进师生间、学生间的交互。不仅如此，还强化了个人知识和学科知识的对话互动，使教学过程成为知识创造的过程，从而使得知识的学习更加灵活，也为学生综合素质与能力的培养营造良好的教学环境。

第四节 高中语文要素的具体渗透方法

语文要素，就是语文教学中教师有的放矢开展训练的一些基本元素。诸如，指导学生掌握各种各样的学习方法、指引学生形成各种各样的学习能力，以及引导学生形成各种各样的学习习惯等。而语文素养，则是学生在形形色色的语文训练活动中逐渐形成的一种听、说、读、写素养，思想思维素养，品德个性素养，习惯审美素养等。"语文要素和语文素养在概念上是不同的，不过，在语文教学中却是相通的。"①对于高中语文教师而言，在教学中可以适时、适度、适当地以语文要素为"助推器"，有序、有趣、有效地发展学生的语文素养。

一、深层次引导语文学习方法

在高中语文教学过程中，教师与其引领学生理解文本的意思，不如教给学生理解文本意思的方法；与其启迪学生思考文本的思想，不如教给学生体会文本思想的方法与其点拨学生分析文章的框架结构，不如教给学生分析文章框架结构的方法……这些方法，正是有效的学习方法。当学生熟练掌握了这些学习方法之后，他们就会利用这些学习方法自主学习、自主探究。毕竟学生从某篇文章中获取的知识是非常有限的，但是，如果学生运用某种学习方法有效阅读更多的文章，必定就可以获取更多的知识、形成更多的能力、汲取更多的思想。

（一）掌握阅读方法

扎实、牢固地掌握，灵活、自如地运用阅读方法，是高中生阅读能力提升的关键所在。大量的阅读实践，是高中生掌握阅读方法的一条基本路径。因此，高中语文教师应该融阅读方法指导于阅读实践之中，让学生在阅读实践中理解、掌握、内化阅读方法，让学生依托各种有效的阅读方法提升阅读实践的效益，等等。

例如，在教学人教版高中语文必修三《蜀道难》这篇文言文时，教师不仅要让学生深、透、真、细、实地理解文言文的主旨、大意、思想，还要让学生理解、掌握、吸收、内化各种理解文言文主旨、大意、思想的方法。如以关键词为支点，大胆想象的阅读方法。"蜀道难""难于""上青天"，尽管世人都知道蜀道险、蜀道难，但是究竟有多难、到底有多险，绝大部分人却一知半解，甚至一无所知。在古时候，于常人而言，上青天是一件"难"

---

① 杨永霞：《高中语文教学中渗透语文要素的方法浅谈》，载《读写算》2022年第5期，第174页。

到无法实现的事情，蜀道之"难"，竟然比"上青天"还要"难"。可见，以"蜀道难""难于""上青天"这些关键词为支点，学生就可以大胆想象，更真切地感知蜀道之"难"。与此同时，学生也能够在不知不觉之中掌握"以关键词为支点，展开大胆想象"的阅读方法。当学生掌握了这种阅读方法之后，他们就会运用这种阅读方法阅读更多的文章，进而获取更多的知识。

（二）提升表达方法

阅读与表达，是学生学习语言的两个重要方面。阅读是表达的基础，表达是阅读的延伸。在学生语言基础一定的前提下，表达方法、表达技巧成为决定他们表达能力的关键因素。因此，在高中语文阅读教学过程中，教师应该以教学活动为契合点，将阅读与表达有机地结合起来，让学生在阅读中掌握表达方法，以及提升表达能力等。以教学《宇宙的边疆》（人教版高中语文必修三）这篇科普说明文为例，为了让读者从感性和理性两个方面认识与了解"宇宙的边疆"，作者运用了下定义、举例子、打比方、列数据等各种说明方法。这些说明方法，其实也是一些表达方法。在拓展延伸阶段，教师设计了一项口语交际活动，即让学生自选主题，尝试运用上述说明方法，对某种事物进行细致入微的说明。以此项口语交际活动为抓手，学生不仅可以趁热打铁进一步掌握这些说明方法，还可以有的放矢地提升自身的口语表达能力。

当然，除了深层次指导学生掌握一些阅读方法、表达方法之外，教师还应该深层次指导学生掌握一些朗读方法、遣词造句方法以及文章结构布局方法等。以这些方法为推手，学生的阅读能力、写作水平等，都会得到循序渐进的发展与提升。

二、多途径提高语文学习能力

语文学习能力，是指学生自主学习语文知识、文化知识的一种能力。主要包括准确认读汉字、规范书写汉字的识字写字能力，背诵古诗文、好词、好句、片段的语言积累能力，联系上下文理解文本内容、推想文本描述情景的猜度揣摩能力，以文本内容为支点想象文本意境的形象思维能力，以口语交际、书面表达和文体运用为契机逐渐形成的言语表达能力等。这些语文学习能力是一种语文要素，也是发展、提升学生语文素养的一种推手。因此，在高中语文教学过程中，教师可以立足阅读教学，多途径提高学生的语文学习能力。

（一）提高学生的背诵能力

背诵是学生积累语言知识的一条基本途径。但是，同样的内容，为何一部分学生背诵速度快，而另一部分学生背诵速度较慢，其原因是背诵速度比较快的学生已经熟练掌握了一些背诵方法，而那些背诵速度比较慢的学生，对各种背诵方法掌握不扎实、不牢固，或者在背诵过程中，他们根本就没有掌握任何背诵方法。因此，教师应该将指导学生掌握各种背诵方法作为提升学生背诵能力的起始点。

例如，在教学人教版高一语文必修一《琵琶行并序》这篇课文时，教师不仅要让学生熟背这篇古诗文，还要指导学生熟练掌握一些背诵的技巧。如，在背诵古诗文时，可以通过反复诵读，逐渐在脑海之中形成一幅幅相关的画面。在背诵这首古诗文的第一段时，学生应该在脑海之中逐渐形成这样一幅画面，在一个秋日的夜晚，瑟瑟的秋风吹动着如丹的枫叶、飘白的荻花，作者与友人惆怅惜别，悲凉之情油然而生。当学生掌握了各种背诵技巧之后，他们的记忆能力就会大幅提升，在日常自主学习过程中，就能够通过背诵积累更多的语言知识。

相比于古诗文的语言文字而言，学生对于古诗文中所描绘的画面会产生更加深刻的印象。依托脑海之中的画面感，学生识记古诗词的效果就会得到更大幅度的提升。因此，以文本为支点展开大胆想象，是学生识记古诗词的一种有效方法。

（二）提高学生的理解能力

语言文字，就好比是思想情感的"密码"。于学生而言，要想深度理解文章的思想情感，必须逐一且准确破解语言文字的"密码"，即凭借良好的语言文字理解能力。文章上下文之间有着密不可分的联系。脱离上下文理解某一句话、某一段文字等，无异于"断章取义"。因此，在高中语文教学过程中，教师应该以异彩纷呈的阅读活动为载体，有的放矢、循序渐进地提升学生的阅读理解能力。

仍然是以教学《琵琶行并序》这篇课文为例，教师可以立足异彩纷呈的教学活动，培养学生或联系上下文，或抓住关键词理解文本内容的能力。如，既然琵琶女弹奏得非常好，那么，为何在琵琶女弹奏结束之后，会"东船西舫悄无言"呢？通过联系上下文，学生就会明白，尽管琵琶女演奏的乐曲结束了，但是归因于琵琶女的演奏太美妙了，以致东船西舫的游客仍然沉浸在琵琶女的美妙音乐中，仍然陶醉于琵琶女音乐烘托出的美妙境界之中，所以"此处无声胜有声"。

显而易见，在高中语文教学过程中，如果教师能够恰如其分地将一些语文要素融入异彩纷呈的教学活动之中，不仅能够让教学活动变得更加精彩高效，还能够循序渐进、卓有成效地发展学生的语文素养。与此同时，随着学生语文素养的全面发展，他们在语文学习之路上，就会更进一步地发挥自身的主观能动性，他们就能够习得更多的语言文化、汲取更多的思想精神等。

三、全方位养成语文学习习惯

教育，归根结底，就是习惯的培养。语文教学亦如是。课前预习习惯、课中交流习惯、课后复习习惯、读思结合习惯、读写结合习惯、规范书写习惯、专心阅读习惯……这些"习惯"都是高中学生在语文学习过程中必须养成的一些好习惯。同时，一旦高中学生养成了这些好习惯，那么，他们的各种语文素养就会节节攀升。因此，在高中语文教学过程中，教师应该立足于各种各样的语文教学活动，全方位培养学生的语文学习习惯。

（一）培养学生课前预习习惯

课堂是提升教育教学效益的主抓手。但是，高效的课堂教学，必须以扎实的课前预习为铺垫。通过扎实的课前预习，学生不仅可以自主学习一些力所能及的知识点，还可以为课中积极主动地交流积累一些"谈资"。学生在课前预习的过程中，必定会遇到一些学习困难。这些困难，不仅不会成为阻碍学生学习进步的绊脚石，还会成为学生在课中与教师对话、与同学对话的主要话题等。

（二）培养学生读写结合习惯

阅读与写作并不是彼此对立的，而是相互关联的。阅读是写作的奠基石，写作是阅读的延伸桥。在阅读中，学生可以习得各种写作方法，在写作中，学生可以顿悟各种阅读方法。正因为阅读与写作之间有着密不可分的关系，所以教师应该培养学生逐渐形成读写结合的良好习惯，让学生在阅读中提升写作水平，在写作中发展阅读能力，等等。

除了仿写之外，在高中语文教学过程中，教师还可以根据教学目标，结合学生发展需求，潜心设计一些缩写、续写、改写活动，据此将读写结合起来，有的放矢地培养学生读写结合的良好习惯。如，在教学《宇宙的边疆》时，教师可以鼓励学生尝试言简意赅地缩写这篇文章，因为学生有了扎实的阅读做铺垫，所以学生缩写的过程更加流畅、缩写的效果更加显著；在教学《茶馆》这篇文章时，教师可以启迪学生充分发挥自身的想象能力，创造性地续写这篇课文等。

综上所述，在高中语文教学过程中，教师或通过深层次指导学生掌握语文学习方法，或通过多途径提升学生的语文学习能力，或通过全方位培养学生的语文学习习惯，不仅能够将语文要素巧妙地渗透、融入精彩纷呈的教学活动之中，还能够以语文要素为"助推器"，循序渐进、卓有成效地发展学生的各种语文素养。以良好的语文素养为"底色"，高中学生在未来的学习、生活与工作中就能够描绘一幅色彩斑斓、鲜活灵动的美丽"画卷"。

第二章 高中语文教学方法——有效导入

第一节 高中语文有效教学系统解读

有效教学系统是指在高中语文教学过程中，经过大量教学实践得出的有效教学方式的系统组合。为了提高语文教学有效性，就必须了解语义有效教学系统的原理，并结合这一理论来构建语文有效教学系统，以期在完整的教学系统的帮助下，实现学生语文课堂的高效学习效果，并有效提高学生的语文学习水平与文学素养。有效教学是指师生遵循教学活动的客观规律，以最优化的速度、效益和效率促进学生在知识与技能、过程与方法、情感态度与价值观上获得整合、协调、可持续的进步与发展，从而有效地实现预期的教学目标，满足社会和个人的教育价值需求而组织实施的教学活动。

一、高中语文有效教学系统的主体

语文教学系统是整个高中教育系统中的一个分支，也是其重要的子系统。同时，语文教学系统与其他教学系统一样，都是为了实现教学目的，由多种教学手段和教学要素有机结合而成的富有教学功能的整体。可见，有效教学系统存在的方向主要基于三个方面，分别是教师、学生、语文课程。换言之，语文教学系统的探究需要从这三个方面进行详细论述。

（一）高中语文有效教学系统的主体——教师

教师作为教学系统中的指导者与组织者，承担着最为主要的教学任务。同时，有效教学系统构建主要依赖教师来进行架构和设置。"依据教师的日常教学活动，教师教育层面的有效教学系统主要包括设定教学目标、规划教学活动、查找教学材料、组织教学活动、进行教学评价五个方面。"[①] 换言之，教师的教学系统原理主要围绕着语文教学任务展开。

教学目标是开展有效教学的根本出发点，也是语文教学的重要教学目的。在语文教学过程中，教师应该明确本课的教学目标以及这篇课文的教育目的。同时，教学目标还是提升语文教学有效性的重要基础，因为教学目标的存在，教师才能在实现这一教学目标的过

---

① 何国跻等：《高中语文有效教学系统构建》，吉林大学出版社2019年版，第10页。

程中积极进行教学尝试，通过不同的教学手段来实现教学目标，并提升教学质量。

教学活动的规划主要是指教师通过实际课堂上的教学方法规划、学习环节规划、教学活动规划来进行教学预演。教学活动的安排不仅要围绕着教学内容积极展开，还需要以学生的课堂接受程度作为最主要的考核标准。例如，在学习《沁园春·长沙》时，可以结合"朗诵大会"这种教学活动来进行教学活动规划，以期使用朗诵这种教学形式来帮助学生感受诗词的气韵和磅礴的气势。

另外，教师需要在教学前进行教学资料的收集和查找，并将可利用的教学资料进行整合，将这些教学资料应用在后续的教学活动组织过程中。仍以《沁园春·长沙》一课的教学为例，可以找相关的现代诗歌和其他诗作与学生进行分析和朗诵。结合不同的语文学习资料，让学生感受到不同风格的现代诗歌，也在"朗诵大会"的课堂教学活动过程中，掌握《沁园春·长沙》诗作大气恢宏的精神内核，并在朗诵过程中体会创作者的情感。

（二）高中语文有效教学系统的主体——学生

学生既是语文教学过程中的主体之一，也是有效教学的配合者和受众。同时，现代语文教育主张"以生为本"，也就是将学生作为教学的出发点，以提高学生的综合语文素养作为最主要的教学培养方向。因此，教师可以结合语文教学，总结出学生在有效教学系统构建过程中的重要作用，主要有三个方面：首先，体现在预习过程中；其次体现在教学练习过程中；最后，体现在复习与学习效果反馈过程中。学生作为教学过程中的主体之一，也是教师施行有效教学系统的执行对象。

在预习过程中，学生会在课下结合多种多样的信息获取渠道，从语文知识的背景故事、作者的创作目的、语文课文中设计的重难点知识和思想感情等方面进行充分的了解和认识，并将预习中获得的语文知识应用到实际课堂学习过程中，反作用于教师的教学系统，使教师的教学效果逐渐提升。

在语文练习过程中，学生需要练习教师在课堂上讲述的语文知识，积极地将知识应用到语文练习过程中，并在练习过程中完成知识的掌握和检验。同时，知识练习过程不仅可以提高学生的知识掌握能力，还可以帮助学生完成查漏补缺的学习过程。因此，练习过程是教学系统的有效补充，可以提升语文课堂的教学效果。

在语文复习过程中，学生可以借助教师提供的复习方式与内容，积极发现自己在学习过程中存在的知识漏洞与基础知识的欠缺之处。同时，复习课可以转变学生对语文复习的看法，改变原有的不科学的学习方法，使学生更自信地参与复习课的全过程，最终形成师生互动、生生互动的良好氛围；可以对学生已学的语文知识起到一定的修正、巩固作用；有利于培养学生的质疑精神和创新意识；学生在掌握分析问题和解决问题的方法后能自主总结规律，提高自己的学习能力，最终形成终身受益的语文素养。语文复习课的开展过程还能引起教师对教学薄弱环节的重视，推动教师运用多种教学理论研究复习课的复习内容，探索更多的复习课教学策略，提高复习课教学的质量与效率。另外，复习课的开展有利于帮助教师加深对教学理论的理解、提升教师的专业素养，最终达到构建语文有效教学系统的目的。

由此可见，学生对于构建高中语文有效教学系统也可以起到重要的推动作用，并可以在与教师的教学配合过程中，积极推动教师的课堂教学效果的改进与提高。同时，学生的学习效果也会在有效教学系统的构建过程中得到提升和增强。

（三）高中语文有效教学系统的主体——语文教材

语文教材是构建有效教学系统的核心，也是语文教育中最不可或缺的内容。语文课程中的内容是基于高中语文课本教学资源的分析和利用，将教师的教学与学生的学习紧密联系，达到"取之于教材，应用于课堂"的语文教材应用理念。语文课本是教师和学生进行教和学的载体。高中语文课本的各个板块在编排结构和编排内容方面都凸显了"以生为本"这一教学理念。面对高中语文教学中教学方式较为混乱的情况，教学策略能够指导语文教师充分利用课本资源，充分发挥语文教材的作用，进而实现师生课堂互动的良性循环，促进学生语文学习与应用能力的共同提高。

课内语文学习与课外语文学习是互为补充、相互促进的，正所谓"得法于课内，受益于课外"。语文课外知识的学习有利于开阔学生的视野，但是语文课外阅读需要进行甄选，才能促进学生阅读能力的提高，盲目地进行课外阅读而不得其法只能徒增学生的阅读负担。语文课堂上学习的文学甄别和鉴赏知识，会对课外阅读起到指导作用，学生会更高效地进行课外阅读，进而拓宽自己的视野。"立足课本，稳扎稳打"是指充分利用课本资源，在扎实掌握课本知识的基础上适量扩充课外阅读内容，而并非是对课外阅读的一种淡化。教师应指导学生将课内学习的读写结合技巧迁移运用到课外阅读中，从而提高语文课外阅读的效率和学生的读写综合能力。

同时，语文教材作为教育部精挑细选的文章汇总，代表着全世界范围内从古至今优秀的文学养料。因此，教师应该积极利用语文课本中涉及的文章，将系统化的教学方式应用在语文教学过程中，这样不仅可以提高学生的语文学习效果和学习能力，还能构建有效的语文教学系统。同时，教师还可以在语文教材的基础上，寻找更多的教育资源，并以此来深化语文教学系统的使用，以期在此基础上建立完善的语文教学系统，使语文教学系统的教学效果更加完善和明显。

二、高中语文有效教学系统构建的意义

有效教学系统的构建不仅可以提升学生的语文学习效果，还能显著改善教师的教学效果，使学生的每一次学习付出、每一次课堂上的认真听讲，都可以获得应有的收获。

（一）提升学生的语文学习成绩

教师对于教学方式的不断改进、对于教学效果的不断尝试与提升都是为了提升学生的语文成绩，使学生在学习过程中具备良好的语文素养。同时，因为高中语文教学不仅仅局限于知识性的教学，往往还会涉及人文关怀与文学审美能力，因此构建有效的高中语文教学系统就显得尤为重要。

l. 巩固语文基础知识

在高中语文基础知识的教学实践中，教师要明确当前语文基础知识教学现状与问题，结合有效教学系统来完善学生的基础知识学习就显得尤为重要。在探究语文课堂教学系统有效性对于巩固学生的语文基础知识的作用之前，对高中基础知识的属性和特征进行了分析，具体有以下内容。

（1）工具性。当前我们将语文的本质属性定义为工具性和人文性的统一体。我国著名语文教育学家张志公先生发表了《说工具》一文，提出了著名的语文性质——工具说，这一说法得到了广泛的认可。同年，教育部明确了语文教育的目的，突出了语文的工具性作用，提出要加强学生基础知识和基本技能的训练。经过几十年的发展与改革，我们逐渐认识到语文的人文性，但是语文的工具性仍然是语文的基础属性。而语文的工具性在很大程度上是由语文基础知识构筑的。

语文基础知识是思维的工具。人在思考的时候需要借助一定的符号，大部分思维的符号是语言，人的思维运用的各种字、词、句、音、义，甚至是思维之间内部的逻辑关系，都与语文基础知识有着密切的联系。语文的学习首先是语言的学习，而语言让我们人类的思维获得了强大的工具。

语文基础知识是交流的工具。人与人之间的交流除了小部分使用手势动作、神态之外，大部分是通过语言这一交流工具来进行的。在当下科学技术高度发达的时代，我们交流的途径与手段经过了面对面近距离交流、飞鸽传书、电报、电话、手机、网络等的革新，可谓日新月异，然而与交流途径千变万化相对的是，人们大部分时间所使用的交流工具依然是书面语言和口头语言。而语文正是一门学习书面语言和口头语言及其运用的学科。正是有了语文这门学科，不同的语言才得以传承，人们才能够交流。

语文基础知识是工作、学习的工具。首先，体现在工作、学习的各种材料与要求都是通过书面语言或口头语言发布的，要想获取这些信息，必须掌握字、词、句及其释义等语文基础知识；其次，我们完成工作或学习的任务需要借助一定的语文基础知识，尤其是语言知识和写作知识等；最后，我们工作或学习成果的展示也需要借助一定的书面语言和口头语言，语文基础知识掌握更好、更广的人常常在成果展示时更加得心应手。

（2）传承性。语文基础知识的一个极其重要的作用就是它对母语的传承作用，特别是高中阶段，在义务教育阶段打下的基础上对我国古典的文学进行全面的学习。母语的独特作用和广阔内涵不仅表现在它是一国的通用语言上，还表现在语言所造就的优秀民族文化上，如我国的《诗经》《楚辞》、汉赋、唐诗、宋词、元曲、明清小说等民族经典，正是我们语文基础知识的一方面内容，还有一些成语、熟语、歇后语等是我国代代劳动人民的智慧结晶，同样作为语文基础知识的内容值得一代一代地传承。语文基础知识除了对母语的传承和对民族文化的传承之外，更广义的传承其实是对人类文明和文化的传承。

（3）个体性。个体性又称主观性，是后现代知识观所讲求的个体对知识的自主建构，这一说法也逐渐被教育界认可，大家越来越认识到语文基础知识的学习和掌握同样具有个体性。语文基础知识的个体性体现在不同学生的知识体系带有明显的个体特征，与他人相比是有所差别的。甚至是对于同一语文基础知识，如《春江花月夜》这篇诗歌，不同的学生由于自身学习经验和生活经验的不同，由于之前所积累的知识多寡的差异，会对这一知识有着不同层次和不同层面的理解，同时由于学生的程序性知识和策略性知识的不同，大家建构自己的知识体系也不尽相同，这样就使得语文基础知识呈现出个体性的特征。

（4）稳定性。纵向比较20世纪90年代的语文教材和现在的语文教材，二者在语文基础知识的呈现与教授上的差别不大，这就体现了语文基础知识教学内容的稳定性。语文基础知识的教学之所以具有稳定性，是因为人类社会千年形成的经典文化是稳定的，学生在短短几年时间中学习人类优秀文化，只能在有限的时间中掌握那些在几千年历史中经过时间考验的人类经典的、值得学习的文化。语文基础知识具有稳定性的另一个原因是许多知识内容的编排都是经过长期的探索和科学验证的，这些语文基础知识后来又在语文教学实践中获得了有效性的检验，可见，这种既有用又有效的知识一定会被稳定地留在语文教学之中的。

2.激发学习兴趣

在高中语文教学过程中，有效教学系统的构建首先就是将提高学生的学习兴趣作为最主要的教学目标，也是所有语文教师都渴望达到的教学效果。因为在实际教学过程中，学生往往会因为知识的重复性和单一性而缺乏学习兴趣，进而在课堂上提不起精神，不能专注于课堂学习。长此以往，学生的学习效果和成绩必然大打折扣。因此，要想提高学生的语文学习成绩和效果，就必须激发学生的学习兴趣，使学生专注于课堂学习，优化学习效果。同时，有一部分语文教师认为，知识的传授才是最重要的，而激发学习兴趣属于费力不讨好的事情，既不能直接提高学生的学习成绩，也不能明显提高课堂教学有效性。

（1）提升学生的学习能动性。语文学习兴趣其实就是学生对学习不厌烦，觉得学习轻松、有意义。每个人都有所谓的"惰性"，个体都会乐于做轻松的事情，但能给个体带来一定利益的事情也会让个体积极参与。所以，教师应该引导学生认识到学习语文的意义，从而让学生主动学习语文知识。同时，教师可以通过多种多样的有效教学系统来激发学生的学习兴趣，在学习兴趣的带动下，学生的主观能动性也将被激发。有了主观能动性，在学习活动中，学生就不需要教师和家长的督促和催促而主动学习，就会全身心地投入学习活动中。

（2）提高学生的学习效率。在教学过程中，学习兴趣的培养是十分重要的，它可以显著提升学生的学习效率。但是，很多教师认为，高中学生已经不需要学习兴趣的培养，所以往往忽略这个方面，其实，这是不科学的。不论是哪个年龄段的学生，学习兴趣都是提高学生学习效率的重要手段。所以，在教学中，培养学生的学习兴趣不容忽视，只有做到让学生把学习当作一种快乐的事，才能让学生长久保持住对语文学习的求知欲。

（3）促进学生的个性发展。每个学生都是独一无二的个体，都有属于自己的独特价值，这种独特也被称作"个性"。每个高中学生的不同兴趣恰巧代表了他的爱好和特征所在，所以在高中语文教育阶段，教师应该尊重学生的个性差异，按照学生的不同差异、不同特长来培养不同类型的人才。同时，保持活跃的学习兴趣才能有效促进学生的个性化发展，而且重视学生的个性化发展还能促使他们保持活跃的学习兴趣，这两点是相辅相成的。此外，教师在语文教学过程中，应不断完善自己的语文教学系统，不断提升语文教学系统的有效性，这种做法可以显著提升学生的学习兴趣，因为有效的教学系统意味着教学方式的选择和教学系统的改善都愈加完善，因此学生可以在完备的教学系统中感受语文知识的独特魅力，体会文学作品中的悲欢离合，建立对语文的兴趣，并不断提高自己的语文学习能力。

3.改善学习方法

在语文教学过程中，教师着重构建有效的教学系统，不仅是为了提高语文教学的效果，更是为了帮助学生掌握正确的语文学习方法。正确的学习方法并不是固定的，这往往需要学生结合教师的授课过程来逐渐探索，总结出最适合自己的学习方法，并在后续的语文学习过程中加以利用。但是，在高中语文教育阶段，绝大多数学生都已经具备了一定的学习方法，因此教师需要做的就是不断完善学生的学习方法，对于存在问题的学习方式进行纠正和改良，使学生在学习过程中可以获得最好的语文学习体验，并将学习效果最大化。

（1）知识性内容的学习方法。语文学习中的知识性内容既是重点，也是基础。只有掌握一定的语文基础知识性内容，才能实现语文题目的合理分析和解答。因此，将教学过程中总结的知识性内容的学习方法进行梳理，具体包括以下四点。

第一，认真听教师课堂教学。认真听课永远是不变的真理，也是知识性内容学习方法中的第一部分。在课堂上，教师不仅会针对基础知识进行详细的讲解，还会帮助学生解答问题，完善基础知识的学习体系和方法。因此，学生需要认真听教师的课堂教学，并争取在课堂上就掌握基础性知识，以便顺利开展后续知识学习。

第二，扎实记忆知识性内容。在知识性内容学习结束后，学生需要利用课堂的部分时间或课下时间对基础知识进行记忆，因为不同的学生会存在不同的学习效果。但是，因为知识性内容的重要性，每位学生都需要结合自己的实际情况来进行知识的熟练记忆。

第三，结合练习，巩固知识性内容。语文知识性练习是有效学习方法中必不可少的学习内容，因为只有学生将知识性内容付诸笔端，才能真正巩固知识。同时，因为知识性内容往往具有形势稳定的特点，因此练习还可以检验知识的掌握情况，使学生及时查漏补缺，弥补自己在学习过程中存在的各种问题，并及时纠正自己的学习问题和知识漏洞。

第四，定期复习知识性内容。复习也是学习中的重点，复习主要分为学生自主复习和教师带领复习两部分。学生的自主复习主要需要利用课余时间进行，可以结合教师课堂上的授课内容进行复习，也可以结合练习册进行复习。但是，需要注意的是，不论是学生的自主复习，还是教师带领下的集中复习，知识性内容的复习都要结合艾宾浩斯记忆曲线及时进行，并保证每一次的复习都能取得较好的学习效果。

（2）理解性内容的学习方法。理解性知识内容的学习方法很简单，主要以知识积累为主。语文知识的积累主要分为两个部分。一部分主要是学生在课堂上的知识积累，这部分知识的学习，不仅要依靠教师的帮助，还需要学生自己主动跟随教师的教学步骤，积极探究和理解知识内容，同时还需要掌握知识理解的方式、方法，结合科学的学习方法来实现知识的理解。另一部分理解性内容的知识学习主要依靠学生的课下学习。可见，真正拉开学生学习差距的并不是课堂上的知识学习过程，而是课后的自主学习时间。有的学生会利用课余时间进行文学阅读，将文学知识顺利转化，为己所用。同时，还可以在课外阅读过程中，结合积累的语文知识，积极进行知识理解。因此，语文教师在教育教学过程中，应该结合学生的学习情况，积极鼓励学生在不同的学习时间里积极参与语文知识学习，并积极理解和积累不同的语文知识，掌握最合适的语文学习方法。

4.提高语文素养

语文课程标准提出了基础教育阶段语文教育的根本目标就是培养学生获得基本的语文素养。新课程标准对语文素养的解说包括两个方面：一是我们通常所说的"语文基础知识"和"语文能力"，也就是培养学生热爱祖国语言文字的思想感情，指导学生正确地理解和运用祖国的语言文字，使学生的语言积累更加丰富，语感更加完善，语文思维得以培养，使学生具有识字写字的能力、阅读理解的能力、写作的能力和口语交际的能力；二是语文素养还关注提升学生的品德修养和审美情趣，使学生逐步形成良好的个性和健全的人格，促进学生德、智、体、美全面发展。

从中我们可以看出，各个语文素养的要素并不是处于一个层面中，而是具有不同的特征与职能。同时，语文素养也与"知识与技能""过程与方法""情感态度与价值观"的三维目标相统一。可见，"语文素养"既是一个内涵丰富的复合性概念，又是一个动态的实施过程。

当前我国高中语文教育的一个极端重要的问题就是语文基础知识的教学仅仅浮于表面，而没有转化为可供运用的语文能力。究其原因，我国的语言学基础已相当落后，导致了在语文课程、教学和评价等各个层面上的许多问题。要解决这些问题，我们首先要更新一种观念，那就是将单纯的语文教学知识向应用型语文教学知识的转变，从而提高语文相关能力。

在新课程背景下，语文学科十分注重情感、态度、价值观的正确导向，其中多注入了传统核心价值观的成分。中国传统文化博大精深，虽然传递下来的价值观呈现为复杂的价值系统，但是从主流来看，其核心还是真善美，这种真善美统一的价值理想就凝结在语文知识中，需要在日常教学中通过语文知识教学来熏陶感染。

（二）提升教师的教学效率

基础教育事业在世界各国，普遍受到广泛与高度的重视，均已先后开展了新一轮的全方位的基础教育改革，以应对社会的快速发展所带来的挑战。尽管各个国家在改革中所采取的措施和手段各不相同，但其基本理念与思路却十分相似，如注重开放性思维和创新能力的培养、注重自主学习能力的提升、注重价值观教育和学生的精神道德发展、注重培养探索精神和团队精神、注重培养学生的科学精神等。为了使这些理念与思路得以体现，各国对其基础教育的各个方面进行了综合性的改革，在全球掀起了新一轮的基础教育改革浪潮。同时，有效教学系统的构建可以从多方面推动学生的学习进步和教师的教学经验变革。因此，教师应该着力推动语文课堂的有效教学系统的构建，并在提高教师教学效率的同时，不断改善学生的学习效果。综上所述，有效教学系统的构建主要可以从以下四个方面来提高教师的教学效率。

第一，推进学生的全面发展。当今时代，国家间的竞争归根到底是人才的竞争。随着社会的快速进步和发展，社会越来越需要高素质、有能力、会创新的全面人才。因此，学生不仅要变被动学习为主动学习，掌握主动学习的能力，还要积极培养理解、思考、分析、应用等能力，以适应时代的发展。由此可见，有效教学系统的构建不仅可以提升学生的课堂学习效果，还可以在提升课堂教学质量的同时，对学生的全面发展起到重要的推进作用。

第二，推动语文课程的改革。新的教学理念通过新课程和新教材得以体现，它将改变传统的只注重知识传授的单向教学，转为关注学生自主学习能力的养成，使学生获取知识和掌握能力的过程，同时成为形成正确价值取向的过程。然而，教学理念、方式、内容的革新最终还是要通过课堂教学来实现，只有教学质量和效果提升，才能达到新课程改革的预期目标。因此，提升课堂教学质量是新课程改革的基础与核心，也是推动课程变化和革新的最重要力量。

第三，促进语文教师的自身发展。教师肩负着对学生传道、授业、解惑的重任，新课改的推行对广大高中语文教师自身的专业能力是一次严峻的考验，这就要求其必须通过多种途径来提高自身的专业能力，以达到新课改的要求。通过对提升高中语文课堂教学质量策略的研究，可以为教师的教育理念和教学实践提供参考和指导，从理论和实践中提高其自身的专业能力，促使其灵活地实践运用新课改的相关理论。因此，有效教学系统的构建有利于促进教师自身的发展。

第四，改善教学情况。在课堂的实际教学中，教学效果因为各种问题的存在而不能令人满意。尽管任课教师认真备课、认真教学、认真批改作业，学生也认真听课、按时完成作业，但很多时候的结果并不能令学校和家长满意，说明在实际教学中确实存在一些容易被忽略的问题迫切需要得到解决。因此，通过有效教学系统的构建来改善语文教学情况是十分必要的。同时，教学情况的改进不论对教师还是学生来说，都具有十分重要的意义。

综上所述，教学效率不是简单追求有效果的教学，而是既能减轻教学过程中的教学与学习负担，又能得到高质量教学效果的教学；不是追求教学进度快的教学，而是学生既可以积极主动地参与到学习中，其学习能力、思维习惯、创新能力等多方面能够得到良好发展的教学；不能只看重学生考试成绩和升学率的提高，而更要看重学生的全面发展。所以，高中语文有效教学系统的构建不仅可以提升教师的课堂教学效果，还可以提升语文课堂的教学效率，使学生学有所得、学有所成。

（三）帮助学生建立自信，完善语文综合素养

对学生而言，学习自信是推动学生认真获取知识的动力，也是提高学生学习效果的重要内容。因此，有效教学系统的构建就显得尤为重要，因为有效的教学就是指充分调动学生的学习积极性，并使学生在自信的情况下进行知识学习与探究。经过一段时间的训练和知识学习，学生将在有效教学系统的帮助下建立良好的学习习惯，并完善自己的语文综合素养，在掌握语文基础知识的情况下建立语文思维，提升学习能力。

此外，从语文知识、语言思维与运用能力、文化传承与情感态度三个维度对高中学生的语文素养培养情况进行了对比和分析研究，最终了解到学生语文素质培养的基本情况不容乐观。具体表现在三个方面：第一，语文基础知识掌握不牢；第二，语言思维与运用能力薄弱；第三，文化传承与情感态度欠缺。针对这些问题，对学生语文素养提升可以从五个方面培养：第一，采用多种研究方法来丰富学生的语文知识；第二，注重阅读引导和指点，提高语言思维能力；第三，培养学生的习作习惯，提高语言运用能力；第四，开展综合实践活动，促进文化传承与形成情感态度；第五，身教重于言教，提升教师自身的语文综合素养。

由此可见，在语文知识教育过程中，如何帮助学生建立学习自信、如何完善学生的语文综合素养将是每一位语文教师需要思考的问题，而解决问题的症结就是有效教学系统的构建。

三、高中语文有效教学系统的具体策略

高中语文教学并不是一成不变的知识灌输，而是利用教学道具和学生感兴趣的教学方式，提高课堂教学效率，并建立语文课堂有效教学系统。

（一）以生为本

"以生为本"是教育的出发点，也是教师进行语文教育的根本方向。换言之，教师的教学活动必须以学生为最重要的考虑对象。无论是教学内容、教学节奏还是教学方法，都需要围绕学生开展，并以学生的知识接受程度和学习效果作为最主要的教学有效性的考察方向。同时，"以生为本"还需要教师在语文教育过程中关注学生的学习体验，积极处理学生的学习反馈，并及时将学生在学习过程中遇到的问题和重难点知识进行细化和梳理，以便从学生的角度出发，攻克难点知识，从而使学生顺利完成语文知识的学习。

"以生为本"是以学生对语文课程的理解作为最基本的授课目的，教师在课堂上讲述的一切内容都需要以提高学生的语文知识与文学素养为前提，并使用丰富多样的教学手段和方式来增加学生对语文知识的接受程度。

（二）注重课堂

课堂上积极有效的师生言语互动，有利于实现多维立体教学目标，并促进师生的共同发展。在课堂教学中，教师要以学生为主体，使学生积极参与到课堂言语互动行为中来，促进学生的全面发展。课堂教学是教育中最主要的形式，直接影响着学生的成长与发展。而言语行为又是课堂教学的主要方式，对学生知识的掌握与能力的培养起到了重要的作用。师生双方有效的言语互动能够激发学生的思维、培养学生的兴趣，引导学生主动建构知识体系。

课堂永远是语文教学的"主战场"，也是学生提高语文学习能力最主要的学习地点。如果把语文学习比作一场登山运动，那么语文课堂教学就是学生攀上文学顶峰的必经之路。因此，课堂教学不仅可以帮助学生掌握语文知识的学习方法，而且可以建立学生的语文学习系统，同时还可以有效进行师生互动和生生互动，使学生不仅可以在课堂学习过程中收获语文知识，还可以在交流过程中收获新鲜的观点与看法，这对于提高学生的综合文学素养、拓宽眼界都能起到巨大的积极作用。因此，在语文课堂教学过程中，教师应该从教学内容、课堂氛围和师生互动三个方面进行课堂教学安排。有很多教师会着重将教学注意力放在课堂内容安排上，却忽略了师生互动环节的课堂安排。其实，这是不妥的。因为课堂内容的安排属于知识性的内容安排，而课堂氛围和师生互动则是学习情感方面的内容安排，只有当学生在良好的师生互动中感受到和谐的课堂氛围，进而积极参与到课堂教学内容的学习过程中，才能收获良好的学习效果。

1. 把握教材重点

在高中语文教学过程中，教师必须结合最新的课程标准来综合把握语文教材中的重点知识，并在教学过程中有的放矢，重点讲述课本中的重难点知识，对于较为简单的知识可以一带而过或减少教学时间。同时，对于教材的充分把握可以帮助教师开展有效课堂教学活动，使教师的教和学生的学都可以收到较好的效果。

高中语文教材中的重点主要存在于字词、古代文学重点语句或段落、现当代文学主旨把握等方面，这三个方面都是语文教材中的重点知识，也是需要教师在课堂教学过程中重点讲述的学习内容。同时，如果教师在语文课堂上注重培养学生这三个方面的知识掌握能力，对于构建有效教学系统是十分有利的。

（1）字词是语文学习的基础，也是高中学习阶段容易被学生忽略的基础知识。很多学生往往认为经过多年的学习积累，自己对于字词等基础知识的掌握已经相当牢靠和丰富，殊不知正是由于大意才导致考试过程中基础题的错误。换言之，将字词等知识作为语文学习的重点，并不是因为难度，而是因为重要性。字词类知识不仅是语文学习的基础，也是考试过程中基础题的出题方向。

（2）古代文学重点语句或段落是高中语文教材中的重点之一，因此在教学过程中，教师往往要求学生背诵古文段落或全篇文章。教师应该帮助学生明白重点语句的含义，并了解古文创作的时代背景和作者生平，以期帮助学生在理解的基础上进行古文记忆。古代文学知识的获取对于培养学生的语文综合素养是十分重要的，也是高中语文有效教学系统构建过程中的重要组成部分。

（3）现当代文学不同于古代文学的晦涩、难懂，是学生易于接受的学习内容。现代文作为考试阅读过程中的重点题材，学生却往往有"会而不对""对而不全"的语文解题障碍，这主要是因为在日常教学过程中，教师不注重培养学生寻找文章主旨的原因。教师应该注重培养学生寻找文章主旨和作者创作目的的学习能力，帮助学生通过阅读全文、寻找重点语句和段落等方式来提升自己的文章主旨总结能力，并在后续的语文学习或应试过程中，积极发挥自己的总结能力，这对于提高学生的阅读能力可以起到重要的推动作用。

通过上述三个方面的语文教材重点内容的梳理，教师就可以在日常教学过程中注重培养学生的相应能力，并以此构建和完善语文教学过程中的有效教学系统。

2. 良好的课堂氛围

良好的课堂氛围是语文课堂教学中重要的教学效果保障，也是提高学生课堂参与度的重要教学环境。良好的课堂氛围可以促进学生积极参与和用心学习。良好课堂氛围的构建主要由三个方面组成，即教师良好的教学心态、合适的教学方式以及丰富多样的教学活动。

教师作为语文教学的引导者、组织者，理应承担良好课堂氛围构建的重大责任。教师在教学过程中，必须充分考虑从教学设计到教学结束的整个过程，建构良好的课堂氛围。要使教学设计更为合理、教学效果更加明显，教师首先要在教学过程中秉持积极的教学心态。积极的教学心态不仅包括教师和蔼可亲的教学态度，还包括在教学过程中全身心的投入状态。

此外，在实际教学过程中，学生十分容易被教师的课堂教学态度所影响，如果教师的态度可亲，学生会受到积极的影响，在接下来的学习过程中积极参与、用心思考；但是，如果教师将生活中的不良情绪带入语文课堂教学中，那么学生就很容易受到教师情绪的不良影响，不能集中注意力去听讲，并逃避教师的不良情绪。因此，教师需要在教学过程中以专业的态度去对待教学工作，以热情平和的心态进行语文教学，并帮助学生在学习过程中同步建立良好的学习心态。

同时，教师在课堂教学过程中切忌一心二用，而应该专注于语文教学，并以专注的态度带领学生梳理知识和进行学习。因为与教师的教学态度一样，教师在教学过程中专心致志也是可以影响学生的，可以帮助学生建立正确的学习态度，使学生在独立进行语文学习的过程中可以全心投入。

3. 和谐的师生互动

师生之间进行言语互动交流是课堂上师生进行交往的主要形式。师生言语互动的深度和广度直接影响教学效果的好坏。课堂上知识的传递、情感的表达、教学目标的实现都离不开师生之间积极的言语互动。教师的引导、学生主体性的发挥都依靠言语交流来实现。因此，提高师生言语互动的质量对提升课堂效率、促进学生的全面发展、培养学生的核心素养起到至关重要的作用。为学生设计教育，为学生设计课程，为学生设计语言，是最朴素的教育观。课堂教学中的师生言语互动并不是纯粹的信息交换，而应该发挥其更巨大的作用和力量。

如今，高中语文课堂上的师生言语互动行为正在由"教师主动、学生被动"的课堂言语互动模式向"教师引导、学生主动"的双向师生言语互动模式转变。未来的高中语文课堂将成为以学生为主体，师生积极互动、共同发展的舞台。但是，纵观当前的语文课堂，师生言语互动还存在一系列不利于学生发展的问题。有很多时候，教师为了达到教学目标而过分侧重于向学生传授知识，课堂气氛沉闷，教师讲授得过多，导致学生说话少，因此无法调动学生的积极性，言语互动大多都是教师提问、学生回答的单向言语流动，提出的问题都是封闭性的、缺乏思考的问题，很少会有学生主动发问，提出自己的观点与见解，学生的主动言语相对较少。另外，教师的课堂评价方式单一，评价语言不够丰富，忽略了对学生课堂上的形成性评价，学生课堂表达的积极性受到抑制。在这种情况下，容易忽视学生主动思考的能力，无法调动学生的学习兴趣和发展他们的思维。因此，作为教师，应该打破这种陈旧的教学模式，师生互动中引导学生主动参与，尊重学生的主体地位，促进学生的全面发展。

（1）师生的言语互动能够激发学生的学习兴趣。教育心理学指出，学生自觉学习的动力是靠学习兴趣来维持的。师生言语互动的意义在于构建良好的教学互动氛围，促使学生主动自发地参与学习、探究、知识建构，形成学生学习的内驱力。有了兴趣，学生可以更加积极主动地与教师进行言语互动，促进师生关系的和谐发展。同时，和谐融洽的师生关系亦能更大程度地激发学生的学习兴趣，形成良性循环。

针对枯燥乏味的教学内容，教师可以通过言语互动为课堂注入活力，将学科知识的奥秘与特点展现给学生，引导学生专注地对新知识进行思考；将枯燥的知识转变为生动的内容，引发学生学习探究的欲望；通过游戏与真实情境，让学生融入课堂；采用独特的教学方式，用艺术性的语言调动学生的积极性，维持学生的学习兴趣与热度。

（2）师生的言语互动可以提高教学质量。课堂教学是以学生为主体，强调以学生的"学"为主的学习活动，课堂上通过师生互动这种教学模式，可以改变传统的以教师的"教"为主的"填鸭式"教学模式，尊重学生的主体地位，变被动学习为学生的主动学习，使学生真正成为学习的主人。在教师有效的言语引导下，学生自我建构新知识。教师只担当指导者和引导者的角色，为学生答疑解惑，使学生掌握良好的学习策略。把课堂真正地还给学生，师生之间能够建立起一种平等与尊重的关系，拉近了师生之间的距离，并且能够创设一种良好的、和谐的课堂学习氛围。在这样的师生言语互动式的环境影响下，学生的潜能可以得到最大限度的开发。并且，在发展学生的知识与技能的同时，语文课堂的教学质量也会得到显著的提高。

例如，在学习课文《飞向太空的航程》时，教师可以选用提问的方式进行语文课堂的师生互动。在课堂进行中，首先，询问学生是否了解全世界范围内对于太空的探索，并请学生结合自己掌握的知识，进行太空探索知识相关的课堂发言。其次，再请学生结合我国的太空探索进行发言和梳理，并结合这部分知识与教师进行讨论。最后，由学生在黑板上进行板书，进行我国航天大事记的知识科普。通过"提问—回答"这种师生互动的开展，学生不仅可以紧紧跟随课堂的教学步骤，还可以根据教师提出的问题积极进行思考和回答。可见，师生互动不仅可以使学生熟练掌握语文课本中的知识，还可以提高语文课堂教学的质量。

师生互动不仅可以显著改善课堂教学氛围、提高教学质量，并且可以增加课堂上学生的学习参与度，还可以提高学生的专注度，使学生专心听取教师的课堂授课内容，并积极投入教师的提问和互动问题解答的过程中，并从中获益。

（3）师生的言语互动可以改善师生关系。良好的师生关系主要是在课堂活动中培养和发展的，而高效的课堂教学能够帮助师生建立一种相互信赖的师生关系，提高学生对教师的认同度和信任度。课堂上教师认真组织教学以及与学生保持愉快和谐的言语互动都能激发学生的学习积极性，使学生主动思考、积极获取知识，达到良好的教学效果，促进学生的全面发展。教师对学生来说更值得尊重与信赖，教师的认可能够提高学生的自信心与归属感。学生也更加愿意跟教师亲近，拉近彼此的距离，建立更稳定和谐的师生关系。教师课堂上鼓励性的、关爱的话语会使学生更加自信，在这种外驱力的促使下，学生将更加热爱学习与生活，同时以尊敬和爱戴回报教师。学生对教师的信赖与认同也会激发教师强烈的责任意识，在教学上更加精益求精。综上所述，课堂上师生之间融洽有效的言语互动能锻炼学生的思维，激发学生的学习热情，引导他们主动学习、积极探究，从而促进学生的全面发展。

在学校里，教师是学生的表率，是知识与权威的代表，部分教师的权威意识使得课堂呈现出一种自上而下的服从与被服从的不平等关系。这种关系体现了教师主宰课堂、学生被动参与的过程，不利于学生的成长与发展。同时，如果课堂上教师过多地使用批评、命令等方式来维持课堂秩序、维护教师权威，而教师认为自己的真理性和权威性无可辩驳，学生服从教师也是天经地义的事情，长此以往，将会造成学生消极被动的心理状态以及悲观倾向，这与现代教学与改革所提倡的"民主、平等、和谐"的师生关系是背道而驰的。在这种权威意识影响下的师生言语互动，也不可能是民主、平等与和谐的，必定大部分的语言互动会变成教师单向牵引、学生被动响应。面对教师的权威，学生迫于压力而只能选择接受，那么师生之间的言语互动则大部分变成了一种教师对学生的单向流动，教师垄断话语权。这种师生言语交流上的不平等剥夺了学生作为学习主体的地位和权利，缺乏课堂应有的生机与活力，师生之间达不到真正意义上的言语互动。还有很多教师利用提高分贝、大声呵斥等方式控制课堂，这样的管理方式对学生来说没有说服力，反而增加了学生对教师和这门课程的反感，达不到好的效果。同时，这样的教学环境会增加学生的心理负担，不利于学生的健康成长。

课堂中互动的双方既是信息的传递者，也是信息的接收者。师生在课堂言语互动中能够呈现出一种民主、和谐的氛围，尊重了学生的话语权和主动权。因此，有效的师生言语互动必须追求互动的民主性，能够引导学生积极参与课堂，引发他们质疑，发展他们的思维，保证在有限的时间内完成基本的教学要求，并能获得更高的课堂质量。学生的年龄特征决定了学生的自律意识比较差，教师要充当好引导者的角色，主动地参与到与学生的互动交流中去，探索最优的互动交流模式，以期保证言语互动的高质与高效。

（三）教学模式

教学模式是指在一定的教学思想和教学理论的指导下建立起来的多种类型教学活动的基本结构或框架，也是程序化表现教学过程中的理论体系。可见，教学模式的选择对教师的语文教学而言是十分重要的，教学模式的选择可以直接影响到教师的授课方式以及学生的课堂接受程度，因此教师在选择教学模式时，必须紧密结合语文课程，并将学生的接受程度作为重要考量对象。同时，教学模式是多种多样的，教师必须结合语文课程的实际内容，选取最合适的语文教学模式并加以开展。需要注意的是，如果教学模式的选取不合适，则会导致课堂教学推进困难、学生无法集中注意力等情况的发生。因此，教师应该结合课程与学生的兴趣、接受程度等，选取最合适的课堂教学模式来加以应用。因此，在语文教学过程中可以使用以下教学模式。

1.传递—接受式教学模式

传递—接受式教学模式是最为传统的教学模式，是以教师讲授—学生接受为主的教学方式，使学生在教师授课过程中，完成知识的梳理和认知。这种教学模式的最大优势是不论何种语文课程都可以采用，并且不受课程难度的影响。同时，这种教学模式可以减少教师的准备时间，而以课本和课后练习作为最主要的教学素材。但是，这种教学模式也存在一定的缺陷，即学生往往会在这种缺乏乐趣的教学过程中丧失学习兴趣，不知不觉脱离教师的授课思路，因此，传递—接受式教学模式虽然可以节省教育资源，但是不利于学生接受语文知识。如果在传统教学模式的应用过程中加入学生感兴趣的教学活动，就可以抓住学生的注意力，使学生积极跟随教师的教学脚步，主动完成知识的学习。

例如，教师在教授《我有一个梦想》这一课时，可以采用传统的传递—接受式教学模式，在教学过程中为学生安排了一场别开生面的朗诵比赛，使学生在传统的教学模式中感受到了新颖的教学活动安排。可见，教学模式是一种教学选择，而教学模式下的细节安排才是影响整个课堂教学走向的最重要问题。传统的教学模式可以顺利开展语文教学，并保证语文课堂的秩序，而演讲等课堂活动则可以调动学生的学习积极性，并提高学生的课堂参与度。

传递—接受式教学模式是最基础与传统的教学模式，也是应用最为广泛的教学模式。它不受教学内容的影响，适用于各种语文文体教学，也可以在各种各样的语文学习阶段使用。只要教师将新颖、易于被学生接受的教学内容加入这种教学模式中，就可以帮助传统的教学模式恢复生机，并焕发出耀眼的光芒。

2.自学—辅导式教学模式

自学—辅导式教学模式是指学生在教师的指导下，结合正确的学习方式进行独立思考、自主学习的教学模式。这种教学模式可以充分调动学生的学习自主性，充分发挥学生的学习能动性，积极投入语文知识的学习过程中。同时，这种自学—辅导式教学模式的主要教学程序是学生自学、集体讨论、教师启发、学生反思、总结练习。在这种教学模式的教学过程中，教师需要弱化自己的教育职能，将学生的自我教学作为最主要的教学方式，并结合课文中的问题和科学的学习方法对学生进行积极的引导和点到为止的知识梳理。这种教学模式最大的优势是可以让学生自己进行知识学习，使学生结合自己的学习情况来解决问题，而且还可以在自学的过程中充分调动学生的学习积极性与创造力。但是，这种教学模式也存在缺点，因为学生的学习能力有限，因此这种教学模式应用的课程须选取较为容易理解和消化的课文，而像文言文这种理解起来较为晦涩的文章则不适用于这种教学模式，否则学生在学习过程中很容易出现理解偏差和错误。

例如，在学习《祝福》这一课时，运用的就是自学—辅导式教学模式。因为这篇文章是鲁迅先生的作品，立意深刻，但文章篇幅较长，因此，教师可以请学生结合课后的问题进行自学。同时，在经过自学的课堂流程后，请学生以小组为单位进行课后问题讨论，在学生通过讨论得出"造成祥林嫂悲剧的原因有哪些"这一相关问题的答案后，又引导学生针对文中的重点语句进行分析和反思，并从这些重点语句中感受祥林嫂的生存环境与人生三个阶段的变化过程。最后，由学生进行课程学习总结，并结合练习题目来完成《祝福》这篇文章的学习。

自学—辅导式教学模式可以帮助学生自主进行知识探究，并通过语文课本中的文章进行知识梳理和学习。这种教学模式可以将教师的教育权力下放到学生身上，使每一位学生都可以充当自己的老师，也可以使学生的思想和看法在小组讨论的过程中得到释放和抒发。因此，教师应该结合课文的内容来实行自学—辅导式教学模式，并以此来帮助学生提高自学能力和语文知识梳理总结能力。

3. 探究式教学模式

探究式教学是学生在教师设置的情境中，在教师的指导下，以主动的态度去探索问题，进而获得新知识的一种教学模式。学生通过参与探究活动，可以自主获得知识与技能，同时发展探索精神、培养创新能力、提升综合素质等。探究式教学模式能弥补传统教学模式的不足，在提升学生综合素质方面起到积极的促进作用。

探究式教学模式以教师提出教学问题为开端，进而伴随着学生的假设和推理、验证来获取知识，最终由教师进行知识的总结和提炼。这种教学模式可以帮助学生建立探究精神，使学生具备自主探究知识的能力，并在探究过程中收获语文知识，构建课堂有效教学系统。语文课堂上探究式教学的基本流程，具体包括以下六个方面。

（1）创设情境，提出问题。在创设情境时，尽量不要直接用教材的情境或数据，防止学生提前看课本而形成定式，难以发散思维。同时，教师在探究式教学模式中创设的情境需要结合课程展开，并能激发学生的学习和参与兴趣。

（2）学生独立思考，尝试解决问题。学生自己思考，尝试解答问题。教师巡视，了解学生的解法及思维状态，并对其给予相应的指导。在这一学习阶段，学生不仅可以通过独立思考得出课文中的主旨，还需要结合课后问题进行知识的总结和探究。对探究式教学模式而言，这一学习步骤是最为重要的，也是探究式教学优势的集中体现。同时，学生还可以在思考过程中进行推理和怀疑，并用辩证的思想进行知识判断，最终学生将通过知识验证，获得正确的答案，同时有些问题将会得到妥善解决。

（3）汇报交流解决方法。采用不同解法的学生代表进行汇报交流。在这一阶段，学生可以结合自己通过探究和独立思考验证的语文知识经验进行知识分享和交流，这一学习过程可以开拓学生的语文思维，帮助学生建立多种语文思考角度，拓宽学生的语文思考范围。

（4）梳理提炼知识点。教师对学生的汇报内容进行梳理，同时将重难点突出。本学习环节可以由教师重点主持和把握，使学生在教师的帮助下实现知识的梳理和提炼。

（5）课堂练习及检测。一般而言，探究的时间较长，所以做练习的时间相对不多。因此，需要教师精心选择一些典型的题目进行练习。教师可以选取有代表性的问题对学生进行提问，还可以选取课文中的基础知识进行检测，使学生在把握语文课文主旨的同时，还能掌握细节知识与基础知识。

（6）课堂总结。学生可以总结本节课学会的知识，讲述在探究过程中的想法和感悟。同时，教师要适时帮助学生进行知识总结和学习效果评判，以便在下次的学习过程中提高学习与课堂探究效率。教师在探究式教学模式的执行过程中，需要秉持一定的指导原则，主要有以下三个方面。

第一，教师应该预留给学生充分的思考时间，学生先自己思考，再交换意见进行讨论，学生思考和实践体验的时间要充足。目前，小组合作和讨论是比较流行的学习方法之一。此外，小组合作和小组讨论不能随意进行，它们有其出现的时机，即学生的想法独立、思考成熟之后。否则，学生没有思考成熟就听取别人的意见，容易受到他人观点的影响，难以形成自己的想法，影响其思考的深度和广度。学生有充足的时间思索，思考才能深入，才能进入探究的状态。

第二，教师应安排学生亲身经历探究与思考的过程。教师在指导学生时，不用急着下结论，也不要否定学生，要信任学生，下放教育权力，使学生在实践中发现自己的错误，并进行相应的调整。在指导学生实践时，"试试吧"是对学生最大的尊重与鼓励。个人体验的收获大于被告知的收获。有时学生的某些想法难以实行，教师鼓励学生尝试后，学生会发现想法的不可行性和问题所在，并试图换一个可行的方法。这样做既能保护学生的自尊，又能保护学生探究的积极性。教师在指导学生探究时，不急于评判，给学生充分的时间，让学生经历探究的过程，学生会在这个过程中收获很多。

第三，教师应灵活运用指导技巧。首先，教师可以通过提问或追问的方式引导学生思考。学生在探究时，有时会想法模糊、表达不清楚或表述过于概括，这时就需要教师通过追问，将学生的想法一步步地具体化。其次，以遇到的困难为切入点解决难题，支持学生将探究进行下去。最后，教师可以提示学生随时记录想法及探究过程，为汇报和探究报告做好准备。一般而言，学生在做汇报或写探究报告时遇到的学习问题主要有两个：一个是说得或写得太过简略，三言两语就概括了整个探究过程；另一个是表述不清。所以，教师要在探究之初就提示学生随时做好记录，将探究过程中闪现出的每一个想法与做法都详细记录下来，这样在做汇报或写探究报告时才有素材。对于仍不能将探究过程介绍具体的学生，可进行提示，如某一想法是怎样想出来的、为何改变想法、某一环节是怎么操作的等；对于表述不清的学生，最好的方法是直接指出表述不清的语句，让学生解释说明其本意，同时让学生体会表述不清与表述清楚的差别。

探究式教学模式可以使学生沉浸于知识的探究过程中，通过积极思考和验证来完成语文知识的掌握。因此，教师应该结合课堂教学内容来执行探究式教学模式，使学生掌握语文探究的方式方法，将这种学习模式积极应用在语文知识学习过程中，并以此来提升学生语文学习的有效性。

4. 合作学习式教学模式

合作学习式教学模式主要是指通过小组的形式来组织学生进行语文学习的教学模式。小组作为学习过程中的整体，取得的学习成果离不开小组中每一位学生的努力。这种教学模式可以提高学生的合作能力，还可以让学生在小组探究语文知识的过程中积极掌握不同学生的学习和思路。需要注意的是，这种学习模式也存在一定的不足，即小组合作学习模式会以绝大多数学生的学习节奏为准，而忽视个别学习能力较强的学生。在这种情况下，教师应该通过合作学习来帮助成绩好的学生建立团队意识，通过辅导和帮助来建立该生的学习兴趣；对于基础和成绩稍差的学生，可以通过刺激学习兴趣来增加该生的合作参与度。

此外，小组合作学习已经成为高中语文课堂教师教学的一种重要形式。如何让它发挥出巨大的作用，取决于大多数教师对小组合作学习更为深入的探讨与尝试。教师必须对小组合作学习有正确的认识，并为每个活动都做好准备，才能减少小组合作学习效率低的现象，从而提高语文教学系统的有效性。同时，小组合作教学模式不仅能使学生获得必要的语文基础知识，而且能够培养学生的合作和竞争意识以及创新能力，同时对于建立新型的师生关系、促进良好品质的发展等方面也有显著的成效，因此开展小组合作学习有效性的研究是十分必要的。

由此可见，小组合作学习方式并没有真正落实到高中语文教学中。新课程改革极力提倡的教学组织形式与教学策略之一就是小组合作学习，若将其引入高中语文课堂中并有效地开展，那么必然会大幅度提升教学效率。因此，结合语文课堂教学，总结出合作学习教学模式的有效开展步骤包括以下三个方面。

第一，合作学习的任务分配。开展小组合作学习前，教师必须将其重要意义、内容与目标以及如何达到目标、评估标准包括哪些（如小组任务完成情况、个人学习收获大小等）告知学生。此外，借助创设情境或设置充满趣味与挑战的问题等方式，能够有效激发学生的学习热情，从而引导学生懂得如何学以致用，推动学习成果的成功转移。

第二，合作学习的问题探究。在学生的小组学习目标确定后，按照学习任务进行合理的分工，各组开始进行合作探究，每个成员按照自身不同的理解展开沟通与探讨，由此为小组的学习成果添砖加瓦。在合作探究过程中，教师必须做好深入观察，一旦发现问题，应在第一时间做好指导。如此一来，学生的合作效率才能更有保证。同时，教师应密切观察学生的学习与人际交往等相关表现，从而对每个学生的语文学习能力和合作探究能力了如指掌。对于那些反应较慢、学习较差的学生，应为他们创造更多思索与发言的机会，以免其被落下太多；此外，针对那些头脑聪明、学习较好的学生，应为他们创造能够展现自我潜力的机会，以推动其实现更大、更快的进步。

第三，全班交流。每个小组选出自己组的发言代表，由发言代表为全班师生展示本小组的学习成果，这样既有利于教师掌握各小组的学习状况，更重要的是也能让教师对各小组内学习较差的学生有更多、更深入的了解，从而寻找帮助对策。若有小组提出问题，教师能够让其他小组成员共同参与到讨论与解决的过程中，全体学生共同寻求最佳的解决方法。

在合作学习教学模式的实施过程中，最后也是最重要的环节就是学生自身的反思，教师在课堂上可以将其设定为三种形式，即本节课的收获、学习心得、学到的内容等，学生可以畅所欲言，这一环节既是学生反思学习成果的过程，也是教师检验课堂效果的过程。在课下，学生可以将学习反思写成学习笔记，以便查缺补漏，或在下次学习时查阅，持之以恒，养成良好的学习习惯与科学的语文知识学习素养。

合作学习教学模式的选择，是提高学生学习参与度的重要教学手段，也是应用甚广的教学模式。但是，合作学习并不是不需要任何准备的教学模式，相反，合作的小组安排、学生语文知识的讨论议题、总结的环节设置和反思的总结反馈等都需要教师做到心中有数，并在语文课开始前就做好充分的准备。同时，合作学习教学模式可以显著提升学生对于语文知识探求的积极性，这对于构建有效语文课堂教学系统是十分有利的。教师可以结合教学内容，积极开展语文合作学习教学模式的尝试和应用。

5.抛锚式教学模式

随着建构主义思潮的广泛影响及其教学研究的不断深入，抛锚式教学模式吸引了越来越多人的目光。在知网上搜索国内关于抛锚式教学的文章，其中大致从理论研究和教学实践这两个方面进行阐述。理论研究探讨的是关于这种教学模式的简介，适用性和可行性的分析探讨、抛锚式教学与支架式教学和随机进入式教学的并列简述。教学实践是在高中教育教学过程中将抛锚式教学运用于生物、数学、语文、化学、信息等科目的教学过程中。

抛锚式教学指教育教学工作者在进行教学时创设了真实或贴近学生生活实际的情境，想要学生解决的事情就隐藏在这样的情境中，通过各种学习方式，最终达到收获新知和锻炼各种能力的一种教学模式。在这个学习过程中，主要的学习方式是学生的自主学习，把自主学习能力定义为"学习者对自己的学习负责的能力"。在创设情境中所说的问题是个模糊的问题，也就是一个宏问题，然后在教师的引导帮助下确定本节课要解决的子问题，人们把这个过程称为"抛锚"。"锚"一旦固定下来，整个教学内容也就确定了。就像一艘船，锚一确定，整个船就稳定了。

抛锚式教学最鲜明的特点是创设一个真实的教学情境，使本节课要解决的问题产生于这样真实的情境，而不是为了学习而学习。随后在教师的引导下，师生共同确定本节课要解决的一个个小问题，学生通过各种学习方式来解决问题，最后师生共同总结、反思、评价。在整个过程中，学生亲身体验从识别问题到提出问题再到解决问题的过程。通过这样的学习过程，一方面，学生学到的知识都是自主建构的；另一方面，学生能把所掌握的知识迁移到日常生活的真实事件中。抛锚式教学是使学生适应日常生活，学会独立识别问题、提出问题、解决真实问题的一个重要的方法。

（1）设锚。设锚是指在语文教学活动开始前，教师的教学筹备工作。在这一阶段的教学工作进行中，教师应该结合语文课程来创设情境。抛锚式教学的开展是建立在一个预设好的真实的问题情境上的。锚的设定是抛锚式教学模式的首要环节，学习中的问题不是直接呈现的，而是蕴含在特定的情境中，此模式强调的情境往往与日常生活现象、实事或需要解决的问题密切相关，并以此作为学生调查和探究的出发点。例如，在学习《林黛玉进贾府》这一课时，首先使用多媒体设备为学生播放了一段新版《红楼梦》电视剧的节选片段，视频中展示的内容就是林黛玉拜别父亲进入贾府的情境。学生通过在情境中感受主人公的情感与状态，进而产生了感同身受的情感体验和共鸣。同时，这种情境创设教学活动的开展可以帮助学生建立基础的知识认知，也可以帮助学生完成课本知识的迁移。设锚是抛锚式教学模式的第一个步骤，也是吸引学生进入语文学习过程的重要步骤。因此，教师应该积极发挥各种教学工具的作用，通过不同的教学手段来增加学生关于情境创设的兴趣和接受程度，使学生积极投入教师创设的情境中去，并从中建立对语文知识学习的热情和兴趣。

（2）抛锚。抛锚这一教学过程是指在情境创设中进行问题的界定，也就是确定师生共同合作、积极探讨并最终确定要解决的问题。这就需要教师在创设情境后引导学生确定问题，并结合问题进行具体分析。抛锚作为抛锚式教学法的第二个步骤，是教师提出和确定问题的步骤。可见，只有教师将学习问题界定和设立出来，才能保证学生的语文学习充分围绕着"抛锚"的问题而展开。因此，教师应该及时帮助学生提供问题的界定，并引导学生在确定的问题中积极分析问题。在抛锚式教学模式中，"抛锚"可谓教师为学生提供教学帮助的重要学习阶段。因为教师需要借助设锚阶段的情境创设来帮助学生积极抛出问题，并让学生在情境中围绕着问题进行分析。

（3）解锚。解锚的含义是解决问题，也就是在教师的教学引导下，学生通过各种学习方式，最终解决语文学习过程中的问题，对所学的知识形成结构体系并实现知识的迁移。解锚的最理想状态是能够促进学生知识的迁移，迁移是在一种情境中参与一种活动的学习能够影响其在新情境中参与另一活动的能力。同时，教师引导学生进行学习成果展示，师生共同总结，形成一个相对完整的抛锚式学习结论。由此可见，解锚的重点不仅仅是对问题的最优解答，而是将解答语文问题的能力进行总结和提升，并将这种解答能力上升到一种理论和系统的高度，以便在日后面对相关和相近的语文知识和问题时，可以借助迁移而来的问题解答经验来得出问题的最优解答。因此，教师应该注重这一学习阶段学生总结和概括学习经验的过程，并帮助学生建立完整的语文知识解答系统，以便提高学生的语文学习能力。

（4）起锚。起锚的教学重点主要集中在语文教学的反思与评价上。在这个环节中，一方面是引导学生对解决问题过程中存在的不足进行反思，通过反思消化，力争下次能做得更好，无形中也提高了学生的反思能力；另一方面是评价，要以形成性评价为主，也可以结合其他评价，如学生的自评、小组内互评、教师的评价等综合多方面的因素给学生一个相对公平的发展性评价。通过"起锚"后，学生又有了新的知识储备，这些新的知识又成为继续学习的知识基础，然后继续开启下一次新知识的学习。可见，高中语文学习是个螺旋上升的过程，学习过程中不论是基础知识还是学习方法都需要一定量的积累，才能在后续的学习过程中体现出来。

教学反思可以从教师和学生两个角度同时进行，学生只需要针对本课程的抛锚式教学法实施过程中的学习收获进行反思即可，而教师则需要进行完整的教学反思。其中需要包括但不限于情境创设反思、问题设定反思、学习过程反思、教学成果反思等方面。这种反思不仅可以帮助学生提高语文学习的有效性，还可以促进教师改进教学方法，完善语文课堂教学体系。同时，学生的反思过程可以帮助学生查找课程学习薄弱环节，并进行有针对性的知识学习和调整。

教学评价主要是指教师对于学生的学习情况进行的评价。教师需要从教学的学习参与和问题解答等方面进行评价。同时，教师还可以让学生进行互相评价，这不仅可以帮助学生提高语文学习水平，还可以帮助学生提升欣赏他人的社交能力，可谓一举两得。

抛锚式教学模式有利于提高学生学习语文知识的兴趣和学习能力。应用抛锚式教学模式增强学生对语文学习的认知，提高了学生的知识掌握能力，促进知识的迁移，提高学习成绩。

6. 范例式教学模式

范例教学，是指教师选取蕴含本质要素的典型例子，使学生依靠特殊例子来掌握"一般"，并借助这种"一般"，独立地进行迁移运用。范例教学并不是为了举例子而举例子，而是为了让学生从个别到一般，进而掌握规律性的知识与方法，达到启迪学生思维、培养学生独立思考与解决问题的能力，这种方法可以把传授知识与培养能力融合在一起。

范例教学也被称为"示范性教学""范畴教育"，主要是指教师在语文教学过程中，结合教材与生活中的经典案例来帮助学生掌握语文知识和规律的教学模式。范例教学模式适用于规律性知识的掌握过程，换言之，普通的语文课程几乎应用不到这种教学模式。但是，在语文专项知识练习过程中，这种教学模式就会显示出其教学优势。研究结果表明，范例教学不仅可以提高学生在高三复习课上的兴趣，还能在短期内提升学生的复习效率，并有利于增强学生对知识的迁移能力。

例如，在对学生进行作文写作教学时，教师通过互联网找到了多篇历年高考作文真题，请学生进行分析和对比，同时教师可以将这些作文题目作为范例来为学生进行写作思路的梳理。学生通过观察和讨论，发现高考作文题目的出题方式主要集中在话题作文上，而在传统作文教学中的命题作文和半命题作文鲜少在高考作文中出现。同时，还有一部分高考作文以漫画做题目，请学生根据漫画自找角度，进而完成作文写作。在作文范例观察过程中，经过引导和帮助，与学生一起总结出了目前的作文出题趋势。学生的关注点需要放到实际生活中，同时在写作过程中，学生必须具有自己鲜明和独特的观点和见解。

范例教学模式不仅适用于语文作文教学，对于系统化的教学都是十分适用的。在现代文阅读训练或高考基础题目训练过程中，教师可以以范例教学模式来帮助学生梳理知识考察的共同点，这种通过范例进行知识总结的学习方式，可以帮助学生养成良好的系统知识学习习惯，使学生在掌握某一种语文知识的同时，也掌握科学的学习方法和解题方法。同时，范例教学模式还可以通过范例的讲述和罗列来帮助学生进行思维训练。语文思维训练是教育工作必不可少的一项，而要与课堂教学中教师对学生语文综合能力的点拨有机融合在一起。而在语文教学中，教师有没有刻意对学生进行思维训练，培养出来的学生是有显著差别的。如果教师有意识通过范例来培养学生的语文思维，教学效果以及学生的语文综合能力和语文知识应用能力绝对会有所区别。因为使用范例来对学生进行教学训练，可以提高学生的思维品质，而且范例教学还可以帮助学生建立创意思维，所谓创意思维其实是一种开创性的实践活动，而创造力的竞争是未来社会竞争的重要组成部分。创造能力可以分低、中、高三个层次，教学中"低层次的创造能力指进行对本人来说是前所未有的思维活动或实践活动的能力，像学生解题时的新思路、新方法就是这样"，以便将来为学生具有中、高层次创造能力做准备，更好地步入未来高速变革的社会工作环境。因此，教师应该将范例教学模式积极应用在系统或专题学习过程中，这对于提高语文课堂有效性可以起到重要的推动作用。

7.体验式教学模式

体验式教学模式区别于传统的教学模式，教师不再作为主体而存在，而是让学生变成课堂的主要参与者；不再将教材内容作为语文课堂的教学核心，而是让课堂活动贯穿一节课的始终。体验式教学模式是在教师指导、启发学生在已经掌握的知识的根基上，借助亲身加入、仔细观察、积极参与、切实感悟来对周围事物产生全新的认识，让其自己去感知和领悟新知，并且在现实活动中对所学知识进行验证，从而成为真正自由独立、知情合一、有效创新的"完整的人"的教学方式。

在传统的语文教学过程中，教师往往过分拘泥于课本，不够贴近学生的生活实际，并且高中语文课本中的文章有些与实际生活的距离很远，导致学生在理解过程中存在很多认识上的偏差，同时传统教学模式无法启迪学生深入思考，更谈不上升华情感。因此，提升学生的文学素养，绝不能硬性灌输，而要让学生亲身体验文章表达的情境和情感，也就是要让学生变被动接受为主动体验。另外，教师可以通过自身的教学实践和经验，总结出了语文教学过程中的体验式教学模式实施重点。体验式教学模式的教学重点主要集中在两个部分：第一部分对体验式教学模式进行简单介绍，这部分集中阐释了体验式教学模式的含义和内容；第二部分主要讲述在语文教学过程中体验式教学模式的具体应用措施。在课堂教学中，将表演艺术、口才艺术和多媒体技术等巧妙融合，既避免了传统教学模式的弊端，又提高了课堂效率；在课外实践活动中，借助对学习内容的拓展以及对学生思维的发散等，阐释体验式教学模式在高中语文课中的具体应用以及所发挥的功效。另外，还可以结合体验式教学模式的应用进行一场教学信息反馈，从学生的学习效果和反馈中得出了体验式教学模式的优势和意义。需要注意的是，体验式教学模式的应用并非完美，其实这种教学模式还存在很大的上升空间与不足之处。教师需要结合具体情况具体分析，充分使用体验式教学模式调动学生的学习热情，但同时也尽力规避这种教学模式存在的问题。

例如，在学习《雷雨》一课时，教师可以在上课之前要求学生自主预习课文，并在后续的语文课堂上以体验式教学模式开展这一课的学习。在语文课堂上，邀请学生分角色进行《雷雨》话剧表演，同时请学生在表演过程中体验这部话剧的主旨和剧中人物的情感。之所以使用体验式教学模式来开展这一课的教学，是因为考虑到话剧中描绘的年代与现今社会相去甚远，如果仅仅依靠阅读，学生恐怕很难产生代入感，更无法对主人公的遭遇产生感同身受的情感。因此，可以结合表演活动来帮助学生实现课文的体验过程，并让学生通过体验来细致分析主人公的行为特征与心理活动。可见，体验式教学模式不仅能够帮助学生充分理解文章中主人公的情感，还能使学生深入掌握文章的主旨，把握文章的情感起伏与发展方向。

因此，要让语文课堂更高效，就要倡导教学形式的活泼多样。这需要教师做非常充分的准备，使授课内容无形之中丰富起来，学生也会紧紧跟随着教师的教学步骤汲取知识。同时，体验式教学模式要求突出学生的主体地位，根据学生的实际水平和能力，灵活地进行课堂各个环节的设计和教学。所谓"教无定法"，就是指教学过程中可以结合具体情况来进行课堂教学模式的适当更改和演变，但其最终目的都是为了提高学生的学习效果和有效语文教学系统的构建。

第二节　高中语文有效课堂具体导入

有效的课堂导入在教学过程中充当重要角色，能够起到总领全局的作用，对语文这门课而言，导入更是兼具艺术性与功能性。课堂导入也就是通过一定的教学环节设计，教师使用富有启发性的导入语和激发学生学习兴趣的教学方式和手段展开的语文思维活动。可见，课堂导入环节的效果可以直接影响到教师后续的课堂教学情况和效果。同时，课堂导入还可以利用简洁的教学语言拉开教学序幕，并随之展开教学主题内容。导入是教学活动的首要环节，一般为 3～5 分钟的教学过程，具有激发学生创造力、唤醒学生积极主动性的作用。但在实际教学中，教师对于导入教学环节存在许多的误区。此外，在专业学习过程中，导入是教学设计中一个必不可少的环节，在整个教学设计中能够起到提纲挈领的作用。在高中语文的学习过程中，有效的导入能够使学生更加体会到文学作品的魅力，让学生能够学有所获。但在实际教学中却并非如此，许多高中语文教师都会跳过这一重要环节。

一、高中语文有效课堂导入的意义

有效的课堂导入将新课程目标当中的三个维度整合，整体发展纳科其发展观，将思维过程、日常经验、开放建构和全局联系统筹的知识观，开放创新和体验性的学习观，呼吁教师转化为教学的促进者，追求知识到智慧的转变。

（一）有效课堂导入是实现教学目标的基础

《普通高中语文课程标准》从知识与技能、过程与方法和情感态度与价值观三个方面确立了课程目标，是一个互相联系的统一整体。知识与技能是起点，是另外两个维度的载体，也是整个目标得以实现的着手点。过程与方法是获取知识、形成技能、培养能力的"纽带"，其中"过程"更是情感、态度和价值观得以内化的"加速剂"；情感态度与价值观中"情感态度"包括学习动机、学习兴趣、学习情绪和内心体验等影响学习的情感因素，也包含学习态度、科学态度、生活态度等；"价值观"则强调个人价值与社会价值、科学价值与人文价值、人类价值与自然价值的协调统一。情感态度与价值观的整体实现离不开前两个方面的落实，同样，前两个方面的实现，也离不了情感态度与价值观的支撑。

传统教学侧重知识与技能，新课程标准从以上三个方面提出目标，使得知识与技能不再孤立，有了过程与方法、情感态度与价值观的支撑，得到学习动机、兴趣及学习责任感、学习态度的配合，学习就会成为发自内心的需要，成为一种乐趣。

但是，任何科学优质的目标，都依托课堂教学的实施才能实现。自课堂开始到进入学习状态，需要一个缓冲过程。尤其是高中阶段的学生，在学习和考试的双重压力下，时间被压缩得非常紧实，课间不得空闲，在下一节课开始之前，学生或许还处于对前一堂课学习内容的吸收、消化中。此刻，导入则显得尤为必要，能极为有效地将其调整到当前学习中，可见导入是实现教学目标的前提。

（二）有效课堂导入能够帮助教师树立教学自信

在有效导入教学理论的推动下，教师变成了课堂教学的促进者，职责和任务变得多样、多重，作用更加多元。语文作为综合性极强的学科，教师若仅仅是有着传统的专业知识和教学技能已不能适应需求，而是应该有智慧教学的追求，要根据教学目标和学情进行优质教学。此外，一名语文教师若想从根本上提升自己的教学水平，也必须树立优质教学的意识，从知识积累、教学技能、道德修养等多方面入手，从而获得成功。在导入环节中也应该贯彻这样的理念，兼顾各方面，实现导入的优质高效。如此也必将得到学生的积极配合，在踏上讲台之初便赢得学生对教学内容的期待、对教师能力的信任，让学生对后续学习有兴趣，并且保持住这样的热情。当学生从眼睛、神情、语言、肢体中将这种热情自觉地流露出来时，则是对教师莫大的鼓舞。而这种鼓舞能振奋教师的教学情绪，提高教师教学的兴奋度，增强了教师的自我效能感，树立教师的教学信心和威信，教学也会变得更有感染力，与学生的学习兴趣实现良性互动。

（三）有效课堂导入有助于激活学生的学习兴趣

兴趣在所有学习活动中都起着重要的作用，低效的教学，往往会忽视新旧知识间的联系，给学生造成学习困惑，使其望而生畏，因而失去学习的兴趣，甚至放弃学习。对于语文学习而言，兴趣是构成学生自主、积极学习的核心因素，是学习的催化剂。所以，要促使学生主动学习语文，就必须培养学生的语文学习兴趣。

有效的课堂导入要求教师结合具体教学内容，从学情出发进行教学的探求与创新，构建和谐的学习氛围，形成主动性、生成性、发展性的学习局面。课堂的每一分钟都非常宝贵，虽然在日常教学中不可能要求学生将每一分钟都用于学习，但也不宜将过多时间白白浪费在学习准备、环节转换等方面。因此，教师要在导入环节中用最恰当的时间、最有效的方式去激发学生的学习动机，从而为整个课堂教学的推进打下良好的基础。

综上所述，有效的课堂导入既关注知识，又注重思维、情感的体验和发展，与语文新课标的要求极为符合；既注重学生内在的发展进步，又强调学生外在的交往、成长，强调学生内外统一、终身全面的发展，顺应了时代发展的需求。

二、高中语文有效课堂导入的方式

进入高中阶段的学生，各方面知识、能力等都有了一定的深度，在为教师备课提供更大的可能性空间的同时，也对教师的能力、课堂教学提出了更高的要求。尤其是高中学生的学习任务重、压力大，课间学生忙于探讨、吸收刚刚学习过的新内容，或者利用课间进行放松，在下一节课开始之前，学生可能还处在课前混乱的状态。课堂导入则可以起到极好的缓冲、过渡作用。丰富有趣、多样化的导入方式，可以在视觉、听觉或在心理上对学生产生较为明显的"刺激"，让其收心，逐渐把学生的注意力从课下散漫的状态调整到课堂集中的状态，转移到教学内容中，具体有以下五点。

第一，稳定学习情绪。学生在课堂伊始，往往还沉浸在课间的休息氛围中，并不能快速进入课堂学习氛围。这时，教师使用课堂导入的教学方法就可以稳定学生的学习情绪，使学生以最快的速度进入学习状态。同时，教师还可以通过课堂导入来平复学生的情绪，将学生从课下的轻松状态中拉回到课堂氛围中。因此，教师可以结合课堂导入环节，使用精彩的导入语言或活动来抓住学生的思维与注意力，并有序进入课堂教学环节。

第二，增强注意力。学生的注意力集中时间是有限的，因此教师应通过课堂导入的方式来尽快帮助学生将注意力集中在语文课堂上，以期提高学生的语文学习效率和促进课堂有效教学系统的构建。教师应该结合不同的教学导入手段，帮助学生以最快的速度提高自己的学习注意力，并将注意力集中在语文课堂知识的学习上。

第三，激发学习兴趣。兴趣是提高学生学习效率的重要动力，也是引导学生遨游语文文学海洋的重要手段。可见，教育的艺术就在于使学生对教师所教的东西感到强烈的兴趣。因此，教师通过课堂导入环节来增加学生的学习兴趣，可以通过诙谐、幽默、引人入胜的导入手段来增强学生的导入环节参与程有效的课堂导入度，并帮助学生在兴趣的激励下积极投身于语文课堂学习。

第四，提高师生沟通互动。良好的、有效的师生互动是提高语文课堂教学导入的有效推动力，也是教师博得学生好感的重要教学阶段。可见，人类是很重视"第一印象"的，而课堂中的导入环节往往就是学生对于这一堂语文课和语文知识的第一印象。因此，教师应该重视导入环节的安排，并利用导入环节来充分博得学生的好感，使用朴实亲切的语言来开展语文导入环节的师生沟通互动，以期在导入环节建立良好的师生互动关系，营造良好的课堂学习环境与氛围。

第五，明确教学方向与基调。通过导入环节的设置，教师可以明确语文课堂的教学方向和教学基调。换言之，导入环节的设置可以明确教学目标，并帮助教师严格按照既定的教学目标进行教学。同时，有效的课堂导入还可以设定好课程的主旨与情感基调，这就需要教师结合语文课程的实际教学内容进行设定。只有依靠导入环节实现了教学方向的设定，确定了学习内容的主旨、教学情感的基调，才能顺利完成整个语文课堂的教学任务。

三、高中语文有效课堂导入环节的分类

教学策略是指为实现教学目的与任务，组织与调控教学活动而进行的谋划。它的实施主体是教师，是教师为达到一定目的、任务，考察客观条件和主体的优势而采取的主观决策。在"以人为本"的教学观的影响下，教师在实施教学策略时更需要考虑学生的情况。为此，从导入组织要素方面，探讨如何实现"以生为本"的教学理念。

组织要素也称人的要素，按照人的参与程度与执行主次给导入分类，可分为"教师独导""师生共导""学生独导"三类。以下将对组织要素进行详细探讨。

（一）课堂导入组织要素的分类

教学活动是以教师为主导、学生为主体，在不同的教学环境中，运用适当方法组织的活动。导入作为课堂教学的首要环节，也有其组织系统。所谓"导入"的组织要素，即人的要素，也就是教师和学生在教学中的组织关系。一直以来，教师都是教学活动的设计者、执行者，在教学活动中发挥着主导作用。但是，随着"以生为本"教学理念的深入人心，学生在教学活动中的地位越来越突出，教育工作者更加关注学生的学习状况，不再盲目强调教师的权威，忽略学生的诉求，师生之间的关系发生了变化。教师从施教者到既是施教者又是受教者；学生从被动接受者到主动探索者。从这些变化中可以看出，教学活动应强调发挥学生的主动性，培养学生的综合能力。因此，可以将导入的组织要素分为教师独导、师生共导、学生独导这三种情况。

I. 组织要素的分类

（1）教师单独导入。教师独导是指教师独自导入，也就是指以教师为操作主体的课堂导入。这是教学活动中最常见的组织形式。具体表现为，教师独自在讲台上滔滔不绝地讲说 $3 \sim 5$ 分钟，类似于独白的方式。因其具有强有力的掌控力，深受广大教师喜爱。但这种组织形式，学生的参与度几乎为零，不利于师生情感交流。教师独导在教学中一般表现为教师以语言的形式独自来导入课程。因其具有巨大的优越性，故而，在教学中，往往成为教师进行课堂导入时的首选。教师独导的优越性在于以下三点：首先，其便于教师对教学目标和教学计划的掌控，在完成教学任务时，总会因为课堂中出现的意外而耽误教学进程，教师独导有利于完整地呈现教学预设；其次，相对于其他的教学形式而言，便于完成难度比较大的任务，教师意志至上，学生处于模仿学习的阶段；最后，教师独导易于实施，因不需要学生参与，极少发生课堂教学事故。

相对于教师独导的优点，它的缺点也有目共睹。首先，在教师独导中，教师容易表现出"绝对权威"，面对学生，经常呈现一种强者不容置疑的姿态，在这样的环境中，容易导致学生丧失自主学习的能力，形成一种被动教学；其次，教师在独导中用语言开场，形式单一，导致学生丧失学习兴趣；最后，教师独导不利于培养学生的合作精神。在新课标中多次提及要培养学生的合作精神、探究精神、创新精神，通过课堂教学活动，培养学生完整的人格。但教师独导这种形式偏向于对教师个人能力的展现，所以在使用这种形式时，教师需要慎重考虑。

（2）师生合作共同导入。师生共导是指在施行导入时，由学生和教师一起来完成教学活动。一般在教学中，展现的形式是师生问答、活动互动等，相比较之前的"教师独导"，更能体现学生在教学中的作用。教师用平和、平等的态度来引导学生学习，调动学生的积极主动性，这种形式有极大的优点。首先，能够在短时间内集中学生的注意力。其次，能够掌握学生已有的知识储备情况，适时调整教学计划。师生共导的主导还是教师，其中问题的设计都由教师独自完成。但在教学实践过程中，学生的学情不一样可能会导致语文课堂偏离教学预设。这时候，教师需要发挥临场应变能力，即能够在任何突发情况下灵活运用教学方法与策略，解决教学中的问题，顺利完成教学任务。最后，师生共导能够培养学生的合作探究精神。在师生共导的形式中，教师以师生对话、师生问答的形式为主进行导入。这时，教师不再是教学中唯一的主体，反而学生的回答成了焦点，有助于学生之间相互学习、相互交流，培养他们的合作探究精神。

（3）学生主导。学生主导是由学生承担主要的导入教学活动。导入教学在一般情况下是指教师对教学对象提供的教学活动，教师是活动的主导。前面两种教学方法中，也同样是教师为主导来完成教学任务。但新课标要求积极倡导自主、合作、探究的学习方式，语文教学应为学生创设良好的自主学习情境。在新的形势和要求下，教师需要慢慢放开对学生的限制，把课堂交给学生。

学生主导这种教学策略一般运用于学生自主探究的活动课程。在活动课程中，教师起辅助作用。学生通过探究、合作，解决学习中的问题。在"以生为本"的教学理念中，学生是教学的中心，应以学生为主导。在实践中，教师先确定好主题，再由学生自己组织活动，研究这个问题，这种全面自主学习的探究类课程，更能考验学生各方面的能力，调动学生学习的积极性。

学生主导在教学过程中比较罕见，其缘由大致有四个方面。其一，教师乐于用传统的方式教学，以完成教学任务，忽略培养学生的自学精神和探索精神，不愿将时间交给学生。其二，学生主导的组织方式不是对每种课程类型都适合，主要针对的是学生主导的自主探究课程，运用的机会较少。其三，现实情况决定了难以实施。高中生面临高考压力，功课多、时间紧，而教师教亦无充足的时间给学生探索。其四，校园图书、资料等资源有限，学习资源开发不足。大部分中学图书馆建设不完善，没有对学生开放，学生无法获取大量的资料来进行自主探究。

2. 导入环节组织形式的注意事项

教师必须遵守教学方法，同时又能够灵活运用。只有选择适当的方法，才能够使教学发挥最大的效果。上述策略同样也只有在了解教学内容和学情以后，才能够做出准确的判断。但学情千姿百态，每一个班级都有自身的特色，因此教师需要在教学中仔细观察，才能"因材施教"而教材具有固定性，比较容易研究。一般来说，高中语文教材编辑者考虑到学生的心理状况，学习内容也是由易到难。这样的编排，有利于学生对知识的理解。下面以高中语文必修教材为基础，具体分析组织要素运用时的注意事项。

（1）语文课程内容的差异。课程内容是课程的核心要素，从总体来看，课程内容是根据课程目标从人类的经验体系中选择出来，并按照一定的逻辑序列组织编排而成的知识体系和经验体系。长期以来，对于课程内容的争议比较大"传统学派"认为，课程内容是按照一定的逻辑系统组织的知识文化体系，目的是更好地学习知识。而"现代学派"认为，应该以学生的兴趣爱好为标准设计教学课程。目前，接受最为广泛的观点是，课程内容应该兼顾知识体系与学生兴趣，课程内容应该具有知识性、生活性、综合性的特征。

按照课程内容划分，课程应分为学科课程和活动课程。学科课程以传授文化知识为主；而活动课程是以传授学生感兴趣的实践活动为主，比较贴近学生生活。

(2) 学生的学情差异。学情指的是学生的情况，包括学生的心理、身体、智力等各方面的情况。了解学情，才能做到"因材施教"。目前，我国主要采用"班级授课制"，在这种制度中，实行的是一种粗放模式的"因材施教"。大概有两种分类方式：第一种，按照全国中学考试水平，将学生分为实验班、普通班；第二种，按照学生的兴趣或自由意志的选择，分为文科班、理科班。第一种分类方式曾引起了较大的争议，有人认为这种做法伤害学生的自尊，不考虑学生的感受。但实际上，根据学生的学习能力采用不同的教学方法，有利于教师教学工作的开展，同时也能提高学生的学习效率。

实验班学生普遍比较自律，目标性很强，善于发现问题，但教学过程中课堂气氛比较沉闷。他们更感兴趣的是对知识的吸收，而不善于发现问题。在这种情况下，教师可以采用"师生共导"的方法，引导学生发现深层次的问题，同时，采用"学生独导"的方式，鼓励学生自主探究，让他们学以致用。调动学生的积极性之后，他们才更愿意自己去主动学习。同时，减轻教师的负担，也给教师带来挑战，教师要不断更新知识，紧跟学生步伐。

普通班学生比较散漫，自信心和自我价值感较低。虽然课堂气氛比较活跃，但效率低。在教学中，学生更愿意以"活动"的形式来探究知识，不过教师在教学过程中需要起到重要的引领作用。从建构主义心理学上讲，学习犹如修建大楼，教师需要为学生搭建脚手架，以助学生能够一步步到达目的地。"师生共导"中，教师通过一个个小问题，慢慢引导学生完成教学目标，有利于学生发现自己的兴趣点，提高自信心。

所谓"教无定法，贵在得法"，在变化多端的教学过程中，教师可能遇到更复杂的情况。但即使再变化多端，都离不开教学内容及学情分析。对这两点的分析，决定教学活动采用哪种组织形式更为恰当。

3. 导入组织要素的实践启示

组织要素的分类与运用注意事项，能够使大家更好地了解"导入"的组织要素，从而解决导入教学中的诸多问题，有利于建立高效语文课堂。从组织要素角度来看，无论是教师独导、师生共导、学生独导中任何一种组织形式，教师和学生必须好好沟通，这样才能将无意义的被动学习转变为有意义的主动学习。在教学组织方面，教师需要采取多种多样的教学策略，找到适合学情的教学策略，以此来解决忽视学情与情感交流的问题，此外，导入的组织要素对实践教学还有很多启示，主要包括增强自主探究活动、课程内容决定教学方式等。

（1）增强学生的自主探究活动。

新课标中强调加强学生的自主探究和创新能力，强调语文教学主要在于应用。学生只有在应用中才能体会知识的重要性，发现自己的不足之处。因此，教师在导入中应该增加自主探究活动，即以"学生独导"为主的导入形式。学生才是学习的主体，教育工作者应时刻谨记，但要真正付诸行动，则须从以下两方面来分析。

第一，自主探究活动导入完全交给学生，教师监督。这种模式又叫公司模式，师生之间的关系变成公司中上司和下属的关系。教师严格监督学生的执行情况，却不直接参与到学生的活动中，让学生自己统筹各方面的事情，设计方案，执行方案。教师采用灵活多变的教学活动，锻炼学生全方位的能力——语言运用能力、组织能力与合作能力，甚至学生的自信心。

第二，做好导入前准备工作，分为教师准备工作与学生准备工作两个部分。日常的教学经常提及的是教师的准备工作，即备课，忽视学生准备工作，即预习。当然，在自主探究性活动课程中，学生准备工作占主体。学生准备工作不仅仅是对下次课的教学内容进行预习准备，如读书、查字典、完成教师布置的课后任务等，更倾向于自主挖掘相关主题的内容。例如，《奇妙的对联》一文中，活动主题的拟定、活动形式、活动任务分配、活动时间等，都是由学生自主完成，学生成为导入准备工作的主要执行者。教师留出时间让学生按照自己的方式做事，教师退居二线，负责审定。准备工作就是教师对学生指教的过程，不同于传统教学课堂上的知识性的指教，更能够指导学生如何与人相处。准备工作完成得是否到位，直接影响到活动的效果与活动目的的实现。

明确以上两点，自主探究性活动导入就比较容易实施。导入方式多种多样，最主要的依据是学生的特长。如"开场白"式导入、舞蹈式导入、讲故事式导入、试验式导入、图片展览式导入等。导入方式的运用，主要以学生的兴趣与活动形式来展开。

（2）课程内容决定组织导入方式。

第一，师生共导、教师独导比较适用于学科课程。高中语文必修教材整理之后发现，教材主要是以"学科课程"为主，而"学科课程"属于知识体系，学生在没有教师指导下很难独自完成。相对于"活动课程"来说，"学科课程"的学习难度比较大，学生自由发挥的空间比较小。在这种情况下，若是选择教师掌控力度较强的师生共导、教师独导的策略，有利于教学目标的顺利完成，有利于在教学过程中构建一个完整的知识体系。

第二，学生主导比较适用于活动课程。从上文"活动课程"的定义可以看出，其是以学生为中心的。卢梭的自然教育思想是活动课程的思想依据和理论源头。活动课程充分遵从这样的思想，以学生的兴趣爱好为依据，设计教学课程。这种类型的课程主要是培养学生的动手能力与知识运用能力，但知识体系不强，学生无法从中获得系统性的科学文化知识。为了避免这样的缺陷，在高中语文必修教材编排过程中，编者安排的活动课程难度比较小，可塑空间比较大，能够按照学生自己的能力自由发展，而且所占比例较小，起到辅助作用。

例如，"表达交流"中有五个活动课程，即演讲、辩论、朗诵、讨论、访谈。这些活动的自由度比较大，话题自拟、活动方式自拟等。这种活动属于综合性的活动，可以让学生自由发挥，尽量发挥班集体的力量来完成，还可以增强班级凝聚力。但若要有好的收效，首先，教师必须事先做好相关知识铺垫。在教学中考虑到教学时间的问题，有可能没有时间让学生对活动的性质独自探究。为了解决这一问题，一般是教师在教授"阅读鉴赏"的过程中，通过具体文章的学习让学生了解这种活动的性质，再让学生通过活动的形式来主动吸收、运用。其次，班主任需要建立一个强有力的班级核心力量，以确保教学活动能够顺利进行。

（二）课堂导入形式策略的分类

1. 导入的形式

导入的形式策略又被称为操作要素，即根据导入载体或形式的不同，可把导入策略划分为语言导入和行为导入两种类型。

（1）语言导入。语言导入是教师经常选用的一种策略，主要是通过语言引入教学活动。其一般表现为教师用独白式的语言开场，吸引学生进入学习环节。在前文中笔者叙述了"导入"与"导入语"的概念辨析，展现了"导入语"在"导入"中的重要作用，充分有效地发挥"导入语"的作用，有助于提高课堂效率。但在教学实践中，教师经常会误用导入语，使其没有达到最佳效果。在实践教学中对于导入语的使用，经常会陷入以下三个误区。

第一，语言华丽，但没有逻辑性。语言展示的是人的内部思维，教师不能清晰地表达教学目标，不利于学生逻辑思维能力的培养，长此以往，会让学生走进一种误区，即学生会认为语言本无逻辑性，拥有华丽辞藻的文章就是好作品。

第二，独白式导入，忽略学生。正如前文中提到，教学是师生互动的过程，教师不能沉浸在自己的世界中，忽略学生的感受。因此，教师应尝试与学生交流，做一个温情的教师，而不是向学生灌输知识的机器。

第三，语言苍白，毫无美感。语文导入需要展现有美感的语言。有美感的语言并不等同于华丽的语言。有美感的语言是直击学生心灵的语言，充满智慧与生命活力的语言；而华丽的语言，并不一定有生命力。苍白的语言无法传递有效信息与美感。课堂中，教师经常用类似"导致这件事的原因很多，上面所述很重要，但又不那么重要"的句子来表述，语言苍白而无逻辑，往往使学生抓不住重点。

导入语是导入环节最主要的语言组织部分，是导入环节中所有语言的总称，包括提问语、评价语、指导语等多种形式的语言。提问语一般运用于师生问答以及师生互动的导入形式中。评价语一般是教师对于学生发言的评价，一般鼓励性、表扬性话语居多。指导语是教师对学生在发言中的问题给予纠正的话语。这些语言都点缀在导入教学过程中，使教学语言形式更加灵活生动。

（2）行为导入。行为导入是教师通过非语言的形式为学生创设情境引入教学活动。课堂中的行为可以分为两大类，一类是潜在行为，即教师无意识的行为动作，如教师的肢体动作、板书行为、站姿与穿着打扮等；另一类是有意识行为，即教师有意识地通过某种行为，达到教学目的。例如，化学、物理等学科中，教师经常通过某种化学实验或者物理实验激起学生的兴趣，导入课堂所教授的内容。而在语言类学科中，教师常常忽视行动导入的作用，并未有意识采取某种行为引导学生完成教学任务。因此，教师要重视行为导入的优势，重视自己的行为对学生的影响。行为导入的优势主要有以下三点。

第一，生动活泼，吸引学生。行为导入是一个动态的过程，抓住学生的猎奇心理和好动的特点，容易吸引学生的眼球。相对于语言传递的信息，行动更具有说服力。

第二，行为示范，印象深刻。学生通过观察教师在课堂上的行为，可以习得、矫正自己的学习行为。例如，教师在黑板上的板书，字体、格式会成为学生模仿的对象，更会影响到学生的书写能力。因此，教师应为学生树立良好的行为榜样。

第三，情景设置，利于观察。情景是观察的对象之一，情景设置是教师采取的一种有意识行为。通过对教学任务的深刻解读，教师设置相关场景，引导学生思考。班杜拉的观察理论要求人们正视观察对于学习的影响力。因此，在教学中，教师可以充分调动学生的观察力，设置相关情景，完成教学任务。

2.导入原则

教学原则是有效地进行教学工作必须遵循的基础要求。纵观整个教育史，教学原则是人类宝贵的财富，在时代发展中，不断有学者从不同的角度来思考这一最基本的问题。同样，导入教学原则也遵循着这一最基本的要求，立足根本，紧跟时代的发展。新课标指出，"以人为本"是教育发展的根本，教学中要突出学生的主体地位，时刻考虑学生的发展。导入教学的原则由简洁性、趣味性、多样性、审美性、整体性等系统构成。

导入语作为导入不可或缺的重要组成部分，其原则也十分重要。语言类学科导入语要遵循以下原则：贴近学生的生活、设置悬念、激起兴趣、富有文采、逻辑清晰等。为了能够更好地了解导入的形式策略，使之更加科学合理地运用于语文教学实践中，就需要遵循其原则。

（1）简洁性。导入环节的设计应具备简洁性，例如，在戏剧之中，一句简单的台词就可以流传千古，可见，简洁之中往往蕴含强大的力量与深意。同样，简洁是导入教学原则的首要条件。简洁性具有两个方面的含义：一是导入语言需要简洁。语文课需要展现的是语言的简洁之美，冗长的语言可能会让学生丧失兴趣，失去重点；二是导入形式要简洁。在课堂上，经常会出现"乱花渐欲迷人眼"的状况，多种形式杂糅，不能达到良好的效果。在教学过程中贯穿简洁性的基本要求，教师就要做到以下两点。

第一，导入时间不宜过长。导入时间一般为 3～5 分钟比较恰当，时间过长会让学生抓不住重点，并且丧失兴趣。经过心理学家研究，学生上课的注意力一般集中在前 15 分钟，并随着时间的延长而变得涣散。随后，教师需要利用适当的教学方法吸引学生的注意力。实践证明，导入作为教学过程的一小部分，必须在极短的时间内让学生抓住整节课的核心问题，从而有效地利用课堂时间。

第二，导入语必须简洁。语文是具有人文性与工具性的一门学科。语言是人们交流的工具，同时也具有审美功能。因此，如何做到使用与审美相结合是语文教师必须认真考虑的，同时也是语文课堂的特色之处，导入语更能体现语文教师对于语言的把握能力，若两者不能兼得，简洁就显得尤为重要。简洁的语言有利于教师清楚明白地传递自己的观点；有利于提升学生的语言文字运用能力；有利于提高课堂的教学效率。

随着多媒体的出现，教学形式也日益多样化，但也出现了许多问题，如导入无目标、无学生、无课本等。所以，导入形式需要有针对性。例如，在教授《沁园春•雪》的过程中，教师就可以用《沁园春•长沙》的朗诵进行导入，以朗诵的形式来使学生感受诗歌情感，让朗诵成为这节课的主要方法，"书读百遍，其义自见"的是诗的情感、诗的韵律、诗的美感，最终让学生学会朗诵诗歌，达到自学的目的，真正做到"举一反三"。

（2）趣味性。学习是一个学习者自觉接受的过程。在教学过程中，教师首先要引起学生对学习的兴趣。学习兴趣的培养是一种长期有效的内在驱动，要能培养学生内在驱动型学习动力，最有效的办法就是通过外在行为刺激来使学生产生自主自觉学习的意识。"导入"就是一种教师对学生施行外在行为刺激的环节。一节课开始的几分钟内迅速吸引学生的注意力，才能在以后的学习时间里事半功倍。若要体现"导入"的趣味性，教师可以从以下两方面着手。

第一，内容方面要做到知趣知味。"趣味性"重在一个"趣"字，这种"趣味性"并不是一般所说的"娱乐性"，两者有一定的联系，却又是截然不同的两个性质。由此可见，语文教学中的"趣味性"更突出的是对教学内容的深入理解，挖掘文本内容的深层含义。

第二，形式方面要做到与时俱进、择优而取。在互联网时代，多媒体的广泛应用使人们的生活变得丰富多彩，更加自由与便捷。在多变的时代，教学也应与时俱进。教师将多媒体引入教学，可使学生享受更好的资源，调研结果也同样表明，学生更青睐于多媒体教学。因此，教师需要多多考虑与时代接轨的课堂教学方式，以开阔学生的眼界。例如，教师可以播放影片《三国演义》，让学生对文学作品《三国演义》产生兴趣。

（3）多样性。多样性是生命活力的体现。历来有许多教师为教育事业奉献自己的智慧，探索教学的多样化。"导入"教学同样要通过发掘多样化的形式来保证其活力。课堂"导入"的多样化是由课程的性质差异和课程内容差异决定的。按照语文课程性质划分，有文本解读课、复习课、实践活动课等多种课型，每个课型的要求不一样导致了"导入"的变化。而课程的内容也是复杂多变的，按照课本内容而言，不同题材或体裁的文章需要按照不同的"导入"形式来对待。要做到导入的"多样性"，需要教师熟练地掌握教学技巧，做到"因课制宜"。

(4) 审美性。语文是具有审美功能的一门学科，这就决定了教学环节要具有审美性，让学生能够在美的环境中受到熏陶。例如，朱光潜先生在《谈美》中曾指出，美的三种态度为实用的、科学的、美感的，这三种态度也是三种境界，这三种态度在语文"导入"教学过程中取决于教师本身以及教学环境这两个方面。首先，在语文学习过程中，语文教师自身的修养极为重要，这决定了在教学内容的呈现上处于哪一个教学境界。其次，通过营造外部教学环境，弥补教师自身的不足之处，展现课堂美感。例如，在上古诗词《醉花阴》欣赏课时，语文教师选择在教室播放优雅古典的古筝乐曲，师生沉浸在音乐中，感悟诗文的美感，理解美的事物都具有共通性。

(5) 整体性。"导入"的整体性是指，"导入"并非孤立在整节课之外，它与其他的环节遥相呼应，彼此作用。但在教学实践中，教师经常忽视导入的存在。例如，教师说完"同学们，把书翻到××页，我们接着上节课继续学习"之后，就结束导入。这样简单的导入，没有体现导入应有的作用，更没有体现导入的整体性原则。要体现整体性原则，教师在教学过程中应注意两点。第一，教师需要对课本进行深入了解，提高自己的文本解读能力，同时能够对教学内容进行整合。充分了解教学内容有利于教师提出核心的主题，明确教学目标；有利于教学过程如行云流水般，一气呵成，教学中每个阶段的升华都是水到渠成。第二，对于导入形式，根据需要，恰当选择，与其他环节之间的衔接要做到自然过渡。这种过渡可以是内容上的呼应，也可以是问题"导入"，以问答形式贯穿始终。

3. 导入语的设计

"导入"与"导入语"之间是包含和被包含的关系，但"导入语"在"导入"中的作用非同一般，它渗透在各种形式的"导入"之中，而且语言表达是语文教学中的重要内容，对于语言的熏陶应该是"润物细无声"。介于导入语在语文教学中的重要作用，因此，以下探讨导入语的设计原则。

(1) 贴近生活。师生之间无论是年龄还是思想上都存在着巨大的差距，差距的存在会消减教师与学生之间的亲密度。有些学生用"白天不懂夜的黑"来形容教师不懂他们的心情。另外，经典课本与学生之间就具有差距，强烈的时代感让学生无法理解课本中所要表达的情感。基于以上两点，教师在设计导入语时，需要考虑接受群体能否理解。

(2) 设置悬念。艺术之间都是相通的，正如经典戏剧之所以成为经典，就在于其能够不断引起观众的思考。例如，著名的哈姆雷特之问，"生存或死亡，那是一个问题"，始终引导着大家去探索人性的奥秘。教学艺术也一样，不断地刺激学生发现问题，解决问题，从而不断成长。导入语以设置悬念的方式出现，有利于集中学生的注意力，有利于使学生掌握课程的主要表达内容，使学生在疑惑中找到人生的方向。

（3）富有文采，逻辑清晰。优美的语言不仅能提升教师的个人魅力，还能营造良好的语言环境。尤其对于语文而言，语言就是语文生命力的根本。语文教师要在使用导入语时，充分发挥自身的专业优势，导入语不仅要文采斐然，更要逻辑严谨。语言是思维逻辑的外现，教学方法中的复述就是不断锻炼学生的口头表达能力，从而提高语言逻辑思维。此外，导入语的根本目的就是让学生能够清楚这节课的主要任务，如果语言组织凌乱，就会事倍功半。因此，教师在设计导入语时，必须做到逻辑清晰。

4. 实践启示

导入的形式策略是将导入分为语言导入和行为导入两个方面，从这两个方面来分析导入形式模式化的原因，大致有两个方面。其一，导入中过度使用语言导入。在传统的教学方式下，以教师独导为主，忽略学生的存在。其二，忽视行为导入形式。语文是一门关于语言、文化的学科，操作性不强，行为导入的方式出现的场合和时机比较少，在教学中容易被忽略。以下主要从语言导入和行为导入两个方面提出可行的操作方法。

（1）语言导入启示。语言是人类社会最重要的工具，是一种符号系统。语文课堂的有效导入通过传递有效信息激起学生的兴趣，明确教学目标，导入语在其中起到了非常重要的作用。导入语原则的提出为语言导入教学提供了依据，指导教师教学。面对忽视情感交流、形式模式化的问题，因此结合导入语教学原则提出以下三种策略。

第一，诗歌、名句导入。对语言华丽与逻辑二者之间的关系处理不好，容易走入两个极端：一面是语言苍白、毫无美感；另一面是语言华丽，没有逻辑。只有两者结合，逻辑与华丽并重，才能达到理想的课堂效果。语文课堂导入语更须展现语文学科的风采，经典诗歌、名句具有古典气质与雅韵，彰显语言风采。诗歌、名句导入，顾名思义就是利用诗歌、名句导入教学。为了体现语言的逻辑性，在选择诗歌、名句时，教师要注意以下事项：其一，诗歌、名句的选择要切合文章主旨，贴近文章内容，使导入语能够成为贯穿全文的一条线索，起到总领全文的作用；其二，选用的诗歌、名句贴近学生生活，最好是学生能够理解的诗歌、名句，有利于学生对于课文的理解。教师在引用的过程中需要条理清晰地讲解诗句的意思，消除学生的陌生感，引起学生的好奇心。

第二，问答式导入。问答式导入又被称为提问式导入，是师生共导的一种常见方式。这种方法发源于西方苏格拉底的"产婆术"，又称为"谈话法"，通过激发疑问的方式刺激学生的求知欲。在问答式导入中，教师与学生之间通过交流促进了解，教师为学生设置一层层阶梯，让学生能够化大目标为小目标，逐步达到教学目标。这里淡化了教师的权威作用，为学生提供了话语权。问答式导入讲究的是提问的艺术，考验的是教师的提问能力。为了更好地发挥问答式导入的效果，主要从以下方面探讨。

首先，问题设计要有整体意识。批判性思维是学会提问的关键思维。批判性思维要求有一套相互关联、环环相扣的问题意识。这种环环相扣的问题也展现了导入的整体性原则。例如，在教授《塾师老汪》时，教师可按照叙事六要素（时间、地点、人物以及事件的起因、经过、结果）来提问。教师能够首先对整个故事理清思路，再通过老汪的行为，分析人物性格，揭示主旨。整体意识有利于教师清晰地授课，避免无效提问。

其次，问题表达中，多使用程序性词语。在表达中词语分为两类：一类是描述性词语，即"是……""不是……"等，是对事件的客观描述，无明显的行动要求；另一类是程序性词语，即"写出、读出"等，是具有操作性的词语。教师要求学生通过一定的行为操作，达到应有的能力水平。但现实中，教师使用描述性词语的频率高于使用程序性词语，最终导致学生学习效率较低。例如，在教授《寡人之于国也》时，教师在导入时，运用了两种不同的提问方式，效果截然不同。其一为"同学们，有没有读过这篇文言文？"；其二为"同学们有没有读准文章中的字词？有没有意思不懂的字词？请大家自读一遍，用笔在不知道读音或意思的词语下面做上记号"。

第一种提问方式以及指令，没有给出具体的行动，学生读的时候没有目标，也不会留意自己的错误，导致这个教学活动完全无效。第二种提问中用"读准""意思不懂""做上记号"等具体要求的程序性词语提醒学生，从而完成文言文教学的第一步，明确字词含义，疏通文章。可见，明确的指令能够塑造高效课堂。

第三，多设计封闭型问题。问题可分为两种类型，即开放型、封闭型。开放型问题是指具有不唯一答案的文化价值型问题；封闭型问题指的是具有唯一指定答案的问题。封闭型问题要求学生掌握既定的知识，是一种常识性的知识积累。而开放型问题更能考验学生各个方面的综合能力，需要学生利用较长时间组织、表达。另外，学生对于开放型问题的回答也需要常识性知识做基础。故此，教师在设计问答导入时，可多选择封闭型问题。

（2）行为导入的启示。行为导入是课堂导入中的特殊方法，打破常规，用行动表达思想。行为心理学认为，可以通过反复重复、强调一个行为动作，对学生的行为进行纠正或增强，如巴普洛夫的狗的实验、斯金纳的行为主义理论、班杜拉的观察理论等。这些著名教学理论的提出就是从行为角度来研究教育心理。但现实中，教师对于学生行为的观察和研究并不太重视，鲜少把它当作一种教学方法。

在教学过程中，行为可以分为两种：一种是仪式，这种行为本身就传递一种信息，是一种行为暗示，如同自然界之中，蜜蜂通过跳舞向同伴传递路线信息；另一种是带有目的性的行为方式，是为了课堂教学特殊设计的过程。

第一，仪式导入。行为是表达人的思想的重要方式，能够对学生起到重要的影响，教师和学生常常习以为常，忽略这种仪式的作用。上课仪式是进入课堂学习的准备状态，是师生相互确认和传递期待、信任的过程。简单的仪式对教学有着重要的作用。首先，仪式具有规范群体行为，约束群体的作用；其次，仪式具有强化群体内部认同感和归属感的作用；最后，仪式协同参与者的步调。

教学中仪式导入的形式多种多样，最为常见的是起立、相互致敬、互相问好等行为。这种形式适用于各个学科，但根据学科性质不同，各科教师对仪式导入的方式也不同。例如，在英语课上，教师也许要求学生读一段英语导入；在历史课上，教师可以让学生讲一个与课文相关的历史故事；在语文课上，教师以听、说、读、写为基础，仪式导入会更丰富。行为导入虽然形式各异，但都能提高课堂效率。

第二，表演式导入。表演式导入主要是教师根据教学内容与教学目标来设计，通过表演形式导入。教师有多重身份，扮演着不同角色。教师有时为了突出或引出主题，会精心设定一个情节，帮助学生加深理解，引起他们的注意，这种方式具有表演意味。表演也属于行为表现，表演式导入的优势在于：首先，学生能够迅速进入特定的环境氛围中，便于学生理解主题；其次，学生也是行动主体，是表演中的一部分，学生的反应能够刺激教师的教学行为；最后，语文课堂具有艺术性，能够带给学生美感。

综上所述，按照导入形式策略来分类，主要是语言导入与行为导入。从导入的原则与导入语的原则出发，结合实际问题，提出了诗歌导入、问答导入、仪式导入、表演式导入等多种方法。

（三）课堂导入资源要素分类

资源要素是对教学活动中使用的资源的总称。从"物"的角度来分析导入环节，根据导入材料和来源的不同，可以将导入策略划分为课堂教学资源导入、课外资源导入。中国教育技术协会曾经把教学资源分为两大类，即设计的资源和利用的资源。后来，教学资源的界定有所修改，主要包括教学材料、教学环境及教学支持系统。教学资源，通俗地说，是指一切可以帮助学生实现学习目标的物化了的显性的或隐性的、可以为学生的学习服务的教学组成要素。

语文课程资源包括课堂教学资源和课外资源，如教科书、教学挂图、工具书、其他图书；电影、电视、广播、网络；报告会、演讲会、辩论会、研讨会、戏剧表演；图书馆、博物馆、纪念馆、展览馆；布告栏、报廊、各种标牌广告等。以下论述关于导入资源要素的分类，以及资源要素在教学中运用的注意事项，进而提出对高中语文教学导入的启示。

I. 导入资源要素的分类

课程标准中明确提出要增强资源的开发意识，充分利用已有的教学资源，开发可以利用的教学资源。

（1）课堂教学资源导入。课堂教学资源导入主要指的是利用课堂内学生熟知的资源导入教学内容。课堂教学资源主要是教科书，它是专家根据一定的逻辑思维与心理顺序编排，具有强烈的逻辑系统与知识系统，是课堂活动的主要依据。

教师在使用教材时，须结合学情，以及课程标准中的要求，采取适宜的教学方法。课程标准是教育部针对中国学生制定的，为教师教学设定了清晰的教学目标。自从教育部实行了教材多样化，课程标准更是变成了各版本教材编订的标尺。在课程标准当中，高中生应发展以下五方面的能力：积累整合、感受鉴赏、思考领悟、应用拓展、发现创新。由此可见，课堂教学是教师对教科书的二次咀嚼与吸收。教师须加强教材研读能力，提高资源使用效率。

课堂教学资源导入具有极强的优势：其一，从学生的角度来看，课堂教学资源都是学校统一配置的，学生比较熟悉，运用起来更能贴近学生，方便快捷；其二，从教学内容来看，课堂教学资源的选择都经过专家审核，具有权威性；其三，从教师的角度来看，教师多次使用教材，对教材内容更加熟悉，更易于找到适合学生学习的教学方式。

课堂教学资源导入也有明显的缺陷。第一，对课堂教学资源的挖掘不够深入。教师仅仅教授知识点，教学内容浅显、苍白，没有感染力。第二，对课堂教学资源使用不充分。许多教师只注重教材的使用，对于教室环境、教室挂图等其他课内教学资源的使用率较低。第三，课堂教学资源毕竟有限，专家在编订教科书时，把它当作一种了解中华文化、学习知识技能的范本，而不是学生学习的全部内容。课堂教学资源的有限性不利于开阔学生的视野，也不利于打开学生的思维。

（2）课外资源导入。课外资源导入是指利用课外资源进行导入的教学活动。课内资源的有限性，决定了语文学习过程中课外资源的重要性。调查和观察显示，"导入"教学具有单一化、模式化的弊端。解决这类弊端不仅要从课内教学资源入手，还需要课外资源的延伸，丰富语文课堂教学内容，运用多种教学方式。课外资源多种多样，主要可以分为两大类，即传统教学资源、多媒体教学资源。

第一，传统教学资源。传统教学资源一般是书籍、文献资料等。课程标准规定，一名高中生课外文学作品的阅读量不少于150万字，足见课外资源对于学生发展的重要性。但现实中，无论是学生还是教师都生活在成绩的压力下，极少顾及文学作品的阅读。此时，教师的引导就显得极为重要。教师应该主要引导学生掌握读书的方法，养成爱读书的习惯。传统教学资源导入优势主要有两点。一是具有文学性与民族性。传统教学资源中有一部分资源是文学经典作品，这类作品更能展现一个民族的文化和智慧。二是具有普遍性与通用性。经典在大众传播中认可度较高，有利于学生学习。另外，可读性强，思想深邃的经典作品，更能引导学生思考。相对于它的优势，其也有不足之处，最主要的是传统教学资源的配置不完善，获得资源比较困难；学校图书馆的建设不完善，图书资料不齐全。另外，现代阅读方式发生了巨大的变化，在网络化时代，人们已经习惯了碎片化阅读方式，对于整本书的阅读缺少兴趣，不能保证充足的阅读时间。

第二，多媒体教学资源。20世纪30年代，多媒体开始进入教育领域，成为一种连接教师和学生的课堂教学活动的教育中介系统。到20世纪90年代，进入了信息化教育时代，人们开始探索多媒体和教育的关系。人们对多媒体的利用打破了传统教育的局限性，并且创造性地提出了新的教育模式。至此，媒体资源在教育资源中的地位也变得越来越重要。

2.导入资源要素的运用

生活在信息爆炸的时代，学会对信息资源的处理十分必要。搜集信息、筛选信息、辨析信息是高中生所要掌握的重要能力。在众多导入资源中，课堂教学资源主要使用的是教科书。而课外资源中，主要是来自互联网的信息以及传统的经典书籍。为了能够更好地发挥教学效果，教师需要对教材进行再处理。教师的再处理不仅能体现教师的专业素养，更能够符合学情需求，具体有以下两点。

（1）整合。整合是一种非常重要的能力，通过整合可以让已有的知识得到合理的运用与编排，从而获得新的认知。在有限的教学资源内，教师如果善于整合，会给学生带来不同的体验。整合无处不在，在"导入"教学环节中，整合主要是将教材内容按照不同的维度重新进行整理。进行整合的角度有很多种，常见的有按照体裁整合；按照主题整合；按照作者整合，如把相同作者的文章整合在一起，便于学生知人论世。整合的优点众多，最主要的体现在以下三个方面。

第一，整合使教材能够重复利用，并使有限资源发挥无限价值。例如，在"写人记事"的作文教学中，教师可以把语文课本中出现的"写人记事"的文章整合在一起，作为范文，来教学生学习"写人记事"的技巧。教授也可以把这些故事当作素材运用到作文写作中，这样就达到了"一文多用"的目的。

第二，整合有利于培养学生的发散思维。孔子言"温故而知新"，通过对旧知识的回顾来学习新的知识，不仅使学生更容易接受，而且使学生学会从不同的角度来思考问题。例如，在学习《林教头风雪山神庙》这一课时，教师可以从初中教材中出现的《武松打虎》导入，同样是出自《水浒传》，却在不同的故事当中塑造了截然不同的英雄形象。然后通过小说来分析林冲的人物形象，进行两位英雄的对比，并借此突出林冲的悲剧性，深刻揭示当时社会的黑暗。从这个例子可以看出，对课文的整合可以扩大到学生已经学过的课文。相对于其他的课外知识，学生对于已经学过的课本知识最熟悉，教师利用起来也更加得心应手。

第三，整合有利于教师建立教学框架。教学是一种有目的的艺术活动，换言之，教学必须有明确的目标和清晰的线索。教师在课堂上必须保持一种逻辑性，这种逻辑性有利于学生对知识的学习。板块式教学就是先建立语文知识框架，然后以课文为依托，对学生进行各方面的训练，从而能高效地完成教学任务。当然，整合的效果如何，还要看教师的个人能力和素养。

（2）对比。对比是通过对两种有某种共同性质的事物进行比较，同中求异，学会迁移，灵活运用知识。相对于"整合"这种方式而言，"对比"的张力更大。"对比"的好处是使学生对于平淡无奇的课文产生强烈的好奇心，其也是继"整合"方法之后，能够让有限教材发挥无限潜能的方法之一。更重要的是，它符合学生的心理发展规律，有利于培养学生的观察能力和创新能力。在"导入"环节的教学中，经常从以下两个角度进行对比。

第一，不同观点对比。文学来源于生活却高于生活。文学作品为了追求艺术性效果，往往对人物或事件进行虚构，所以文学与现实之间存在差异性。这种差异性是一把双刃剑，其好处在于能够对学生的认知产生巨大的冲击，从而明白文学创作的美感与现实之间的差距；弊端在于使学生对某事物有一种先入为主的主观印象，不利于新观点的接受。因此，教师在教授过程中，必须明确指出两者之间的差异，教会学生用辩证的眼光看待问题。

第二，不同风格对比。风格是指一定的话语秩序所形成的文本体式，它折射出作家、批评家独特的精神结构、体验方式、思维方式和其他社会历史、文化精神。作品风格是作家风格的具体表现。学生通过学习具体作品感受不同作家风格，或者同一作家在不同时期的风格。通过对比的方式使得学生学会对作品的鉴赏，提高文学作品的鉴赏能力。

3. 导入资源要素对课堂实践的启示

导入的资源要素，是导入教学中重要的部分，是导入的主要支撑。导入资源要素的原则也决定了导入方式的变化。因此，在课堂上主要呈现三种形式：第一种是通过对题目的解释导入；第二种是通过介绍作者的背景来导入；第三种是通过介绍写作背景来导入。这三种分类是按照课内资料导入的内容来划分的。

（1）介题导入。介题导入，指的就是通过介绍题目导入课文。介绍题目也并不仅仅是为了"导入"新课，更多的是通过题目来了解文章的主旨，或者能够清晰地呈现一个知识点。教师在这堂课的教学过程中，通过介题导入的方式来进行课堂导入，不仅可以快速帮助学生进入学习状态，还可以帮助学生高效参与课堂学习，提高学生的学习效率，促进语文课堂有效教学系统的构建。

（2）作者生平导入。作者生平导入，就是教师或学生通过作者的背景来导入新课，主要是作者的生平、写作风格、经历事迹等方面。大多数教师喜欢用这种方法的原因在于，作者的生平故事可以吸引学生，有助于学生理解文章的主旨。

（3）写作背景导入。先要了解写作背后的故事，就更能够深刻地揭示文章所要传达的思想。写作背景介绍同时也增加了作品的多重解读。

4. 其他课外导入方式

在信息资源极大丰富的今天，教师的语文课堂教学已经不能满足于单纯的书本内容了。因为不同的、丰富的、多样化的导入方式才能提高语文教学的有效性，并促进语文课堂有效教学系统的构建。因此，教师应该结合课外多种多样的教学资源来提高学生语文知识导入环节的认可和接受程度。

（1）课外故事导入。课外故事导入就是以讲故事的形式来进行语文"导入"教学。讲故事是学生喜闻乐见的一种教学方式，故事的情节性和趣味性能够迅速吸引学生，帮助学生更好地理解文章。高中生对于新鲜事物都具有强烈的好奇心，教师需要抓住学生的这一心理认知，好好引导学生。因此，对于教师所选用的故事有一定的要求。

首先，所讲的故事必须具有趣味性，情节跌宕起伏。这点最为重要，也是抓住学生眼球的根本。其次，故事必须结合教学实际的需求，具有一定的目的性，为了教学而服务，围绕教学中心，使整个教学过程具有整体性。再次，从"导入"教学"简洁性"原则来考虑，无论是教师还是学生在讲故事时，都需要简明扼要，不拖拉，一个故事最好保持在三分钟以内。最后，所选的故事要范围广、种类多。可以是中外经典；可以是乡村野史；也可以是发生在生活中的小故事。多角度来讲故事，有利于开阔学生的视野。当然，这也是对教师的一种考验。

（2）课外对联导入。对联音韵和谐、种类繁多、妙趣横生，是中国五千年文化的积淀，充分展示了中华民族的语言美。在高中语文必修一中，"奇妙的对联"实践活动要求学生了解对联的起源、形式、结构以及对联背后的文化。通过这次活动，希望能够提升学生的民族自豪感和认同感，自觉继承中华民族优秀的文化，提高语言的美感对联形式短小，但包含信息量比较大。通过对联可以了解作家、时代背景还有作品感情。同时，对联中运用了多种修辞手法，如对偶、谐音、顶针、双关等。合理运用对联，有利于学生对知识的理解，增添学习的趣味，活跃课堂气氛。

（3）课外史实导入。史实导入就是将与课文相关的历史史实作为资料导入。实际上，史实导入和故事导入的实质都差不多，都属于讲故事的一种导入方式。之所以将史实导入单独提出是由于史实具有真实性。故事可以是虚构和编纂的，但史实是建立在真实性的基础之上的。高中生正处于发展阶段，这一阶段的孩子世界观还没有形成。所以，教师需要以辩证的方法来看待历史事件，不可盲目偏见，以身作则教会学生用辩证的观点来看待事物，有利于学生思维的发展，帮助他们看待生活中遇到的一些问题，用乐观向上的态度来面对生活。

（4）音乐导入。20世纪30年代，视听技术进入教育模式以后，音乐导入的方法就颇受教师喜爱。这种方法的适用性很强，可以当作背景音乐，使整节课都充满音乐，营造课堂氛围；可以当作调剂品，在课堂教学中使用，活跃课堂气氛；也可以当作情感体验，在结束的时候，慢慢品味。其实，在高中语文课本中有许多诗歌、名句都有配乐。例如，《红楼梦》中的唱词；《赤壁赋》中的客人所唱部分。更典型的是诗词，如李清照的《一剪梅》，苏轼的《水调歌头·明月几时有》。这些若是唱出来，不仅使学生更容易理解作者的感情，而且还能快速吸引学生，给学生留下深刻的印象。

例如，语文课本中的《赤壁赋》，文言文的难度比较大，学生对学习文言文具有畏难情绪。因此，教师一般都是遵循着先易后难的规律。这篇文言文的教学目标有好几个层次：第一个层次是对文言实词、虚词，还有特殊句式的梳理；第二个层次是体会苏轼乐观、豁达的思想和人生观；第三个层次是学会迁移，把所学到的思想用自己的文字表达出来。显然，第一个层次的知识性东西并不难理解和学习，第二个和第三个层次比较难。第三个层次建立在第二个层次之上，因此，掌握第二个层次的思想很重要。作者主要是通过主客问答的形式，使客人和主人之间的观点形成鲜明的对比，以此来突出主旨。教师在教授《赤壁赋》第二课时新课的时候，用音乐将学生带入教学之中，调动学生多种感官来学习，易于理解文章的情感。

在现实中教师自身的特色极为重要，一般有才艺的教师更受学生的欢迎，即使没有过多的才艺，也要学会欣赏，带学生体会到各种艺术之间的互通性。这是音乐的魅力，也是语文的魅力。

5. 影视作品导入

所谓影视作品导入，就是利用网络中出现的影视作品和小短片来导入教学。如今，中国影视事业特别活跃，越来越多的文学作品被拍成影视作品。学生在生活中接触到影视作品的机会也越来越多。影视作品是一种资源，如若善加利用，会起到良好的效果，引起学生的认同感，使学生学会如何利用资源，搜集信息，而不是盲目地追求娱乐性。

影视作品导入需要注意四个方面：首先，所选影视作品一定是积极向上、充满正能量的；其次，作品必须和教学内容息息相关；再次，教师应该注意时间，作为导入一般时间比较短，可以选择时间比较短的经典片段，或者动画小短片；最后，值得注意的是，教师运用影视作品的根本目的是让学生能够学会赏析电影，同时能够通过电影学习相关的知识。

在进行作文教学时，教师就运用了影视作品导入的方法。教师在导入时，直接播放了一个三分钟不到的短片——《一只大鸟和许多小鸟》，这是一个获得奥斯卡动漫短片奖的作品。动画的内容是一只小鸟快乐地在电线杆上歌唱，随后又陆陆续续地来了一群小鸟。它们之间为了争夺位置，不断地排挤对方、辱骂对方。但没过多久，来了一只大鸟，微笑着和它们打招呼，然后自然地落在了电线杆的另一边。此时一群小鸟意识到自己有危险，于是，停止吵闹，一致对抗大鸟。它们恐吓大鸟，排挤它，希望它从电线杆上摔下去。终于经过多方努力，它们成功驱逐大鸟。只是在大鸟落地的一瞬间，电线杆反弹，众多小鸟也被弹到天空中去了。最后一个个身上的羽毛都被弹飞了，只剩下光秃秃的身子。影片在大鸟的笑声以及小鸟无处躲藏的身影之中结束。从头到尾没有一句台词，简单的动漫却有着不简单的哲理。

另外，对课堂教学资源与课外资源的开发，带给教师多样的导入方式，而其中多媒体资源的运用和方式的呈现，其作用主要有两种。一种是教师为了达到教学目的，运用多媒体教学手段来设置场景、营造氛围，使学生在心理上能够获得认同与满足。相对于传统教育资源，多媒体教学资源进行"情境教学法"，具有生动有趣、画面感强的特点。这也是时代发展的必然要求和趋势。另一种是为教师提供新的教学资料。多媒体教育资源具有丰富性、新颖性，所提供的资料能够开阔学生的视野，给学生以新鲜感。

四、高中语文有效课堂导入的设计

有效语文教学系统教学理论强调学生的整体发展，侧重具有丰富生活经验的，具有开放性和全局性的，具有学生思维过程的知识观念，提倡开放、积极，具有创造性和实践性的学习观念。教师的角色由知识的传授者向教学的促进者转化。有效教学的核心是学生的优质发展，由此对课堂导入也提出了更高的要求。教师要尽量追求课堂上各个环节的"有效"。一堂课的导入是教学过程中的首要环节，应受到教师的重视。因此，从以下方面对高中语文课堂有效导入的实践体系进行研究，以期让有效导入更好地发挥自身作用。

（一）有效导入的原则

当前的课堂导入，大部分是有意识或无意识地围绕有效教学进行设计。语文教学过程中的有效导入应遵循以下五个原则。

第一，导向教学。导入，是为了在学生和新的教学内容间产生有形或无形的联系，从而顺利地进入课堂教学，促进整个教学的推进，这是其最根本的目的。所以，在导入设计上，必须考虑其与教学的相适应性，不能仅仅为了追求内容的趣味性、形式的多样性或环节的完整性等而忽略其最根本的目的本末倒置，为了导入而导入，结果必定适得其反。有效导入则要求立足学情，围绕教学内容有针对性地进行导入，即导入的方式、选材、时间长短等都要根据学生的情况和教学的具体内容灵活展开。总而言之，导入的一切内容和环节都应当紧扣教学目标，为教学服务。

第二，导向生活。有效教学理论的知识观强调日常生活经验、直接经验的价值，提倡"回归生活世界""课程即生活"。所以，语文教学既要注重对课堂内书本间接经验的学习，又要注重对日常生活经验和直接经验的体验学习。因此，在有效导入中要注重与日常生活经验的结合，既能丰富学生的知识，又提高了生活的质量，使得课堂与学生生活成为一个联系的整体，教师的教学引导学生在生活中潜移默化地学习。所以，在语文课堂有效导入的实践中，教师应适时结合学生的日常生活经验和个人直接经验，借助学生对日常生活的主体体验来更好地导出教学内容。

第三，导向兴趣。有效学习理论主张学生学习的自主与自觉性。这就要求学生有非常大的学习兴趣，所以教师在课堂教学中要注重趣味性，以便引起学生的关注。导入作为课堂的初始环节，更应该注重趣味性，将学生的兴趣在课堂伊始牢牢地抓住。所以，在语文教学的有效导入课堂实践中，教师应对学生的兴趣加以关注，结合学生的特点，选择适宜的材料，用以吸引学生的注意，在导入的方式上，应结合教学内容适当地变化，运用导入策略，实现多种方式灵活运用。

第四，导向能力。有效教学理论注重三维目标整合的整体发展观，着眼终身发展，面向未来的、可持续的发展，强调发展的后劲和潜力，所以学习的能力显得尤为重要。语文学习的一个重要途径就是在语文的学习课堂上。因而语文教学还担负着为学生终身的学习奠基的使命，发展学生的终身学习力是语文有效教学的核心，它要求语文教师在课堂上尽快实现从基础教学的完成到有效教学的转变。学生在学校的学习时间是有限的，那么在这个有限的时间内，教师就要致力于发展学生独立自主的学习能力。在语文课堂导入过程中，教师不只是引出当堂课的教学内容，更要注重对学生自主学习能力的培养，让学生知其然并且知其所以然，获得属于自己的学习方法。

第五，导向体验。语文学科承载着东西方的文化知识，它既包含了中华民族五千年来劳动人民的思想、智慧，还蕴含着世界各个民族的劳动人民对世界的感悟与总结。这些都是人类的宝贵财富，是人类努力奋斗、创造美好生活的源源不断的动力。我们要不断地传承并发展这些珍贵的财富。那么这就需要我们不断在真实体验中去感受。有效教学理论不仅主张内在主动性与生成性的发展，还强调要侧重学生的体验式学习，因此有效的课堂导入就是要引导学生不断地深入文本，形成深刻的自我体验，在体验的过程中陶冶情操，得到相应的启发，形成自己的独特体验。

概括而言，有效的语文教学致力于培养学生独立自主的终身学习能力。不论是生活的实践经验还是学生学习的积极主动性、方法、态度、价值观都与他一生的学习息息相关，作为课堂教学过程中的第一环节——导入，就是使学生重视这些部分的好时机。所以，加强对导入环节的重视对教学效率的提高有重大的价值。

（二）有效导入的要求

第一，激发学习兴趣。兴趣是最好的老师，浓厚的兴趣可以激发学生学习的内在积极主动性，在这样的学习状态下学生的学习效果会更好。因此，教师在导入中就要增加学生感兴趣的内容，最快速地抓住学生的注意力，使他们更好地投入课堂教学中。相比较于大多数教师的兴趣导入止于导入的缺陷，优质的导入环节要求教师能够将学生的学习兴趣延伸到整个课堂中去，最大限度地使学生整节课都处于好的学习状态。

第二，引发认知冲突。矛盾是推动事物发展变化的根本动力，所以矛盾也可以促进学生的积极学习。学生在学习新知识前，心理上应该处于一种平衡状态。而当新知识与旧知识内容或结构出现冲突时，原有的平衡心理将会被打破，认知的冲突也随之产生，学生的心理就会失去平衡。学生为了恢复原有的心理平衡状态，就会发自内心地产生解决问题的需要，而学习则是重建心理平衡的最佳途径。

在学习过程中，认知冲突的产生可以分为主动和被动两种情形。当这种冲突如上文所言，是学生发自内心自动生成的，那么学生的失衡感就会非常强烈，会促使学生想尽各种方法缓解自己内心的这种失衡感，再次回到平衡状态。而在这种寻求平衡的过程中，学生得到学习能力的提升。反之，如果是在外力作用下才产生的心理失衡，学生就会处在一种被驱使、强迫的消极心理状态中，学习兴趣较低，甚至产生厌学情绪。在语文名师的课堂导入中会注意避免学生被动失衡的消极状态，想方设法去引发学生主动的认知冲突，并对其合理充分地利用，从而激发、维持学生的求知欲。

第三，唤起阅读等待。任何一位读者在阅读作品之前，都处在一种先在理解或者先在知识的状态，没有这种先在理解或者先在知识，任何新事物都不可能为经验所接受，这种先在理解就是期待视野，这种阅读期待，对于学习动机的激发，促使学生带着兴趣、忘我地投入学习中去极为有效。在语文教学过程中，不能奢望学生在学习之初就产生强烈的学习动机，而应该是一个循序渐进的过程，在课堂教学活动中逐步地去培养、激发内在动机。在实际的教学工作中，也不可能完全凭借学生的内在动机来进行学习，完全忽视教师或外部环境的强化作用。因此，在语文课堂有效导入的实践中，应该把学生的内在动机与外在力量结合起来，以促进学生内在学习动机的培养和发展。而阅读期待的激发则要通过外在力量来唤起，再由内在动机来推动他们的学习。而施加这个外在力量的最佳时机便是导入阶段。

第四，重视课堂造境。学生学习语文不仅仅局限于课堂之内，在课堂之外的生活也是语文学习的一条重要途径，他们之间既互相影响又互相补充。课堂中的情境教学法可以最大限度地弥补课堂上言语情境被弱化的缺陷。情境教学就是教师依据教学内容、目标、重难点让学生处于类似真实的场景里，使其中的教育因素对学生产生相应的影响。其优点在于可以让学生在潜移默化中受到相应的教育。有效的语文课堂导入不仅是教学内容的引入，也是师生思想沟通、情感共鸣的过程。重视学生的情感体验，教师在导入中要饱含深情，还应该态度积极。否则，再华丽精美的语言也无法调动起激情、感染学生的心灵。

首先，表达方式上，要引起学生的注意和参与，语文教师在课堂教学导入语的情感表达应当结合教学的实际需要。内容不同，情调不同，叙述时应从容不迫，娓娓道来；抒情时应真情实感，发自肺腑；说明时应言简意赅，贴切明了；说理时应逻辑严密，条理清晰。情感不同，方式不同，表达喜爱之情时，要气缓声柔；表达憎恨厌恶之情时，要气足声硬；表达悲伤之情时，要气沉声缓；表达愉悦之情时，要气满声亮；等等。

其次，具体内容上，教师在导入语中要注重唤起学生的情感，在选取导入材料、确定切入点时应注意与学生的相适应性。学生熟悉的内容，体验过的经历，思考过的问题等更容易引起共鸣，再加上语言的渲染、引导，不断强化学生的情感体验。例如，在《雨巷》的课堂导入环节，教师以学生已知的地理知识"夏季多雨"切入，再唤起学生对生活中"雨"带来的"湿漉漉"的感受，从理性到感性反复渲染，既注重了学生主体的体验，又重视对情境的营造，引出"忧郁""哀伤"等微妙情绪，不断强化学生的体验，与诗歌内容相适应的"忧郁""哀伤"氛围，又扣住诗歌的语言表达，引起学生对诗歌语言风格的关注，启发学生思维，一举多得，体现出有效导入的要求。

第五，关注学生主体。在教学过程中突出体现学生的主体地位是新课程改革中许多教师比较重视的事情，但是在真正的教学实践中操作却比较困难。教学名师的课程就非常值得我们借鉴，他们从导入环节开始就注重对学生主体性地位的体现。在一堂课的教学过程中，学生不是稳定不变的"一张白纸"，他们的原有认知基础、学习能力的差异、对学习内容的了解程度都或多或少地影响着一堂课的教学效果。这就要求教师要十分了解和熟悉自己的学生，对接下来的教学环节不断进行调节，以求教学效果的最优化。教师在导入时询问学生的预习时间就可以了解学生对所学内容的了解程度。在此基础上对学生预习的情况进行情感关照，接下来还要仔细地了解学生对文本的感受、建议等。不仅充分地给予学生话语权，尊重他们的主体地位，而且使学生的思考角度更加广泛。

第六，着眼于学生的未来。好的教育能够撑起学生幸福的未来，这是教育工作者坚守的信念。对于人类社会来说，教育带给人们的不单单是本能的生存和生命，更重要的是一个人不断发展的未来、为社会所能带来的价值，以及对自由和美好生活的期待与追求。简而言之，高中语文课堂教学的立足点不单是为了学生当前的兴趣和启发，更是为了学生未来的成长和发展。所以，有效的语文课堂教学导入语也应该引导学生超越现实，放眼未来，体现出对生命价值和存在意义的根本关怀。

综上所述，一堂课中要落实学生的主体地位，不是光靠课堂教学过程中的某几个精心设计的"出彩"环节就行，而是从课堂的导入环节起就要重视。这些有效的导入环节设计各有各的特点，有的是以文本的内容为中心与学生进行真挚的对话交流，让学生说出自己心之所想，使师生之间的交流更加深入与充分；有的直接让学生说出自己关于文本的观点，激励学生勇于发表自己的观点；有的激励学生使用各种各样的方法解决学习中的问题，从而完成课堂任务。这些方式多样的导入为学生快速进入教学内容提供了最有效的途径，也最大限度地尊重了学生在教学过程中的主体地位。

一个优质高效的课堂导入必须建立在教师对一堂课的内容、教学目标、教学重点都非常明确的基础之上。在这个前提下再选择相应的导入角度，确定合适的导入方法。语文教学名师王荣生教师认为，在新一轮的语文教学改革中对教学内容有了更大的要求，语文教学内容要源于教材又要高于教材，教师不能像过去一样将教材直接用作教学内容。教师要对教材进行重组，增加内容，对课内外的内容进行拓展延伸。在新课程的理念中教学内容不再是一成不变的，已经成为一个动态的发展体系。那么，在语文教学课堂上优质导入的实践中，也应当使这个动态的体系更加完善。因此，教师要明确地掌握一堂课的教学内容，深入了解其不断发展的体系，才有找到合适的导入角度、有效的导入方法的可能性，为课堂中其他环节的顺利开展铺好道路。

第三节 高中语文有效教学方法探究

一、高中语文有效教学的重要意义

第一，有效激发学生的学习兴趣。毋庸置疑，文学是绝大多数学生都喜欢的艺术类型，对学生较有吸引力。传统的文学作品因其曲折动人的故事情节、生动鲜活的人物形象吸引学生的目光，例如，《林黛玉进贾府》中对贾宝玉、林黛玉、王熙凤等人物的描写精彩万分，读文字即能想见其人，学生在细细品读之际自然会领略到小说文体独有的魅力，从而激发学习兴趣。当然，教材中除了传统写实作品之外，还有一些类型的文学作品，诸如诗歌化写意小说等，这些文学作品也许学生初读时不感兴趣，但通过教师的有效教学同样可以让学生体会到别样的风采。学生对语文学习有了兴趣之后，就会形成自主学习的意识。有的学生可能读了《林黛玉进贾府》之后会迫不及待地去读整部《红楼梦》，也可能读了《红楼梦》后对诗词产生了浓厚的兴趣，学生在兴趣的带领下打开了语文学习的大门，进而养成终身学习的习惯。

第二，提高学生的文学鉴赏能力。语文教学过程主张"注重个性化的阅读，充分调动自己的生活经验和知识积累，在主动积极的思维和情感活动中，获得独特的感受和体验"。还提出"学习鉴赏中外文学作品，具有积极的鉴赏态度，注重审美体验，陶冶性情，涵养心灵"。在语文教学中，教师可以通过带领学生鉴赏文学作品来渗透美育，进行审美教育，使学生的身心受到美的感染与熏陶。小说是进行美育很好的载体。例如，学生读《边城》，在沈从文所营造的如诗如画的湘西美景中体悟翠翠细腻而纯真的情感，领略田园式的牧歌情调，人性的善与美随着诗意的语言流淌出来。教师在语文教学中可以引导学生鉴赏品味，提升学生的个性解读能力，丰富情感体验。

第三，促使学生树立正确的人生观。很多文学作品都是经过了岁月的沉淀而流传下来的精华之作，代表着人类的精神文化。文学所表现的主题丰富多彩，多关注人性和灵魂深处，人世间的美与丑、善与恶被文学家用生动的语言表达出来，对"人"和"人性"进行了深刻的探讨。教师教学生阅读文学作品，其实是让学生带着自己的人生经验去体验小说中的人生，也是换一种方式去观察生活、体验人生，引导学生广泛而深入地思考"人性"，从文学中优秀的人物身上看到人性的伟大，汲取力量，也认识到人性的种种弱点。读文学作品就是读世界、读人生，阅读不同的文学作品其实就是在经历不同的人生，等同于间接地丰富了自己的人生阅历和生命体验。语文文学教学可以促使学生拥有积极的人生目标，树立正确的人生观和价值观，完善人格修养，升华人生境界。

二、高中语文有效教学方法的实施

（一）课前活动

第一，以演讲的形式。通过学生在上课之前的准备，以演讲的形式展示给全班同学，这种演讲形式可以是背诵古诗词，也可以是讲解名人名句等，让学生通过课前的演讲提升注意力。"学生轮流进行课前演讲，能够有效开阔学生们的视野，提升学生们的表达能力，并有效提升其自主学习的能力。"[①]

第二，以知识积累的形式。通过课前的时间，帮助学生理解并记忆成语，或者古诗文言文，通过长期的坚持和积累，学生的阅读理解能力必然会得到有效的提升，其语文的综合能力也会显著提升。

（二）课文导语

在讲述一篇语文课文之前，一个短小精妙的导语能够提升学生的注意力，并且激发学生对语文课文学习的兴趣。良好的课前导语是课堂课文讲述成功的一半，如果导语不能够吸引学生的学习兴趣，那么语文课堂注定是失败的。

第一，设置悬念。在教师设计导语的时候，要考虑到学生感兴趣的东西，并设置一些难度适中的悬念，让学生随之感兴趣而进入到自主学习语文的状态之中，这样才能够达到事半功倍的效果。

第二，触及重点。课堂短语尽管短小，但是不能够脱离课文的重点进行，唯有在导语中切中课文的重点，才能够将学生带入到教学的关键环节中，以完成最终的教学目标。

第三，营造氛围。高中语文教材中的文章大多数都是具有代表性的佳作，教师在设计导语之时要特别注意氛围的营销，通过音乐以及图片的形式，让学生自然地进入到教学的情境之中。

（三）教学过程

第一，课堂提问。在高中的语文课堂中，使用提问的方式引发学生思考、加深学生印象是所有语文教师都会使用到的方法。然而，问题的设置应该遵循以下原则：首先，问题的设计要和教学内容相联系；其次，问题的数量要适中；再次，要避免较为形式化的问题；最后，问题要向全体的学生展开。

第二，灵活教学。语文课堂中的讲解不要面面俱到，而是应该突出重点。教师应该根据具体的内容灵活教学，对教学的课堂节奏进行及时的调控，如果发现存在着偏差就要及时进行改正。课堂上的教学内容要根据学生的实际思维状况进行灵活处理，这样才能够进

---

① 张虹：《浅谈高中语文有效教学方法》，载《中学课程辅导》（教师通讯）2017年第17期，第93页。

行最有效的教学，以取得最为理想的教学效果。

第三，创新教材。传统的语文课堂往往刻板陈旧，不能够将高中生的主观能动性充分发挥出来。而新课程要求高中语文教师采用人文的方式去探索高中教学，以全面提升高中学生的语文素养。对于教材，高中语文教师不仅仅是高中教材的讲述者，更是高中教材的改造者。高中语文教师应该在讲述语文教材的时候对其进行创造性的使用，让学生不断积累课文中出现的优美句子。

（四）延伸与拓展

1.预习习惯

预习是将语文学好的第一个环节，也是培养学生自主学习的关键环节，学生唯有在课前预习所要学习的语文内容，才能够保证课堂教学的顺利举行。以下就是学生预习的有效方法。

（1）阅读法。阅读法是学生最为基础的阅读方法，将所要学习的课文从头到尾阅读一遍，这样能够对课文有一个初步的印象，如果时间允许还可以反复地读这篇所要学习的文章，标注出自己的疑难问题，以便在课堂之上找到答案。

（2）联想法。高中的学生应该掌握联想预习法，将预习的知识与原来学习过的知识联想在一起，充分发挥自己的想象力，能够让语文学习取得更为理想的效果。

（3）设问法。学生在预习的过程中要将所遇到的疑难问题记录下来，教师根据学生的疑难问题进行有目的的教学，这样能够让学生更加热爱高中语文的学习。

2.课外阅读

高中的语文学习并不应该仅仅局限于课内教材的学习，课外阅读也是提升语文水平的重要方式。高中教师要引导高中学生进行课外阅读，通过阅读量的积累以拓宽学生的语文视野，提升高中学生的阅读能力与写作能力。对此，高中教师应该格外注意，恰当的引导往往会收获到意想不到的效果。

3.课外练笔

高中语文教师要引导学生进行课外练笔，摘抄下阅读中遇到的自己感兴趣的名词名句，并以读书笔记的形式整理出来，这样的方式会有效提升学生的写作水平。鼓励学生通过练笔来抒发自己的情感，教师定期对学生的课外练笔情况进行指导，这样能够让高中生的写作水平提升一大截。

高中的学生正处于青春成长时期，他们对于语文的学习常常处于被动的状态之中，高中的语文教学效率一直不够理想。因而，高中的语文教师应该采用一切有利于学生语文学习的教学方法，这样才有可能提升语文教学的质量。

第四节 高中语文教学的有效性评价

一、高中语文教学有效性评价的分类

按照课堂评价的方式，课堂教师评价语可以分为言语性评价语和非言语性评价语；按照课堂评价的性质，课堂教师评价语可以分为肯定性评价语和否定性评价语；按照课堂评价的表达形式，课堂教师评价语可以分为直接性评价语和间接性评价语。

（一）言语性评价语与非言语性评价语

言语性评价语，指在课堂教学中教师通过自己的口头语言对学生的学习行为或表现给予的评价，言语性评价语在课堂评价中占有重要地位，在课堂教学中使用得最为频繁。德国哲学家海德格尔认为，语言是人类存在的基础，教师在评价时通过语言影响着学生的情感态度与价值观，因此用言语形式对学生进行评价时不仅要做到准确清晰、生动有趣，而且要彰显语言的艺术魅力，使评价达到最佳的效果，使学生受到德的熏陶、智的启迪、美的洗礼，促成学生形成良好的学习方法和正确的情感态度价值观。

非言语性评价语，也指体态评价语和无声评价语，通常是在人与人的交流中，依靠眼神、表情、手势等动作传递信息、交流思想感情的一种方式，是除了言语行为之外传递信息的另一种重要的渠道。在课堂教学中，教师的非言语性评价语，指教师以身体的不同动作，如手势、目光接触、面部表情等，传达给学生鼓励或批评的信息。非言语性评价语也是教师评价语的重要组成部分，即使教师不说话，学生也能通过教师的动作与神情感受到教师的情感态度，从而达到评价效果，非言语性评价语与言语性评价语相辅相成，共同发挥着教师评价语的效用。

（二）肯定性评价语和否定性评价语

肯定性评价语在课堂教学中具有特殊意义，其中最常见的肯定性评价语方式是表扬和鼓励。教师的肯定性评价语有助于学生形成浓厚的学习兴趣和健康开朗的性格。在课堂教学过程中，有些学生可以准确无误地回答出教师提出的问题，而且部分学生的回答很有创造性，针对这一部分学生，教师往往给予他们肯定性的评价。对于回答有创造性的学生，教师还应在肯定的基础上表扬其创新能力，同时对其他具有创新性回答的学生也起到了一定的激励作用。

因此，在教师运用否定性评价语时，要讲究评价语的表达方式与艺术性，教师评价时不要过于苛责，而是用启发诱导的方式帮助学生认识到错误的存在并加以改正。在课堂教学中，肯定性评价与否定性评价是相辅相成的关系，教师在做出评价时，选用肯定性的评价语，能够给予学生足够的自信和力量；选用否定性的评价语，能够指出学生的不足，为学生营造一个提升的空间。因此，教师评价时要将肯定性评价语和否定性评价语有效结合起来运用。

（三）直接性评价语和间接性评价语

第一，直接性评价语，是指在课堂教学过程中，教师对学生的学习行为和表现直接地给予评价的行为，学生能从教师直接性评价语中感受到教师的情感与态度。直接性评价语言的表述比较简单直接，对就是对，错就是错，其优点是能让学生准确地认识到自己的错误并加以改正；缺点是过于直截了当，容易挫伤学生的自尊心与自信心。

第二，间接性评价语，指在课堂教学活动中，教师对学生的学习行为或表现所做出的委婉评价。间接评价相对复杂一些，教师要对学生的性格特征与能力有一个清楚的认识，在做出评价时要分析学生回答的思路，尤其是在学生回答错误时要委婉评价，可见，教师间接性的评价语不仅鼓励了学生的勇气，还挽回了学生的自信心。

二、高中语文教学有效性评价的作用

（一）启发作用

高中语文课堂教师评价语应对学生有启发作用。在课堂教学中，语文教师要运用恰当的评价语对学生的学习行为进行评价，启发学生思维，让学生进行自主、合作、探究性学习。孔子是世界上最早提出启发诱导的教育家，他主张对学生的教学应该做到"不愤不启，不悱不发。举一隅不以三隅反，则不复也"。孔子认为，在教学时必须让学生开动脑筋认真思考，学生经过思考后还是不求甚解时，教师再去启发学生思维；当学生有所领会又不能用恰当的语言表达时，教师再用恰当的评价语去开导学生。在古希腊教育家苏格拉底的"产婆术"教育中，教师经常通过反诘式评价语对学生进行追问，使学生陷入自相矛盾的思维困境，从而承认自己的不足，进而获得较为全面的认识。这启示我们在课堂教学中，教师要针对学生的回答进行启发式评价，引导学生自己得出结论，而不是直接告诉学生正确答案，这样的教师评价语有助于学生对知识进行探求、思考、判断与发现，有助于学生思维的拓展。

高中阶段的学生已经完全意识到自己是一个独立的个体，不论是在生活上还是学习上，他们对独立有着非常强烈的愿望，教师要帮助学生养成独立思考、独立学习的良好习惯。叶圣陶先生提出，"教师的任务不在于全部教授，而是相机引导"，教师若是把全部的知识点咀嚼碎了直接给学生，这样学生就缺少了独立思考的过程，不仅学不牢知识，也体会不到学习的乐趣，培养出来的学生也只是一个没有思想的工具。

（二）诊断作用

高中语文课堂教师评价语具有诊断作用。诊断作用是课堂教师评价语的基本功能，它是为了查明学生学习准备状况和影响学习效率的因素而使用的评价语。通过教师评价语，学生不仅可以了解自己在学习中的进步，而且还可以发现自己在课堂学习中存在的问题，从而促使学生不断完善自己。在课堂教学中，每个学生都是一个独立的个体，学生与学生之间具有差异性，教师要了解学生的学习状态和情绪状态，及时发现学生在学习中存在的问题，从而形成一套适合每个学生特点和需要的教学方案，帮助学生制定适合自己的学习目标。教师要在课堂上获取学生情况，就得依靠教师评价语的诊断作用，通过学生在课堂中的种种表现，了解学生对知识的掌握程度和运用能力，及时掌握造成学生学习困难的原因。教师只有对学生的学习情况了然于心，才能对每一位学生做出正确有效的评价，才能使学生知道自己的不足之处并加以改正。

此外，在回答问题和参与学习过程后，学生较为渴望教师的评价，而课堂教师评价语的反馈作用，能让学生迅速知道自己的回答正确与否，知道自己的课堂表现得好与坏，这将使学生明白自己对在哪些地方和错在哪些地方。再者学生自我反思能力尚有欠缺，需要教师给予有针对性的评价语帮助学生不断反思、不断进步。

（三）激励作用

高中阶段的学生也希望得到教师和同伴的重视，渴望获得他人的赏识与鼓励，教师充满激励性的评价语带给学生自信与快乐，能让他们不断获得前进的动力。在学生眼中，教师的一句表扬甚至一个鼓励的眼神就是他们前进的动力，教师如果能用敏锐的眼光发现学生在课堂中的闪光点，用表扬的评价语激励学生，就会使优秀的学生表现得更好，使表现一般的学生奋发进取，使潜能有待开发的学生重新燃起希望之光。教师评价学生的目的是提高教学效果，促进学生发展，根据课堂教学的目的与情境的不同，它发挥的功能也就不同，但是教师的评价语始终要保持激励作用，只有让学生体会到成功的快乐，才能激发出学生潜在的学习能力。

高中语文教师要想充分利用评价语的激励作用，还需要注意以下三个方面：第一，教师要及时准确地给予学生表扬，教师不仅要在课堂上表扬学生已经表现出来的优点，还要善于发现学生潜在的优点，并给予学生及时恰当的肯定，激励学生发挥出潜在的优势；第二，教师要鼓励并强化学生的优点，当学生显现出优点后，教师应及时进行强化与巩固，慢慢地，学生就会知道自己的优点在哪儿，并长期坚持自己的优点；第三，教师表扬要符合学生实际，在课堂教学中，教师切实有效的表扬能让学生切身体会到教师是在真心实意地表扬自己，使学生信心倍增，激发出学习兴趣。教师假大空的表扬只能起到蜻蜓点水的作用，时间长了，学生也就厌倦了。教师要深入课堂，结合具体的教学情境和学生的实际情况，做到真心实意地表扬学生，实事求是地给予表扬，否则起不到激励的作用，反而会引发学生的反感。

三、高中语文有效教学评价的判断依据

追寻理想课堂的前提是追求课堂的有效性，怎样的教师评价语是有效的，教师怎样运用有效的评价语，学者也已有了很多研究成果和实践经验。总的来说，有效的教师评价语是在语文课堂教学中，经过教师的评价，学生的知识与能力、思维过程与方法、情感态度与价值观都得到了明显的变化与提升的评价过程；也是教师教育思想、课程理念、业务技能与专业素养不断提升的一个评价过程；更是教师启发学生思维，逐步引导学生进步与发展的评价过程。有效的教师评价语是课堂教学不断改革、深化、细化的产物，判断教师评价语的有效性将从以下三个维度进行。

（一）教学评价的实效性

"有效"从字面意思来看，是指管用，有作用。在实际教学中，大多数人认为，只要教师的评价语对学生学习知识和形成学习能力有帮助，那么这样的教师评价语就是有效的。但是，这个有效性的判断不仅仅是教师说了算，还要征求学生的意见。教师的评价语不仅要有效，还应当落在实处，要追求评价语的实效性。"实效"指的是实际存在的效果，教师的评价语有无实际效果，还得看学生的学习效果。在课堂教学中，教师的教都是为学生的学服务的，如果教师把评价的着眼点放在教师的教上，而忽视了学生的学，那这样的教师评价语只能促进教师的教学，而不能促进学生的学习。教师评价语的实效性包含以下三个层面的意思。

第一，教师的评价语要符合学生实际。教师的评价语要遵循学生认知发展的规律，对学生的认知结构和认知水平要有足够的把握，要对每一个学生的学习情况做到心中有数。教师只有先了解了学情，评价时才能有效，教师的评价语只有符合学生的实际与需要，才能取得实际的效果。

第二，教师的评价语要适应学生需要。教师要了解学生的需要和心理期待，根据罗森塔尔效应，教师的期望与学生的努力程度是成正比的，教师要顺应学生的心理期待与需要，适当地给予学生期望，让学生通过自己的努力得到有效的学习成果。

第三，教师的评价语要适应时代发展的需要。语文课堂教学的目的是培养适应社会生活的人，因此，教师评价语的内容一定要与社会生活紧密联系，教师的评价语要引导学生去关心社会、关注生活，努力使自己变成一个对社会、对国家有用的人。教师还可以用一些正面积极的评价语去启发学生思维，让学生去思考社会现象，使学生融入社会、融入生活，最终依靠自己的力量去解决问题。

（二）教学评价的能效性

在高中语文课堂教学中，经常可以发现，教师的评价目标很明确，为学生准备的评价语内容也很丰富，评价语形式也是多种多样的，但实际的评价效果有时并不是很理想。事实上，在这样大容量、多形式的课堂内，教师的评价语看上去内容丰富、形式多样，学生好像也在教师的评价语中得到满足，但如此注重形式的课堂教师评价语，学生是不可能完全吸收的，这就涉及教师评价语的能效问题。"能效"是一个物理名词，指的是物质的能量效益，在实际语文课堂教学中，应该指的是教师对评价语内容的精准把握，对评价方式的熟练运用在多变的、大容量的语文课堂教学中，教师应该考虑评价语的效能，而不是一味地追求数量与新颖度，教师应运用评价语引导学生主动参与课堂，并留给学生一个整理、消化、吸收知识的过程和自我提升的空间。

在课堂教学中，经常可以看到，在一些公开课上，一些教师为了形式在课前准备了大量的课堂评价语，当学生回答对问题后，教师用一些夸张的言语性评价语来表扬学生，甚至采用一些过于浮夸的肢体语言给予学生回应；当学生回答错误后，教师为了不损害学生的积极性，不会指出学生的错误，只是为了完美地完成教学目标一味地鼓励学生。整堂课下来，教师认为自己遵从了课标，上了一堂自认为满意的课，但是，学生对于教师过量、不切实际的评价语没有感觉，这样没有能效性的教师评价语对学生的发展没有意义。另外，对语文课堂教师评价语的能效性，可以从以下三点来认识：其一，教师评价语的目标要明确，教师评价时要分清评价的对象，达到评价的目的；其二，教师评价语的内容要精要，在评价时，教师要选择符合学生实际，与学生学习内容相同或相近的评价内容，要时时以学生为主，这样才能保持教师评价语内容的能效性；其三，教师的评价方式与手段要优化，教学有法，教无定法，贵在得法，教师在评价时，要选择最适合学生发展的评价语，而不是搭花架子。

（三）教学评价的长效性

在实际教学课堂中，经常会遇到这样的情况，语文教师在某一个教学时段里或某一节课中对学生的评价是有作用的，例如，在一堂诗歌朗读课中，教师只是针对这一课对学生进行朗读指导的点评，学生在这堂课中得到了教师的指导评价，掌握了朗读本课诗歌的技巧，但过一段时间后，或者进行下一堂诗歌朗读课时，大多数学生已经忘了前面所学的朗读技巧，甚至有学生不知道该如何朗读新的一课。教师只是在一堂课或一个阶段内对学生的学习方法进行了评价，教师的评价语没有达到推此及彼的效果，导致学生在很长一段时期后，面对新课不能联想到上节课所学的技巧，降低了学习效果。"长效"，顾名思义，是指可以长时间地发挥效力。在实际课堂教学中，"长效"应指的是对教师运用评价语的要求，要让学生得到内化，真正使学生形成学习能力，养成独立自主的品格。

在课堂教学中，学生的自我体验与领悟能力非常重要，对于知识的建构、规律的总结、方法的选择，其主体都应该是学生，教师只是起辅助作用，不能代替学生包办一切。教师评价语是否具有长效性，关键取决于教师的教学能力和教学思维。一方面，一些教师急功近利，只是一味地评价学生知识与能力方面，而忽视了学生终身发展的教学理念；另一方面，教师的教学能力不高，在课堂教学中囫囵吞枣，对学生的评价不能举一反三，不能实行知识与能力的迁移，不懂得用发展的眼光来引导、启发学生。这就导致教师的课堂评价语只能停留在一个相对较浅的层面，难以深入和延伸，更别谈升华和长久了。

四、高中语文教学的有效性评价的策略

（一）教师教学评价的观念

在高中语文课堂中，教师的评价语要从形式、内容、对象三方面由单一评价观转向多元评价观，最终能够提高语文教师评价语的效用。高中语文课堂教师评价语不仅要关注学生的知识掌握程度、学习方法与学习过程等静态变化，而且要关注学生学习能力的提升和情感的发展趋势等动态变化，更要关注学生持续发展和终身发展的能力。因此，高中语文教师的评价语要从静态转向动态，静态的评价观念使教师局限于学生是否在课堂中给出正确的答案，是否违反纪律，是否能完成学习任务等静态结果，这是不科学的；动态的评价观念使教师首先关注的是学生学习语文的过程与学习的方法，其次关注的是学生身心健康的发展，教师要用发展的、全面的眼光看待学生的学习活动，关注学生在语文学习发展过程中取得的进步，帮助学生在学习的同时树立自信与正确的人生观与价值观，使学生成长为一个有知识、有创造力的现代社会建造者。这样，教师的评价语才能有价值，才能体现出教师评价语的实效性与长效性。

由此可见，高中语文教师的纵向评价观念较强，对学生个体的评价过多，而对于部分学生和学生集体评价过少。高中语文教师在课堂评价时不仅要照顾到学生个体，帮助学生个体纵向发展，还要适当地评价部分学生和集体，形成横向评价，使学生在教师的横向评价中有一个对比与提升空间。教师在评价部分学生代表时产生的辐射作用能更有效地发挥教学作用，例如，在一堂作文讲评课中，语文教师挑出了一部分立意较新的作文和一部分立意落于俗套的作文进行对比讲评，在教师对比评价的同时，学生都能清楚地认识到自己写作的长处与短处。因此，在高中语文课堂中，教师的评价语要从纵向评价观向横向评价观转变，提高高中语文教师评价语的效用。

（二）提升教师的语文专业素养

1. 教师的语言修养

在课堂教学中，教师和学生之间的沟通和交流是靠语言来完成的。提高高中语文课堂教师评价语的有效性，要做到以下四点：首先，高中语文教师的评价语要有科学性和语文学科性，教师要针对不同的学生运用不同的教学评价语，而且要体现语文学科的人文性，遵循学生认知发展的规律性；其次，语文教师应当结合高中生身心发展特点，运用一些富有哲理、意味深长的评价语才能很好地对学生进行启发诱导；再次，高中语文教师的评价语要做到精练、准确，高中语文课堂教师的评价语要经过反复思考，确保评价语的准确性，还要从中提炼出精确的评价语精华，这样准确精练的评价语才能更加有效地调控语文课堂；最后，高中语文教师的评价语要有启发性，高中生正处在思维发展的阶段，对一些问题的认识还不到位，教师要利用评价语去启发学生思维，帮助学生建立自己的思维模式。

2. 提升教师评价的专业性

教师的专业成长，是指教师在其职业生涯中，依靠专业组织，通过专业训练，学习教育专业知识和技能，不断增长自身专业能力的过程，教师通过不断学习提升自身的专业修养；通过不断借鉴，增长其专业能力，从而达到熟能生巧的地步。教师只有通过专业成长，才能不断促进教育的发展，从而提高教师的社会地位。

将教师评价语的训练纳入教师专业化的范畴，训练教师形成熟练的、有特色的、有教育实效性的教学评价语，让教师通过专业成长，在实际教学环境中感受到自身的价值，才能更好地教授学生。加强高中语文教师的专业化指导，需要做到以下三点。

（1）训练教师评价语科学性和艺术性的统一。在高中语文课堂中，教师的评价语具有严格的科学性，语文教师的评价语必须遵循语文学科规律，只有这样，教师才能用具有逻辑性的语言表达评价学生，保证学生能够正确地理解知识点。但是这样的教师评价语在语文课堂上过于规范、生硬，容易引起学生的厌烦情绪，使学生注意力不集中、缺乏兴趣等。教师要运用生动的、优美的评价语吸引学生的注意力，唤起学生的求知欲和学习热情。当学生回答较难理解的问题时，教师要善于把抽象的概念具体化，逐步引导学生向正确的思维靠拢，以唤起学生丰富的联想。所以，教师的评价语要达到科学性与艺术性的统一，用准确优美的语言提高教师评价语的效率。

（2）训练教师评价语教育性与审美性的统一。在教学中，教师应运用恰当的评价语评价学生的学习行为，达到对学生的教育目的。但是，教师评价语在兼顾教育性的同时，也要兼顾教师评价语的审美性。高中阶段的学生处在心理发展阶段，教师在课堂评价时应当用心呵护学生心灵，避免使用简单粗暴的评价语，做到教育性与审美性的统一，提高教师评价语的效率。

（3）训练教师评价语声、情、义的统一。在课堂教学中，语文教师评价时声音和情感的表达应该与评价的意义共同体现。例如，当学生激情澎湃地朗读完课文时，教师想要表扬该学生，可以通过提高语音语调、调节声音大小来表现自己的满意程度，从而达到表扬这一学生的目的。

要想提高教师评价语的效率，就得加强教师的专业性指导，一方面，要开展教师培训；另一方面，要将教师评价语的考核纳入教师考核的内容当中。教师评价语加入考核就一定要有相关的指标量表，目前，国内并没有公认的、专业性的教师评价语量表，还有待教育工作者和教育研究者去实践研究，早日形成完整的教师评价语考核指标体系。将教师评价语加入教师考核量表，能促使语文教师重新审视教师评价语，引起一线教师的足够重视，让评价语在课堂教学中发挥更大的效用。

3. 评价用语的艺术性与多样性

（1）评价用语的艺术性。高中生的自我意识相对于初中阶段进一步增强，希望别人了解、尊重自己，自我评价也比较客观，但是，高中阶段的学生自尊心过强，容易产生自卑感。高中语文教师在课堂上要结合学生身心发展特点和具体情境选择准确得体的评价语。准确而又得体的教师评价语就是学生进行自我判断的风向标，是引导学生积极参与学习的最好方法。

但是，准确得体的教师评价语不是只对学生一味地进行表扬，而且要对他们的错误予以纠正，从而帮助学生及时找到自身存在的问题并改正。当学生的回答差强人意时，教师应当及时给予学生指正性的建议，运用间接性的评价语，既肯定了学生的长处，又委婉地指出了学生的不足之处，避免了对学生进取心的伤害。因此，准确得体的教师评价语不仅仅是对学生的赞扬，还应包括对学生的批评指正。高中语文教师要善于抓住评价时机，在该表扬的时候对学生提出表扬，该批评指正的时候对学生予以纠正，只有这样的评价语才能让学生心悦诚服，而且能树立教师的威信，赢得学生的尊重，更好地发挥教师评价语的效用。

（2）评价用语的多样性。教师应该注重评价用语的多样性。在高中语文课堂中，学生的思维由具体思维向抽象思维过渡、开始理智、客观地思考问题，但也需要直观的、感性的经验支持，这就需要高中语文教师运用生动丰富的评价语给予学生支持，激发学生的学习兴趣，使整个课堂都充满活力。当学生朗读课文后，一方面，教师可以借助一些生动丰富的言语性评价语去鼓励学生，增加其对语文学习的热情，把课堂气氛推向一个又一个高潮。高中语文教师也可以运用一些幽默性的语言增加评价语的生动性，这样具有幽默性的评价语不仅指明了学生的缺点与不足，还活跃了课堂气氛。由此看来，生动丰富的评价语能让学生很好地融入语文课堂，调动学生主动参与课堂的积极性。另一方面，教师也可以借助一些生动丰富的非言语性评价语去鼓励学生，当学生看到教师投来一瞥信任和鼓励的目光时，当学生感受到教师手掌的温度和力度时，一种不用言说的温暖与关爱已经深入学生心底。在课堂中，教师完全可以利用生动丰富的言语性评价语和非言语性评价语去启发学生思维，并引导每一个学生融入课堂之中。

另外，在语文教学过程中，教师的评价用语切不可一成不变。高中语文教师在课堂中评价的对象是处在个性发展阶段的高中生，语文教师千篇一律的评价语自然会让学生产生不以为然的态度。教师评价语不应拘泥于一方面内容或一种形式，要遵循学生认知发展的规律性，尊重学生的差异性，选择恰当的教师评价语内容和方式。语文教师应当全身心投入课堂之中，创新评价的形式和内容，提高学生的学习兴趣。当学生迅速、准确地解决完问题后，教师可以用鼓励性的言语或坚定的目光给予学生表扬；当学生经过不断努力最终找到答案时，教师应当对他们竖起大拇指表示鼓励；当教师和学生合力解决一个问题时，教师可以和学生握手并予以激励。独特创新的教师评价语，能促使学生处于一种积极的状态，从而主动地参与到课堂学习中。

（三）合理掌握教学评价的时机

1. 超前评价

超前评价，主要是指教师对学生的课堂学习行为做出略高于学生实际的表扬性评价，即拔高性评价。高中阶段的学生处于个性独立发展的阶段，教师对他们的评价显得尤为重要。因此，适当的超前评价不仅能满足学生个性独立发展的需求，还能促进学生积极地参与课堂活动。在课堂教学中，语文教师要巧妙地抓住超前评价的契机，调动学生的课堂参与积极性，可以从以下三个方面着手。

（1）教师要鼓励学生的课堂创新思维。高中阶段的学生处在个性独立发展阶段，在此过程中，学生在课堂中随时会闪现思维的火花，但他们自己不能判断创新的正确与否，这时教师要及时抓住学生思维的闪光点并采用肯定性评价语给予学生鼓励与肯定，这会让学生很有成就感。例如，当学生别出心裁地回答完问题后，教师用肯定性的评价语鼓励，如"多有独创性的见解啊""我很欣赏你这种创造性的见解"等。但是，教师的超前评价并不是不切实际地吹捧学生，而是基于学生现有学习水平的基础上适当地给予学生鼓励，增强学生的自我效能感，从而帮助学生提高学习兴趣。

（2）教师要包容学生非原则性的错误。教师要对学生的缺点给予宽容、呵护与引导，只要不是根本性和原则性的错误，教师都可以给予学生鼓励，帮助学生认识不足之处。

（3）教师要关注学生的情感发展。在课堂教学中，当学生成功地表现自己后，学生会感到兴奋与自豪，主动参与语文课堂的积极性也会越高，这时教师要趁机对学生做出拔高性评价，让学生的学习热情得以延续，提高教师评价语的长效性。

2.即时评价

即时评价，指在教师与学生平等对话的基础上，教师对学生的学习参与行为给予及时有效的评价，以帮助学生及时调整学习行为的评价，即时评价的特点是直接迅速、使用频率高、对学生影响大，是一种过程性评价，只发生在一瞬间，但对学生的影响作用是巨大的。在课堂教学中，语文教师要抓住即时评价的有利时机，有效地促进学生学习，可以从以下三个方面入手。

（1）教师评价语要抓住有利时机。高中阶段的学生智力水平接近成人状态，思维活跃、反应迅速。在高中语文课堂中，当学生回答正确且思维敏锐时，教师要及时发现学生思维的闪光点并对其加以鼓励，这样学生会产生极强的自我效能感，也将继续保持这一良好状态；特别是学生有了独特的见解时，都希望能得到教师的肯定性评价，这时教师要准确判断学生的心理需求，即时做出评价，满足学生的心理期待。所以，教师抓住几个有利时机对学生进行评价，一方面，促进了学生的学习，另一方面也提高了教师评价语的效用。

（2）教师评价语要注重启发诱导。当学生在学习中走入思维困境时，教师可借助即时评价对学生进行启发引导，帮助学生理清思路，走出思维困境。例如，在《登高》的一堂公开课上，有学生对"艰难"的意义提出了质疑，他认为"艰难"不仅仅是诗中描写的那么简单，许多学生也表示深有同感。这时，教师首先表扬了提出质疑的学生，说出了大家质疑又不敢说的问题，接着启发学生，让学生从杜甫的创作背景入手看看是否会有发现，结果学生按照教师的启发，发现"艰难"二字不仅指作者的人生艰难，也指国家命运的艰难，有一语双关的意义。语文教师具有启发诱导性的评价语不仅让学生搞清楚了知识点，还学会了知人论世的学习方法。

（3）教师的评价语要有判断性。即时评价只发生在一瞬间，教师只有准确判断出学生的需要，评价语才能对症下药。当学生的理解存在偏差时，教师须用即时的评价语去纠正并调整学生的思路，帮助学生掌握正确的学习方法；当学生遇到困惑时，教师须用即时的评价语去引导学生，帮助学生理清情感线索，为他们排忧解难；当学生对一个问题争论不休时，教师须用即时的评价语去评判对错，帮助学生寻求真理。

3.延时评价

延时评价，是指教师利用学生的一种心理期待，不急于对学生的问题或回答给予评价，而是把评价时间延迟，留给学生思考、反应的时间，引导学生自己去探索、发现，让学生经过一番思考之后，教师再针对学生的问题或回答做出评价的一种评价方式。延时评价可以让学生从多种角度去思考问题，留给学生一个自由的思维空间，让他们通过不断思索获得更多的创造性见解，高中语文教师要适时地把握延时评价的契机，可从以下三方面做起。

（1）教师的延时评价要为学生创设一个勇于质疑自己的空间。在课堂教学中，当学生提出一个不切实际的问题时，教师直接告诉学生问题是不切实际的，学生的创造性思维就会受到打击；如果教师留给他充足的思考、反应时间，让他意识到自己的问题是不切实际的，然后再用间接性的评价语委婉地指出其思维存在的不足，并鼓励学生继续钻研、探索。因此，延时评价能留给学生一个勇于质疑自己的空间，让学生意识到自己的错误并勇于改正，教师评价语才能发挥更大的效用。

（2）教师的延时评价要为学生留足缓冲时间。当学生对一个问题有不同的见解时，教师的延时评价便为学生的思维开辟了一方空间，让学生在自主、合作、探究的过程中加深对这一问题的理解与看法之后，教师再用恰当的评价语加以点拨。在课堂教学中，总是会有一些抽象的、理解起来较为困难的问题，这时，教师应该留给学生一段缓冲与思考的时间，让学生根据自己的想法和能力去解决问题，这样的学习过程不仅让学生学到了知识，也让学生体验到了学习的快乐，增加了学习的自信心。

（3）教师的延时评价要为学生开辟新的思维空间。在课堂教学过程中，总会听到学生别出心裁的回答，这时教师要留给学生陈述自己观点的时间，耐心听完学生的回答之后针对学生独特思维选取恰当的评价语加以指导，帮助学生开辟新的思维空间或思维模式，激发出学生潜在的学习能力。在此过程中，教师要立足于学生的认知结构和思维层次，从学生提出的创新性问题入手，采用延时评价，为学生提供一个健全的思维模式，帮助学生找到适合自己思考的方式并最终解决问题。

总而言之，为了启发学生思维，提高教师评价语的效用，高中语文教师要抓住课堂评价的契机，可用超前评价增加学生的自我效能感，用即时评价满足高中生的心理期待，用延时评价激发学生的创造性思维。

高中语文课堂教师评价语在教学中起着重要作用，它是教师促进课堂教学有效进行的重要形式之一，它依赖于语文教师较强的专业素养和沟通能力，也依赖于语文教师多元的表达艺术和评价观念。高中语文课程改革的关键在于提高课堂教学效率，教师评价语在其中扮演着重要角色，因此提高高中语文课堂教师评价的效率，对提高语文课堂教学效率有着至关重要的作用。语文课堂教师评价语作为一门教学艺术，需要不断加强语文教师的语言修养，建立完善的教师考核制度，提高教师自身的能力水平，才能不断适应高中学生这个独立自主意识渐强群体的发展需求。在课堂教学中，由于教师准备不充分或能力不足，有时一句不经意的评价语，就有可能改变学生人生的发展轨迹。教师每天接触的是形形色色的学生，在面对追求个性、思维独立自由的高中生时，语文教师进行课堂评价时，需要充分了解学生的独立性，选取有针对性的评价语回应学生；在面对胆小怯懦、规规矩矩的学生时，语文教师进行课堂评价时，需要选取带有肯定性、表扬性的评价语帮助学生树立自信心。同时，有效的教学评价还能加速有效语文教学系统的构建，可谓一举多得。

第三章 高中语文教学方法——比较观念

第一节 高中语文教学的比较文学观念

"比较文学观点是文学与艺术或两种民族文学的相互作用，教师可以通过中西文学作品比较，加深学生对多元文化的理解，不仅有利于拓宽学生文化视野，更有利于促进学生对优秀传统文化精髓的汲取。"[①] 因此，在高中语文外国文学教学中，教师应坚持比较文学观点，有效促进学生文化自信与多元文化能力的全面发展。

高中语文外国文学作品作为提高学生文学素养与人文素养的重要途径，在外国文学作品阅读教学中引入比较文学观念，可以有效促进学生创新能力和语文素养的全面发展，使学生在了解世界各国文学的同时，实现对多元文化思想特点的深入理解。同时，教师在课堂中要为学生建立开放的学习环境，让学生通过对文学作品的比较鉴别，进一步丰富自身的语文素养。

一、通过文章内涵的比较，加深主题理解

高中语文阅读教学中引入比较文学思想观念，可以让学生更深刻地理解和认识外国文学作品本质特点，增强自身对文章内涵阅读感受和体验。由于在高中这一阶段学生的逻辑思维倾向于系统性、目的性，可以对外国文学作品进行一定程度的分析和思考，教师在阅读教学中要不断增强学生对比较思想的了解，引导学生从理性逻辑思维层面出发，站在多角度对作品的反差进行探索，运用比较思想深入挖掘中外文学作品之间的内在联系，通过文章内涵比较，深入理解外国文学的深层思想。促使学生在比较阅读外国文学时，建立与我国文化的联系，进一步加深对文章主题和文学内涵的理解。

例如，教学《哈姆莱特》时，教师可以指导学生选择我国同一主题的文学作品在进行比较分析，帮助学生从全新的高度对"哈姆莱特"的深层思想进行理解。在文中哈姆莱特的复仇事件处于复杂矛盾的环境，主人公同时承受着亲情与爱情的双重影响，通常阅读过

[①] 胡长征：《高中语文外国文学教学中比较文学观念的引入》，载《试题与研究》2019年第15期，第137页。

程中学生会因为文中复杂又矛盾的情感，难以理清头绪，这时教师可以引入相似主题的《雷雨》，让学生体会作者安排情节的用意。因为《雷雨》和《哈姆莱特》一样，都表现了主人公的恋母情结，当教师向学生通俗讲述《雷雨》的情节安排时，就会发现哈姆莱特在仇恨叔父的心理变化中，同样也表现出了恋母情结，当学生掌握文章深层表达的思想时，就会进一步理解和掌握哈姆雷特的复仇动机。

二、通过人物形象的比较，提高鉴赏能力

高中外国文学作品阅读引入比较法，可以拓展学生的思维广度，让学生在多元文化背景下的比较中，探寻思想表述的本质和规律。文学作品中的人物形象是构成文章中心思想和主要内容的重要部分，作者对人物的描述通常都蕴含了更多的深意，是学生理解全面的关键。因此，在课堂教学中教师要引导学生，阅读时善于挖掘经典人物形象的异同和深意，比较不同文学作品人物之间的相似特点，这样不仅能够提高学生对文章的阅读和鉴赏，还可以让学生更好地感悟作品。同时，教师要为学生建立民主自由的阅读学习氛围，让学生在比较过程中，不断提升对外国文学的阅读兴趣。

例如，教学《装在套子里的人》时，文中叙述了 19 世纪末期俄国沙皇专制极端反动黑暗的时期，作者结合时代背景深度鲜明地刻画了"别里科夫"这一人物形象，主人公生活在专制统治下顽固守旧，害怕变革，生活的战战兢兢。为了让学生正确认识沙皇专制统治的反动黑暗，以及别里科夫人物形象的时代意义。教师可以引入《林教头风雪山神庙》让学生比较林冲与别里科夫的人物形象，感受林冲的从委曲求全到最终走向反抗的主题情节，林冲与别里科夫一样同样处于残酷黑暗年代，将两个人物形象进行求同比较，学生就会快速把握住人物形象的时代意义，从而提高对文学作品的鉴赏能力。

三、通过文明差异的比较，激发阅读兴趣

文化思想与生活具有紧密联系，教师在外国文学作品阅读教学中引入比较思想，要切合学生的实际经验与认知规律，启发学生比较中外不同的文化背景差异，加深对外国文学思想的思考和理解。课堂中比较法的运用体现的是一种思维方式，学生从不同的文化角度看待作品，可以进一步开发自身的创造性思维，促进自我对文学思想和情节的积极思考，这样不仅可以加深学生对多元文化的理解，还能有效培养学生对外国文学作品的阅读兴趣。

例如，教学《老人与海》时，教师可以指导学生在阅读中联系文化背景，领悟作品中感人的情境和形象，《老人与海》这部文学作品的语言色彩非常浓厚，对学生的人生价值观念的塑造具有重要的意义和启示。因此，为了增强学生的情感体验，促进学生对文学作品内涵的深刻领悟，教师要从学生的实际认知经验出发，引入《愚公移山》的故事情境进行比较，鼓励学生从东方的文化角度，看待文中的情感思想的倾向，使学生可以在不同的文化背景差异中深刻领悟做人的道理，通过融入比较思想的阅读学习，逐渐形成积极、乐

观、奋斗的人生价值观。

综上所述，高中语文外国文学作品阅读教学，可以让学生开阔视野，了解丰富的异域文化精华，因此，为了提高学生文学水平，让学生更好地尊重和了解多元文化，教师可以在课堂教学中引入比较文学思想观念，将比较法灵活地运用到阅读学习的每个环节，通过文学作品对比加深学生对不同文化思想的理解，有效促进学生文化能力和创造性思维的发展提升。

第二节　高中语文教学中比较法的要求

人们的思维过程是一种复杂的活动，而比较是思维的基本方式。在教学过程中，不同类型的文学文本都可以通过比较的方式来进行。"在比较法的实施中，学生通过比较阅读，激活了阅读的兴趣，把握了阅读的内容，提高了阅读的能力，掌握了学习的方法"[1]。而教师则在比较教学的实施中，将自己的财富转交给学生。

高中语文这门学科涉及的内容非常复杂，而且渗透到社会的各个领域。不管是教学内容的更新，还是传授方法的变革，都和人类的日常生活息息相关，其作用也是非常重要的。因此，在高中语文教学的过程中实施比较法教学，要关注不同的实施步骤，采取多样化的方法途径，从不同角度使教学内容更加丰富，教学思路更为宽广。比较法下的语文教学既要开拓学生的思维空间，又要培养学生的想象和思维能力。在比较中，不仅要让学生掌握基础知识，还要注重学生技能的提升，锻炼学生的自主学习素养、创新思想和发散性思维。

比较法教学的"着力点"应放在学生方面，以提高学习效果为最终目的，因此在实施这一方法的过程中，要充分调动学习者的热情，提升他们对学习的积极性。这就要求教育者摒弃陈旧的传统教学模式，尊重学生的个性发展，给学生充分的思考空间，进而迸发出创造性思维。只有采取这一教学模式，才能从根本上摆脱传统的学生游离课堂的"单向"模式，从而达到运用纵横及综合的连贯比较，把握重点，突出文章精髓的效果。

一、高中语文教学中运用比较法的课前要求

充分的课前准备是掌握课堂知识的前提。学生的任何一门课程的学习都不是从零开始的，都是建立在学生或多或少的已有知识和经验基础之上的。高质量的课前准备从根本上可以提高课堂的质量和水平。

---

[1]　宋学婷：《高中语文教学内容的整合运用研究》，吉林人民出版社2019年版，第21页。

（一）教师布置预习时要做有意识的引导

教师应引导学生学会搜集资料。首先，教师要根据教学内容对学生搜集的资料给予具体指导和说明；其次，要对学生搜集资料的方式、方法给予指导，如可以通过报刊、网络、文献、电视、图书馆等多种渠道获得资料。同时，教者要设计科学的导入环节，设置层层递进的教学任务，促进学生乐于学习，善于发现问题，并能尽自己的最大努力解决困难，提升自身的学习素养。

例如，苏轼的"一词二赋"是《念奴娇·赤壁怀古》《前赤壁赋》《后赤壁赋》。三者都是苏轼因"乌台诗案"被贬黄州之后，到黄州城外的赤鼻矶游览时写下的。面对相同的人文背景和自然环境，苏轼写下了内容和风格迥异的三篇作品。因此，在教学苏轼的《前赤壁赋》时，教师可以有意识、有目的地引入苏轼的《念奴娇·赤壁怀古》《后赤壁赋》，引导学生理解文本所表现的思想的差异性。

（二）学生要有意识地呈现出学习的效果

自主学习是在教学条件下学生高品质地学习，强调学生主体能动性的发挥。只有给学生充分的自学、思考时间，才能让学生自己去读书、去感悟、去思考、去探究。学生在充分预习后形成自己个人的草案，然后和小组成员在组内互相交流。在有了课前阶段的充分准备之后，才进入课堂的教学，这样经过学生比较思考的预习，上课后先是课前阶段的展示，让学生带着比较的成果各抒己见。在一番热烈的发言和交流之后，预习时的比较项目在表格上呈现多样化的思维结果。

二、高中语文教学中运用比较法的课中要求

在课堂阅读教学中，如果进行课文的孤立学习，那么就不能准确掌握课文；如果可以将其与同种类型的课文对比，在相同处找出其不同点，在不同处找出其相同点，那么读物的本质特征就很容易辨别，我们称这样的方法为比较阅读法。

（一）选择比较对象，确定比较点

心理学认为，人们在认知对象时，一般是通过以前掌握的知识及实际经验对事物进行理解与认知。因此，学生在进行新课文的学习时，应当将以往学过的课文联系起来，并将其转化为实际应用能力。

例如，教师在完成《雨中登泰山》的阅读教学后，当教《长江三峡》这篇文章时，就可以根据两篇课文之间相似的特点，运用比较法进行教学。首先，让学生对《雨中登泰山》中的相关知识点进行回顾；接着，再阅读《长江三峡》，明确比较点，并进行比较分析，进而实现对新课文的理解。

（二）选择比较点，确定比较途径

以《雨中登泰山》和《长江三峡》这两篇文章的比较教学为例，它们都属于游记性的散文，有着明确的写景顺序。因此，选取通过"写景手法"进行比较的点，通过寻找异同点，深入掌握游记散文的写景顺序这一知识点。通过比较揭示异同，可以培养学生的评判能力和鉴赏分析能力，发展学生的创造性思维。

三、高中语文教学中运用比较法的课后要求

课后复习在教学过程中是极为重要的一部分，有助于加深与提升阅读教学。通过比较法进行复习，可以让知识归集起来，并使其条理化、系统化。

（一）教师给予学生方向的指引

课后的延伸内容纷繁复杂，资料多而杂，学生难以快速而有效地找到所需的延伸文本。但是，教师最清楚课堂上所讲课文的重点所在，所以教师应该在学生课后复习时给予方向的指引。

例如，对小说中环境描写这个知识点的复习，教师可以为学生选取部分在环境描写上比较典型的课文，如《林教头风雪山神庙》《祝福》《林黛玉进贾府》等。并且让学生在指定学习篇目中将与环境描写相关的段落找出来，同时与课堂知识点相结合进行理解。

（二）学生进行自主分析与比较

语文学习是有规律可循的，而提高语文能力，必须学会找寻其中的规律。叶圣陶先生强调，语文的学习主要是以学生自己阅读与领悟为主。因此，课余时间学生自主分析、比较就是自己领悟的过程，也是找寻规律的过程。

以小说的环境描写这个知识点的复习为例，学生通过其他两篇文章与《祝福》进行分析、比较，可以找到《林教头风雪山神庙》中也有很多地方进行了风雪描写，有正面的，也有侧面的，这些描写都充分体现出悲凉的气氛，不仅体现出人物性格，更推进了情节的发展。

（三）小组综合归类展示课后成果

学生个人在进行课后复习后，还可以小组合作，补充完善自己的知识体系。例如，对小说中关于环境的描写进行异中求同与同中求异等，可以将环境描写在小说中起到的作用总结出来。

第一，环境自身的作用：起到对小说氛围的渲染烘托；对小说时代背景进行交代。

第二，环境对人物形象塑造的作用：为人物提供活动的背景；表现人物的性格；烘托

人物的心理活动。

第三，环境对情节发展的作用：为故事情节做铺垫；直接推动故事情节的发展。

第四，环境对小说主题表达的作用：暗示主题；深化小说的主题。

上述几点中就对小说中环境描写的知识点进行了复习，学生可以通过这种方法进行其他知识点的延伸学习，这有助于强化知识间的联系，提升复习效率。

总而言之，比较对于认知事物具有重要意义，因此，所有教师都应当关注这种教学方式，并将其提升为语文教学水平比较有效的办法。通过比较，可以对学生的学习兴趣进行引导，激励他们不断学习新的知识，逐步提升其学习能力及学习素质。

第三节 高中语文教学中比较法的实施

在高中语文教学领域中，比较是能够提升教学品质与效率、拓展学生思路的一种有效方法。比较思维是确定比较对象的共同点和不同点，从中掌握一般规律，认识特殊现象的一种思维活动。比较有教学内容方面的比较，也有学习方法和教学方式等的比较。比较过程中求同的目的是找到事物的相似点，使学生能掌握一般意义上的特点，总结归纳出一般规律；而比较过程中的求异的目的则是找出事物间的不同之处，使学生能够迅速、准确地辨别并把握事物的特点或重点，总结认识特殊现象。

一、高中语文教学中比较法的实施角度

在实施比较法教学时，应该做好三点：一是比较范围要明确，范围的确定要科学合理，没有可比的文章就不需要进行比较，因此具有可比性的文章具有同类性质，在题材、体裁、主旨等方面有共通点；二是比较点要找准，比较点要扣准问题的实质，使人对问题有更清晰、透彻的认识，一般而言，文章可以从人物、景物、主题方面比较，也可以从结构、写法以及语言表达等方面进行比较；三是比较结果要表达清楚。

（一）标题内涵的比较

当学生学习一篇课文的时候，首先接触到的就是文章的标题。文章的标题是一篇文章的核心，可以分为：一是点明文章主要写作内容的；二是暗示文章写作形式的；三是交代文章的主旨和情感的。从比较标题来导入教学，能更好地激发学生的学习兴趣。

l.换题比较，领悟作者用意

例如，在教沈从文的《边城》时就可采用此种方法。《边城》讲述的是少女翠翠和傩

送两兄弟的故事，但是沈从文先生却没有将题目定位为"翠翠的故事"，而是采用"边城"来命名。比较这两个题目，哪个更好，当学习完这篇文章后，我们明白了作者的用意："边城"寄托了沈从文对故乡美好的感觉，它不单单是讲翠翠的故事，更是借此表达对边城淳朴风情的喜爱与留恋，翠翠只是其中的一个人物而已，以她为题有失偏颇。通过比较文章的标题，学生就会提出疑问，当他们在阅读小说的时候也会认真思考这个问题，从而使兴趣被激发。

标题在一篇文章中起着提纲挈领的作用。学生要学会审题，第一步就是要通过比较标题内涵，了解标题之间的区别，使学生更好地领会作者命题的严谨，同时还可以从标题中对文章有大概的了解。

2. 同题比较，发展多向思维

高中语文教师在课堂教学的过程中，为了提高学生同题多种写法的能力，可以选择有一定联系的文章的标题与所要讲述的文章标题进行比较，如可用题目相同、写法不同的课文，引导学生积极分析，充分发表意见，相互辩论，从而使学生的审题能力得到提高。

比较的关键是教师应从作者的构思立意、选材的重点与不同的角度、写作技巧、风格上分析原因。综合思考时，教师要引导学生从两作品反映的主题、写作方法等进行思索，使学生从中受益，使学生在认识客观外界物体时，能归纳出规律性的东西。

3. 同作者异题比较，总结创作规律

作家的创作规律在他的作品中无所不在，可以渗透到任何一个文本的标题中。因为它反映了作家的全部生活积累，包括其思想、经历和表达习惯，所以必然体现在其创作中。因此，我们可以通过比较该作家的不同作品标题，总结出该作家的某些创作规律。

例如，鲁迅的小说《药》《祝福》，在标题的创作上颇费心思，寄寓了作者对生活独有的认识。首先，说说《药》这个标题。用这个做标题，包含了鲁迅对小说三个方面的考虑：一是这篇文章通过"人血馒头"这一特殊的"药"，明写华老头寻找治痨病的办法，暗写夏家女儿革命被杀的事实，贯穿全文，起到了线索的作用；二是"药"具有概括情节的作用，因为小说先后写的是华老头买药、吃药、谈药和吃药结果的过程，每一个情节都紧紧围绕"药"展开；三是具有揭示主题的作用，鲁迅通过这篇小说展示了当时社会的现实悲剧。这种悲剧的冷峻叙写其实包含了作者良苦的用心，即希望借此引起人们的思考，从而寻找救治的良药。从以上分析，我们可以领略到鲁迅先生在标题上的深思熟虑。

同样在《祝福》这篇小说中，鲁迅先生在标题上也有双重考虑：一是祝福具有点明内容和概括情节的作用，小说开头、中间和结尾都有写到鲁镇过年祝福的情形；二是寄寓了作者对封建制度的批判之情，作者利用反讽的方法，增强了祥林嫂遭遇的悲剧性，在表现主题方面也揭示了封建社会的本质，从而引起读者的震撼。

总而言之，如果能够引导学生对上述具体案例进行深入的比较分析，学生对标题在文中的作用理解必能更加深入，并能从小说线索、情节和主题等角度进行归纳概括。

（二）结构方式的比较

结构是文章内容的外在表现形式，服务于主题意蕴。如果文章结构不完整或不合理，那么文章思想内容的表达就可能紊乱，也就不能吸引读者。

例如，《祝福》所表现的内容是祥林嫂的悲剧命运。因此，在教学中，教师可以先让学生们找出祥林嫂的变化，找出脸色、两颊、衣着的变化，然后引导学生比较这些变化，并进一步探究祥林嫂会产生这样变化的原因，这反映了她怎样的命运（表3-1）。

表 3-1 对祥林嫂肖像和人物命运的比较分析

内容	第一次	第二次	第三次
肖像	白头绳，乌裙，蓝夹板，白月背心，脸色青黄，顺着眼	白头绳，乌裙，蓝夹板，白月背心，脸色青黄，顺着眼，眼角带些泪痕	头发全白，脸是黄中带黑
人物命运	她虽贫困但还有活力，对生活还有希望	她已经走投无路了，对生活失去了希望	她对生活已经绝望了

通过这张具有直观性的命运变化表，根据人物肖像变化的比较，学生可以更加清楚地了解到祥林嫂三次来到鲁镇之后的命运变化。根据这些变化，学生可以更好地理解祥林嫂所遭遇的苦难，进一步理解小说所要表达的主题。不仅如此，教师还应该在教学中注意引导学生关注文章的倒叙技巧，并将其和顺叙、插叙进行比较。只有在比较中，学生才能体会到《祝福》采用倒叙的妙处，理解其在小说里预设悬念、行文曲折有致的作用。

一般而言，好的文章必有好的结构，好的结构是文章内容合理、清楚表达的前提，也是吸引读者的一种手段。因此，在高中教学阶段，教师应该在文章教学和赏析中对结构分析予以足够的重视，尤其是要多运用比较教学的方式，让学生认识不同结构对文章表达的影响。例如，对于一篇倒叙的文章，教师可以将其改为顺叙，然后让学生比较分析，从而更好地理解作者精心组织的目的和好处，培养学生在文章结构方面的运用能力。

比较法语文教学是使学生整体感知课文内容的有效方法，它是基于不同文学作品之间的内在联系而进行的一种跨越性阅读，让学生学会在相同点中找出不同，在不同中找出共同的联系，让学生学会知识迁移，以旧悟新，以新补旧。通过对文学作品多角度、多侧面的观照和比较，认识文学创作规律，提升审美和分析能力，促进学习能力的提高。

比较阅读范围宽广，不仅可以比较中外作品，也可以比较古今作品，还可以比较同一个人或同一篇作品。同时，比较角度应该多样，可以从作品的宏观角度进行比较，如主旨、风格、结构、题材等；也可以从作品的微观角度进行比较，如手法、语言、词句等。此外，在比较方法上要灵活多样，或全篇比较，或语用点的比较；或横比，或纵比；或异中求同，或同中求异，不能过于死板。

二、高中语文教学中比较法的实施应用

在语文教学中应该积极倡导自主、合作、探究的学习方式，所谓探究性学习方式，就是指学生经历"阅读—分析—比较—归纳"的基本过程。学生在阅读中通过分析、比较、鉴别，才会有创新。之所以要比较，就是通过相关联的思维来分析作品，以确定事物中的同异关系，并对作品意蕴有更深刻的认识。比较的价值在于更好地培养学生的独立思考能力，逐渐养成良好的思维方式，最终形成优良的探究学习品质。

在新课程背景下，学生可以在占有大量比较素材的基础上，主动自觉地运用比较法思维。在课堂上，积极探究的学生一般都具有强烈的参与意识，更善于分析问题、思考问题、比较事物特征，并从中总结出富有创造性的结论。

（一）比较法在高中语文现代文阅读教学中的应用

对纷繁众多的现代文作品，如何快速提高其认读、理解能力，把握作品的中心内容是非常关键的，比较法的运用是提高现代文教学效果、实现其教学目标的比较理想的教学手段。高中语文课程包括五个系列：一是诗歌与散文；二是小说与戏剧；三是新闻与传记；四是语言文字应用；五是文化论著研读。其中，每个系列又分若干个具有相对关联性的模块。这些选修的教材与必修教材相辅相成，为比较法的运用提供了大量的素材。在现代文阅读教学的运用中，选修课的内容主要是对必修课的内容进行拓展与提高，目的是加深学生对知识的理解和掌握。

1. 同一作家不同时期的文学作品比较

文人从年轻到年老有着不同的阅历、心境，因此他们的创作风格也会随之改变。通过对同一位作家不同时期的作品比较，可以更深入地了解他们的人生经历和心路历程，使学生更全面、更有层次地欣赏经典作品。透过不同时代不同作家的作品，我们可以感触到文学创作的轨迹，从中汲取丰富的文学营养，与作者共同体验人生，更好地把握时代发展的脉搏。

例如，学习鲁迅的小说，可以把必修教材的《祝福》《阿 Q 正传》和读本的《药》进行比较，因为它们发表的时间都比较相近。通过比较，就可以发现这三篇小说有着很多的共同点，都塑造了社会底层的百姓形象。《药》里面的华老栓、《祝福》里的祥林嫂、《阿 Q 正传》中的阿 Q 都是悲剧人物，让人同情。这三篇作品都反映了当时的社会现状，从塑造人物的手法上看，三篇小说都采用了语言描写、肖像描写和动作描写。寻找相同之处，可以使学生从归纳和比较中更好地理解文章的内容，更深地体会作者的思想感情，提高学生的综合归纳能力和逻辑思维能力。

2. 不同作家的文学作品比较

在比较阅读文本的选择中，可以选择一些跟所学的课文体裁、内容、写作方法等有一定联系的作品，如朱自清的《荷塘月色》、季羡林的《清塘荷韵》、郑伯探的《荷叶脉》等。这样既扩大了学生的阅读面，丰富了学生的课外阅读内容，又提高了学生的文学素养，可谓获益良多。

例如，在学习莎士比亚的《罗密欧与朱丽叶（节选）》一文时，可以将同是文艺复兴时期的文学作品进行比较阅读，如薄伽丘的《十日谈》、拉伯雷的《巨人传》、塞万提斯的《堂吉诃德》和但丁的《神曲》，它们都在某种程度上表达了新型资产阶级的人文主义思想，反映了人们对人性解放的要求，表现出对幸福生活的向往。这些作品在其主旨和表达的思想上都有某种共同之处，但彼此都出自不同作者和不同国度，在表现手法、文体和表达方式上存在着很多的差异。因此，在高中教学的各个过程中，可以适当地把不同作家的作品相互比较，从而凸显出所学文学作品的特点，并达到深刻的效果。下面以现代文阅读教学中的小说为例。

人物教学是小说教学的一个中心环节。如果教师可以通过比较引导学生分析不同篇目的人物形象，那么就能让学生更加深刻地把握人物的形象，并通过人物形象更好地了解不同社会环境下的人物生活与作品主题。人物比较可以是人物与人物之间的比较，还可以是刻画人物方法的比较。

（1）单个人物与人物之间的比较。不同的人物形象在性格和思想方面有相同点，也有不同点。例如，鲁迅《祝福》中的祥林嫂，孙犁《荷花淀》中的水生嫂，她们的生活背景都是农村，中华民族的传统美德深深地影响着两个人，她们勤劳、善良，是典型的贤妻良母。但由于时代不同、环境不同，造成了两个人不同的性格特点。祥林嫂生活在封建社会末期，现代文明的思想还没有进入广大的农村，即使是小城市的鲁镇，也是保守的、封闭的、落后的。而水生嫂则生活在抗日战争时期，社会有了一定的进步，特别是当时的根据地，妇女们已经会拿起武器保卫国家，所以水生嫂能从一个贤惠、温柔的农村女子成长为革命战士。

（2）多个人物与人物之间的比较。多个人物放在一起进行比较，找出他们的个性和共性。高中语文课本中塑造了多个女性的形象。例如，农村女性形象：《边城》中的翠翠是清纯、可爱、美丽的乡村女孩，是作者心中美的化身，但她凄美的爱情故事，是一首令人心碎的悲歌。作者通过对翠翠寄托乡恋与旧情，用文字孕育出血肉丰满的乡村女孩形象，同时也通过翠翠这一艺术形象，表现出对"现代文明"的无情批判。在《祝福》中，祥林嫂代表的是旧中国的农村劳动妇女形象，具有中国妇女勤劳、质朴、善良而又顽强的典型特点，同时又是社会底层小人物。在旧社会，她无法争得一个做人最起码的权利，最终被封建礼教与封建迷信所吞噬。而在《荷花淀》中，根据地的进步思想无疑是挽救水生嫂的重要因素，使得她既保留了中国妇女的传统美德，又具备进步妇女的特点。还有同为才女的林黛玉、杜十娘和薛宝钗，同是母亲的华大妈、夏四奶奶等，这些都可以进行比较。比较能够引导学生更好地把握同类人物中所体现的不同特征，准确理解人物形象的社会意义，提高学生的文学鉴赏能力。

（3）刻画人物方法的比较。刻画人物形象的方法很多，主要有人物描写、环境描写、场面描写等。人物描写可以分为语言、心理、动作、外貌四个方面；环境描写可以分为自然环境描写和社会环境描写；场面描写可以分为动景、静景描写。从描写的方法来看，可分为实写和虚写、正面描写和侧面描写。如果教学时抓住这些描写手法进行比较，会有意想不到的收获。

可以把不同作家笔下的人物放到一起进行比较分析，比较他们在人物刻画方面的不同点和相同点。例如，祥林嫂、水生嫂和翠翠是生活在不同时期的女性，鲁迅、孙犁、沈从文在塑造这些人物形象时都使用了语言描写、动作描写、心理描写的方法，但又各有侧重。对祥林嫂，鲁迅主要运用"画眼睛"的方法，真是精细别致、工巧绝妙，简明地展示了祥林嫂一生悲惨的遭遇和由希望到幻灭的精神历程，写出了主人公的性格特点和精神状态，揭示出她的苦难历程，有力地表现了主题；对水生嫂，孙犁主要是以细节描写来展示水生嫂微妙的内心变化；对翠翠，沈从文主要采用景物烘托和语言描写的方法来描绘翠翠的内心世界。根据人物方法的比较，可以更好地了解人物的性格特点，进一步理解人物的精神世界，也可以体会不同作家在塑造人物形象时的独具匠心。

（二）比较法在高中语文写作教学中的应用

作文是展示学生语文综合能力的最高表现，也是多数学生最头痛的问题。因此，作文教学更具有复杂性与特殊性。运用比较法辅导学生写作，使作文点评变得有趣、活泼，更好地激发了学生的写作兴趣。通过比较，能激发学生的发散性思维，拓展写作思路，开阔写作视野，使用不同角度进行不同方式的写作，从而有效提高学生的写作水平，提高语文素质。

I. 审题方面的比较

审题，就是审查题意，研究命题中的含义以及意图。对审题的思维过程，往往是立意。审题立意是学生正式进入写作前的思考过程，这一关决定着整个写作的成败。因为学生受思想能力以及知识水平等的限制，传统的习惯性思维定式使得他们很难辨明题意，不能正确领会命题的动机，不能准确把握命题的写作重点、写作范围以及写作要求，更别说产生独特的思维结果了。

（1）同题不同形式的比较。审题上的比较，通常可以使同一题目的作文有多种写作点，也可以使同一题目有多种体裁的写作方法。先要选准读写训练的出发点、联系点。当然，要求较为复杂的也可先分解，即片段训练，再综合成篇习作，这样有利于学生由浅入深地进行写作训练，或者通过课外阅读，根据阅读材料，或改写，或写感想等，这些都可以展开创造性思维，并进行再创造。例如，在命题作文《猜》的习作讲评时，教师可以选择记叙文和议论文两种文体进行比较审题立意的点。如果是记叙文，可以写"猜"的过程或结果；如果是议论文，则可以从不同角度评论，即"猜是一种心理""猜是一种习惯""猜是一种能力"等，还可以从不同感受写猜的欣喜、痛苦等。然后，由学生自己的习作出发，比较不同文体的审题立意侧重点，并进行换体裁再次写作。

（2）相近题不同立意的比较。如果经常比较相近或相关的作文题目，那么就能很好分辨不同题意的特点，认准题意侧重点，掌握各项写作要求。例如，以《我学会了》为题，假如孤立地分析作文题意，那么就容易出现偏差。如果与《我第一次》这个命题相比较来审题，那么就不难理解题意。两个命题都是以第一人称作为叙述方式，但《我学会了》更强调的是别人的指导与教诲，重在写学习向往、练习的艰苦以及学会后的喜悦，而《我第一次》则着重写第一次的特有感受，这个第一次既可以是成功喜悦，也可以是失败教训。

为了让学生认识比较的重要性，教师可以让学生对《转角遇见美》与《烟花灿烂》进行比较。两篇文章的内容都是描写与烟花有关的事，前一篇是写作者看烟花所经历过的迂回曲折过程，作者通过艰难摸索，终于选择了一个最好的角度，欣赏到最美的烟花，从而悟出"人生也是这样，一切快乐、幸福、美好的感觉，完全取决于我们认识事物的合适角度"这样的道理；后一篇写作者春节看烟花的往事，主要描写烟花对节日喜庆气氛的烘托，抒发作者心中的喜悦之情。通过对两篇文章的比较，学生便很容易总结出两篇文章主题的不同之处，即《转角遇见美》是通过平凡的小事悟出人生的哲理，文章主题深刻，描写角度很有新意；《烟花灿烂》主要是抒发作者的喜悦之情，立意比较普通。经过比较引导，学生们对文章立意就有了深刻理解，也很好认识到"参与生活，感受生活，跳出生活"对写作的意义。

在作文的审题中进行比较法教学，从所写作事物的某一点出发，向四面八方展开联想，多方位地试探，多角度地思考，多层次地求索，可以发展学生的求异思维，促使学生在审题立意时进行多角度、多侧面、多层次的分析，寻求新的构思，发前人所未发的议论，立意新颖，避免人云亦云。因此，审题时应该提醒学生多比较，择优而作，这样才对提高作文质量有益处。

2.选材方面的比较

所谓选材，也就是选取题材，要解决写什么的问题。选材上的比较，就是为了表达同一主题进行多种材料的筛选，或者也可以是同一材料运用多种要求习作。

（1）多种材料的筛选。选材的依据是心中表达的需要，这是建立在长期观察与阅读积累的基础上的。通过相近材料的比较，根据求异或求同的思维途径，在现有材料的基础上，发挥想象、联想，拓展思维的广度和深度，从不同的角度思考，另辟蹊径，立异标新。

（2）同一材料多种要求习作。如果能在构思时将经过挑选的材料进行灵活的排列与组合，再对其内容、风格、结构进行比较，权衡利弊，就能收到事半功倍的良好效果。

修改作文是写作中的最后步骤，也是非常重要的一步。所谓"文章是改出来的"，这句话很有道理。所以，在对材料进行比较后，第二次习作的要求可以更改为要求学生把自己作文的原稿与修改稿进行比较，将这些材料用不同的表达方式组合成文。学生在修改稿中，将顺叙改为倒叙，或者插叙，或运用由果溯因的手法，对几个事例进行回忆，力求多种布局，然后再比较优劣。这样的文稿修改可以更好地使文章达到一定的深度与广度。所谓"文似看山不喜平"，多种构思布局，才能通过反复比较，使作文引人入胜。

比材料、追求选材的新鲜与独特是写好作文最基本也是最重要的条件。由于学生们的生活空间有限，因此他们常常感到很难找到新鲜事可写。而通过比较法，往往能写出富有特色与个性的作文。同时，在选定材料后还要深入地比较材料，并进行重新组合。这样经过打磨的文章，能有效避免平铺直叙、结构松散、缺少起伏变化的弊病。同时，一材多作有助于学生区别文体特征，也有助于学生养成在比较中认识事物、发展思维的良好习惯。

在高中，语文教学要求多采用各种形式的比较法，这样不仅有利于衔接新旧知识、沟通事物关系，而且可以培养学生的良好学习方法。

现代教育心理学认为，学习任何言语信息的教学，其中最重要的特点就是为这项信息提供联系的，或者可以配合得更有意义的各种知识。而比较法正是遵照这一原理去实践的。在教学实践中，学生进行横纵比较，能够进行读书鉴赏，领略写作的要点。

总而言之，比较法的实施，既能有效调动学生的积极性，开发学生的学习兴趣，又能培养与提高学生发现问题、分析与解决问题的综合能力，有利于帮助学生深入理解与掌握课文，有利于帮助学生找到更好的学习方法，激发他们求同辨异的思维能力，养成综合分析思维的习惯。

第四章　高中语文教学方法——主题单元

第一节 高中语文主题单元的比较分析

"主题单元教学是在系统思维的指导下，根据课程标准的要求，以教材中的文本为依托，整合教材选文内容、活动内容、练习内容与可链接的丰富的课外课程资源，确立教学主题，进行连续课时单元教学的教学方式。"① 在单元教学中，学生围绕某一主题，借助各种学习方法，通过小组合作学习，进行学习和探究，提高解决问题的能力，培养合作探究的精神。"主题单元"可以是主题型语文教材本身呈现的单元，也可以是教师根据教学与需要整合后的教学内容。

"主题单元教学"其核心概念是"主题"。"主题"既不能狭隘地理解为一篇或一组文章的"主旨思想""思想主题"，也不能宽泛地理解为一切生活"话题"。"主题"是学生语文实践活动的核心点，整个单元的学习活动的中心点。主题单元教学中的"主题"是教师根据语文学科的特点和语文课程标准的要求，通过分析比较教材中的课文，结合学生的实际情况，以及社会生活中的关注点而确定的。主题的选择确定要遵循整体性和相关性原则，要符合课程标准的要求，要体现语文学科的特点。同时，主题的选择确定要遵循环境适应性原则，只有与时俱进，贴近学生的生活，才能更好地调动学生学习的兴趣。主题单元教学与传统教学的比较分析具体有以下方面。

一、语文教材形式方面的比较

在我国的古代，学习者学习的都是文选型教材。随着西方教育思想的传入，我国才开始出现"单元型"语文教科书。例如，叶圣陶、夏丏尊所编的《国文百八课》，就是以读写为线索组成语文基础知识和语文基本能力单元序列。在《国文百八课》，中每个单元包括文话、文选、文法或修辞、习问等部分。学生在学习每个单元时，都要完成一定的学习目标。这套教材被认为是我国语文教育史上单元型教科书的典范。

中华人民共和国成立后，中学语文课本也是属于"单元型"，以培养学生读写能力为主要线索编排各个单元，每个单元根据能力训练重点，选用和组织课文。选文之外，还增

---

① 纪恬：《系统思维视角下的高中语文主题单元教学研究》，山东师范大学2014年版，第7页。

加了习题和相关的语文知识。但是这些教材的单元多是按照文体来划分的，20世纪90年代后，随着新课程的实施，各类语文教材在编排上打破了过去按文体组织单元的做法，采用按照主题编排的方式。"主题"来自社会生活内容，只要是同一主题范围的文章，不分文体、时代和国别都可以编在同一单元。

二、主题单元教学与传统单元教学的比较

主题单元教学是单元教学在新课改之后，在新的教学理念指导下，新的教学条件下的一种发展形式。课改后，尽管教材版本繁多，但多以主题单元形式编排。新教材的单元编排形式为主题单元教学发展提出了新的要求。以往的单元编排是以文体特征来划分。例如，20世纪八九十年代的人教社出版的高中语文教材，严格按照文体特征来组织单元，分记叙文、议论文、说明文、散文和文言文等单元。而主题单元教学，单元划分的依据是"主题"。前者是以"书"为本，强调的是语文教学的工具性，后者是以"人"为本，更强调语文学习的实践性、体验性和合作性。主题单元教学将语文教学作为一个完整的系统，不仅强调语文知识系统的内在联系，而且更强调学生学习活动和生活诸方面的内在联系和整体发展，它将语文学习中原来零碎的知识体系以及语文课程的人文内涵整合成一个系统。

三、与传统教学相比主题单元教学的优势

主题单元教学，体现了系统思维，关注作为系统的语文教学的整体性、相关性、层次性、有序性和环境适应性，具有以下优势。

（一）可以提高学习的效率

单篇教学，往往只盯着本课的重点、难点。教师或者为了防止遗漏，面面俱到，费时低效；或者迫于课时压力，随意盲目。整体性、层次性和有序性都很差。而单元教学将语文教学作为一个整体，从宏观上把握教学目标和教学内容，对教材进行整合，每个单元围绕同一主题，完成特定的几个学习目标。每一个单元既是一个相对独立的完整的教学系统，又与其他单元相联系，共同构成语文教学这一大系统。学生的整个语文学习有了一个掌握知识、提升能力的科学序列，避免了传统语文学习的无序性和杂乱性。教师整体安排教学计划，学生整体安排学习活动，减少重复劳动，使语文教学从单篇教学的简单重复的恶性循环中解脱出来，提高了学习的效率。

（二）增加学习内容的广度

一直以来，我们的语文教学都忽视了语文学科丰富的课程资源，仅仅局限于语文课本，教语文变成了教教材，隔绝了语文与生活实践的联系。新课程标准提倡语文教学与生

活实践相结合，实现课内外衔接。主题单元教学运用相关性和环境适应性原则，关注学习资源的整合和生成。将社会生活纳入学生的学习内容，在整合教材的同时，吸纳丰富的课外资源，努力拓展语文学习的外延。学习内容可以是教材中的文本，也可以是其他的文本之外和该主题相关的材料。学习内容不仅仅局限于语文这一学科，可以打破学科之间的界限，整合不同学科领域的内容。充分利用各种资源，为学生提供一个良好的学习情境。学生在这样的学习中，可以接触和本主题相关的各种学习内容，真正实现在生活中、实践中学习语文。

（三）体现学生的主体地位

主题单元教学要求学生在学习情境中，运用已有的知识和教师新授的学习方法，进行自主的探讨和学习。在自主学习之后，通过小组讨论、展示和评价等方式，完成整个单元的学习。学生是学习的主体，也是课堂活动的主体，这就充分重视了学生的主体作用的发挥。主题单元教学通过创设一定问题情境，激发学生的学习兴趣。有了兴趣，学生才有求知欲，才能激发学生内在的主动性和积极性，学生的主体意识自然也就被唤醒了。主题单元教学是学生在自己已有的知识基础上进行学习，而且每个单元设计形式不同的学习活动，为每个学生的个性化发展提供了条件和机会。

（四）利于发展新型师生关系、生生关系

在主题单元教学中，教师不仅是学习情境的创设者和学习活动的组织者，还是学习活动中的合作者、欣赏者。教师不再只是传播知识，学生也不再只是被动地接受知识。教师不再是教学活动中的"主宰者"，学生才是"课堂的主人"。主题单元教学有利于构建民主、平等、合作的师生关系。主题单元教学打破了传统教学中单一的集体教学模式，而是广泛采用自主探究、小组讨论和合作学习等新型学习方法，培养和提高了学生的团队精神和沟通能力，改变了传统的生生关系。

第二节 高中语文主题单元教学系统性

在系统思维的理论指导下，在高中语文教学中进行"主题单元教学"是现阶段高中语文教学的需要，也是语文素质教育的需要。"主题单元教学是围绕某一主题开展的一系列学习活动的集合。围绕某个预设主题，进行一个单元的教学设计。"[①] 主题单元教学突破了传统语文教学的旧框架、旧模式，从高中语文教学实际出发，从系统思维的视角来审视高

---

① 宋学婷：《高中语文教学内容的整合运用研究》，吉林人民出版社2019年版，第2页。

中语文教学。用系统论来建立单元教学的整体观，主题单元教学不再停留在一篇课文的挖掘上，其着眼点是"单元"。与单篇备课、教学相比，其更具有思维的整体性、综合性。主题单元教学课程资源的整合与生成，突破了以往教科书结构体系的封闭性，围绕某一主题进行文本拓展，课内向课外延伸，有利于学生开阔视野，丰富学生的知识层面。同时，主题单元教学可以更好地将阅读教学与写作教学结合在一起，从而实现语文学习的高效率。高中语文主题单元教学的系统分析具体有以下几点。

一、高中语文主题单元教学系统的要素

系统的要素是组成系统的各个元素、部分，在教学系统中，教师、学生和教学内容是构成教学系统的必需要素。作为教学系统中的一个子系统，主题单元教学同样也具备教学系统的主要要素。同时，还拥有主题单元教学这一子系统不同于其他子系统所特有的要素，即主题、单元、专题、情境、资源等。这些要素既是主题单元教学系统的要素，又是一个完整的、相对独立的子系统。各要素之间相互联系、相互作用，同时又和外部环境发生紧密联系。

二、高中语文主题单元教学系统的思维

在高中语文教学中，主题单元教学是一种新型的教学方式，它体现了现代化的教育理念，由于这种教学模式尚处于探索阶段，在教学运用上还存有诸多不足，并没有将单元教学实现系统化的整合。为了更好地发挥这种教学模式的效果，教师需要从系统思维的视角出发，正视单元教学的现状，积极进行语文主题单元教学的研究和改进，这也是现代教育发展对教师提出的新要求。所谓系统思维，主要是将系统论作为基本的思维模式而产生的一种思维形态类型，它是人类思维中的一种高级方式，此思维模式中，将认识对象当作系统，并从系统与要素、系统与环境及要素与要素间相互的关系来对认识对象实施综合性考察。此思维模式有效简化了人们对相关事物的理解与认知，让人们从整体对事物进行认识。

（一）主题单元教学系统思维的特性

"在主题单元教学中，具备教学系统主要的要素，且此系统还具备特有要素，如主题、专题、单元、情境和资源等"[①]，此类要素是语文主题单元教学系统的重要部分，同时也是独立和完整的子系统，各个要素间相互联系、相互作用，和外部环境存在紧密的联系。系统思维视角下的高中语文主题单元具有整体性、层次性和相关性的显著特征。

---

① 刘建礼：《系统思维视角下的高中语文主题单元教学研究》，载《语文教学通讯·D刊》（学术刊）2022年第4期，第17页。

1.整体性

在传统高中语文教学中，主要将语文进行识字、释句、讲解课文、背诵等方面的分解，对很多优美课文进行字句和段落的分解。受应试教育影响，要求教学的内容题目化，答案要点规范化。在完成一篇课文的学习后，学生往往只是对零散知识进行被动学习，并没有感受到文本的整体艺术美。而系统思维呈现出整体性的特点，在语文教学中，关注语文教学系统内的各个要素，可以有效提升教学效果。在开展主题单元教学时可以把语文当作整体，关注教学的各要素，从宏观层面对教学目标及任务予以关注，对教材文本及课外文本实施整合，做好教学、练习和活动的衔接，融合课内外资源，运用整体性原理，实现教学步骤的有序和规范，促进对语文知识的整体把握和语文素养的有效提升。

2.层次性

尽管系统具有独立性和完整性的特点，但从更大的视角来看，此系统又是更大系统中的子系统，且每个系统均具有子系统，而子系统的构成要素同样是系统，因此系统就体现出层次性的特征。目前的语文课程系统中，主要包括的子系统有义务教育及高中教育。若将语文教学系统当作大系统，则高中语文教学只是其子系统，高中语文教学系统也包括很多子系统，主题单元是其中的一个子系统。主题单元同样包含许多层次分明的子系统，在每个主题的单元系统内有很多专题，且每个专题内有许多问题，每个问题又包含若干个要素。因此，在主题单元的教学系统中，呈现出明显的层次性。

3.相关性

系统内的各要素存在关联性，系统和外部的环境会有物质、能量和信息方面的交换。教学系统内的教材内容、教学方法、教学主客体等要素间都存在相互作用和有机关联性；语文教学系统与其外部环境同样存在有机关联性，如教学环境和家庭及社会环境，对教学系统存在促进或抑制的效果。在主题单元的教学中，其相关性体现在单元中的每个环节，都需要围绕着单元文本及单元目标进行设计；同时，所有单元内容不仅具有独立性，还要和其他的单元内容具有联系性来共同构建高中语文的教学整体系统。

（二）主题单元教学系统思维的策略

1.确立主题，构建单元

系统思维下的高中语文主题单元教学，需要先确立主题，构建单元，基于系统思维对教材进行整体分析和全面把握，并按照系统思维的相关性原则，对教材文本进行整合，寻找出相近和相关文本，构建相应的单元，对同类的文本进行共性的提炼，设置成本单元的主题。例如，为了强化革命传统文化教育，在对教材实施综合分析后可以选出充分体现革命教育的教材内容，赞扬革命英雄事迹，激发学生的爱国情怀。

2. 分解主题设计单元教学

为了更好地实现主题教育效果，需要对构建的单元进行主题分解来设计单元教学。按照系统的整体性、层次性及有序性原则，可以对单元实施专题分解设计。例如，在"红色教育"主题下，可以设置三个专题："所选课文的阅读鉴赏""作者文章所表达的内涵和思想解读""课文解读学习后的感悟表达"。通过设置不同的专题，体现出层层递进的效果，引导学生对课文内容进行不断深入理解和学习。

3. 创设教学情境

在单元教学的过程中，为了更好提升学生的学习兴趣和学习主动性，教师需要创设教学情境，使其积极主动地投入到学习活动中。创设教学情境的方法是多样的，有问题情境、直观情境和模拟情境等，在单元学习期间，教师可以按照单元教学的不同情境，为学生播放一些相关的背景动画或音频，营造真实的体验环境。

4. 确定教学评价方法与标准

在单元教学中，为了确保达到预期的教学效果，教师需要确定评价方法和标准来对学生的学习进行评价。因为学生的发展是一项系统性工程，所以对学生的评价要按照整体性和有序性的原则进行。对于学生的学习，要注重形成性评价，在单元学习活动开展前，教师需要对学生已经掌握的知识进行检测和评价，了解学生的学习需求；活动实施期间，可以使用讨论评价的方法，检测学生的阅读分析、阅读鉴赏、自主学习、合作学习等各项能力；还可以通过观察法以及师生讨论的方法，对学生实施全程学习的帮助、管理和激励，通过量规实施形成性的评价，并对小组合作的充分性进行评价。

综上所述，主题单元教学是高中语文教学的现代化手段，在系统思维视角下有效实现了语文知识的整体性和系统性联系，对培养学生的语文素养具有重要意义，为了更好地进行主题单元教学，教师需要基于系统思维对语文主题的单元教学不断研究，切实发挥这种教学手段的作用。

三、高中语文主题单元教学系统的属性

高中语文主题单元教学在教学实践中有着明显的系统特性，它同样具备系统观念的重要组成部分：整体性、层次性、相关性、有序性和环境适应性。

（一）整体性

系统具有其部分在孤立状态下所没有的整体特性，"整体大于部分之和"。在语文教学中，教师必须关注语文教学这个系统中的各个要素。偏废任何一个要素，都可能导致语文教学的低效乃至失败。

传统的语文教学，将语文肢解成识字、解词、释句、分段、背诵等方面，一篇篇文质优美的课文被肢解成独立的词语、句子、段落。为了应试，教师把教学内容题目化、答案要点规范化。学完一篇课文，学生只是被动地注入了一些零散的知识点，根本无法理解文本整体的艺术美。有的语文教学只顾一点，而忽略其他。学生语文素养的形成与发展是语文教学的根本目标。要想实现这一目标，就要提升学生语言文字的理解和运用能力。只注重教育学生要懂得珍惜亲情而忽略了作为语文教学的使命，这样的课堂并不是好的语文课堂。另外，传统语文教学中读写分离、课内阅读与课外阅读分离是语文教学亟须解决的问题。

运用系统思维中的整体性原理，主题单元教学将语文教学作为一个整体，关注语文教学中的各个要素，从宏观上把握教学目标和任务，整合教材中的文本和课外阅读文本，整合教学、活动、练习，整合课内资源与可链接的、丰富的课外课程资源。如果教师能正确运用整体性原理设计有序的教学步骤，那么就可以帮助学生整体把握语文知识，提升语文素养。

（二）层次性

所有的系统都是一个独立的、属于大系统内部的完整的子系统。每个系统都具有自己的子系统，而子系统又有它的构成要素；构成系统的要素本身也是一个系统，如此形成了系统的层次性。

现行基础教育语文课程系统包含义务教育和高中教育两大子系统。把语文教学系统看作一个大系统，高中语文教学就是它的一个子系统，而在高中语文教学系统的下面又有若干子系统，高中语文主题单元教学就是其中之一。而且，高中语文主题单元教学也是一个层次性分明的系统。每个主题单元系统包括若干个专题，每个专题又包含若干个问题，每个问题又是由若干要素组成的。所以，主题单元教学是一个独立的、完整的系统，同时它又属于语文教学系统中的一个子系统。这就是主题单元教学的层次性。

（三）相关性

系统内部的各个要素之间是有机关联的，同时系统同外部环境之间产生物质的、能量的、信息的交换。构成教学系统的教材、教学方法、教学模式、教师和学生等各要素之间是相互作用、有机关联的。同时，语文教学系统和它的外部环境之间也是有机关联的。具体到主题单元教学，它的相关性主要体现在单元本身就是将相关的文本整合成一个个教学单元。单元中每一个环节都是紧扣单元文本和单元目标设计的，即使是拓展环节和活动课也必须与主题相关。同时，每一个单元的内容既是一个相对独立的教学系统，又与其他单元的内容相联系，共同构成了整个高中语文教学系统。主题单元教学选择贴近生活的主题，提供各种各样的课外学习资源，开展各种学习活动和实践，极大地拉近了语文与生活的联系。

（四）有序性

　　系统的有序性，是系统内部的诸要素以及同外部环境的有机联系与层次结构的反映，稳定的联系构成一定的层次结构，形成系统的有序性。主题单元教学在组织单元时，按照语文知识与能力发展的顺序，由浅入深，由难到易，由知识的记忆到能力的提升。每个主题单元都是由若干个专题组成的，这些专题的安排顺序是由浅入深、由基础到深入的。对学习内容进行整合，对各单元进行合理的分工，每一个单元的内容既与其他单元的内容相联系，又是一个相对独立的教学单位。为学生在整个高中语文学习阶段掌握知识、提升能力提供一个科学的序列，避免了传统单篇教学的无序化状态，体现了循序渐进的教学原则。

（五）环境适应性

　　教育是一种社会性行为，语文是与社会时代关系最紧密的学科，所以不可避免地与外界发生着频繁的信息交流。语文教学系统和外部环境之间是密切联系的。教学环境、家庭环境和社会环境都会促进或抑制教学系统的发展。影响语文教学的环境因素包括班级、学校、家庭这些小环境，也包括社会这个大环境。校风、班风、学风，家庭教育、父母行为、家庭条件，社会风气、导向性、重视程度，这些都是影响教学的外部环境。主题单元教学的一个重要环节就是创设单元学习情境，为学生学习创造良好的环境。主题单元教学打破了教材与课堂的束缚，从生活中寻找学习资源，使语文学习面向生活、面向社会。因此，在学习过程中，学生应更加重视环境对学习的作用。

　　教学的过程不是一个一成不变的过程，它是随着各种外在及内在因素的变化而不断调整的。主题单元教学要有一个良性的发展，必须与环境相适应，例如，主题单元中的文本选择要有时代性。所以，高中语文主题单元教学作为一个系统，必须是开放的，广泛地与外界环境进行交流的同时，不断地进行自我调整，以适应新的环境。

第三节 高中语文的主题单元教学构建

高中语文主题单元教学具备整体性、层次性、相关性、有序性与环境适应性等系统特征，因此在进行教学构建的过程中，应该时刻注意调整各个系统要素的组成关系，遵循系统化原则与策略，从而能够更好地达到设计中的教学目标，完成课程目标。

一、高中语文的主题单元教学构建目的

高中语文主题单元教学构建的目的是适应时代发展的要求，适应课程改革对高中语文教学的要求，满足现代社会对人才的需求。

（一）符合现代社会对人才的需求

传统的语文教学重知识落实，轻能力培养；重课内传授，轻课外实践；脱离实际，远离现实生活，难以适应时代的需要。现代社会所需要的是高科技、高素质的创新人才，知识更新周期缩短，人们必须不断学习，实现终身教育。所以，现代学校教育必须培养能自主学习、会团队合作的学生。为了满足现代社会对人才的需求，运用系统思维，在高中语文教学中使用主题单元教学势在必行。

整体性是系统最基本、最核心的特性。主题单元教学运用系统思维，整合教材内容，努力拓展语文学习的外延，充分吸纳课外丰富的语文资源，将课本与生活相结合、理论与实践相结合。主题单元教学将学生的语文能力与素养的提升看作一个系统工程，多采用自主、合作、探究的学习方式；单元活动注重培养学生的自学能力和团队合作能力，关注人的精神层面在实践活动中的发展。主题单元教学有利于培养学生的自学能力、合作精神、开放的思维方式和创新精神，满足了时代发展对人才的需要。

（二）适应新课改需求，落实新课程理念

高中语文主题单元教学在系统思维指导下构建，是为了更好地落实新课程理念。主题单元教学以一个单元为一个系统，引导学生从整体入手，整体把握。主题单元教学打通了课内与课外，重新整合教材，尝试进行课程内容与课程结构、评价方式的改革。每个单元由若干个专题按照一定的顺序排列，形成一个教学序列。在教学活动中，充分体现以学生为主体，注重学生能力的培养。每一单元的学习都做到读写结合，实现学生语文素养的全面发展。因此，主题单元教学能够更好地落实新课程理念，完成语文教学的"三维目标"。

高中语文主题单元教学的构建满足了新课改对教师的要求，促使语文教师转变教学理念。主题单元教学是一种全新的教学形式，它要求教师以新的教育理念指导语文教学。教

师要有系统思维，能整体规划教学目标、教学内容、教学过程以及评价标准，能根据内容的不同特点，设计不同类型的主题单元。在主题单元构建中，要将学生放在主体地位，围绕着学生的发展与成长设计教学目标和有序的、有层次的教学环节。因此，教师要转变角色，从教学的主导者转变为引导者、学生学习的协作者。

二、高中语文的主题单元教学构建策略

从系统思维视角来看，主题单元教学系统要素除了教师、学生这两大主体外，还包括主题、情境、资源、评价等系统要素。主题的选择、教学环境的营造、学习资源的提供、学生小组的组建与分工合作、学习方法的指导、学习成果的展示与评价等直接影响着教学目标的实现情况。

（一）创设语文教学情境

主题单元教学是一个开放的系统，它不断地与外界进行信息交换，并随着各种外界因素的变化而不断调整。创设单元学习情境、为学生学习创造良好的环境是主题单元教学的一个重要环节。教学情境是指教师在教学过程中创设的情感氛围，它是作用于学习主体，产生一定的情感反应的客观环境。它是为了激发学生的情感和思维，对一定事件的形象描述，或者设置、模拟一定环境。教学情境是教学系统的重要因素，不仅仅是每节课的导入语或开场白，而且是贯穿整个学习过程的学习环境，与学习的最后成果紧密相关。

情境的创设要符合学生的认知发展规律。良好的情境创设是提高教学效果的重要手段，不同的情境类型在不同类型内容的学习中所起的效果也是不同的。所以，要根据单元内容和教学目标选择合适的情境类型，创设适合不同学习者特征的多样情境。

（二）配置语文教学资源

支持教学活动的各种资源可以分为人类资源和非人类资源。在这里谈到的是非人类资源，主要包括各种媒体和各种教学辅助设施。从系统思维的视角来看，资源是主题单元教学系统中的一个不可或缺的要素。同时，主题单元教学的资源是为教师的教和学生的学服务的。在主题单元教学中，常见的教学资源有案例（教案、学案、学生作品等）、课件、文献资料、媒体素材（动画、音频、视频）、量规等。

（三）设计语文教学评价

学习评价是根据明确的目标，采用科学的方法，对测量数据按照一定的标准进行量化，并对量化的结果做出价值性的判断。从系统思维的视角来看，学习评价也是一个系统。它包括被评价者、评价者、评价标准、评价方式等多个要素。在评价设计中，同样要

遵循各种系统性原则。

按照评价功能和教学阶段可以分为诊断性评价、形成性评价和总结性评价三种类型。主题单元教学对学生的评价遵循整体性原则，不仅关注学生的学业成绩，而且还注重发现和发展学生多方面的潜能。当然，并不是所有的学习环节都需要评价，评价并不需要面面俱到。

在构建主题单元评价系统时，先要分析单元的学习目标和主要的学习活动，找出影响整个主题单元学习计划执行和学习目标实现的主要学习环节或成果，选择本单元中最能体现教学目标的学习成果或最有可能影响目标实现的学习环节。一个主题单元中要设计多种形式的多次评价，评价要贯穿整个主题单元教学的始终。

第四节 高中语文的主题单元教学实践

一、高中语文的主题单元教学实践方法

第一，整合教材内容，确定主题。高中语文课程资源丰富，教材内容庞杂，教师要运用系统思维，通观高中三年教材，并进行整体规划。根据系统思维的相关性原则，整合教材中的文本，寻找相似、相近、相关的文本组成一个单元，从这些文本中提炼出共性，将其作为本单元的主题。在这一主题的指导下，再进一步整合课外材料，并将其作为本单元的学习素材。当然，主题的选择和确定也可由学生来选择，或者师生共同选择。由学生参与主题的选择，学生会有更高的学习热情。如果主题是完全由学生选择的，那么教师要引导学生紧扣课程来进行，不可脱离语文课程。

第二，确定学习目标、教法与学法。确定学习目标这一步骤本质上与其他教学方式是一样的，只是作为单元教学，要将整个单元作为一个大系统，确定单元的教学目标，同时还要确定这一大系统下的子系统，即各个专题要达到的小目标。教法和学法并不排斥传统的方法，但更注重有利于培养学生的系统性思维、自主学习能力、探究能力和合作能力的教法和学法。

第三，分解主题，设计单元教学环节。根据系统的层次性原则，为实现单元学习总目标，分解主题，从不同的角度和方面设计相关的专题，然后再将专题进一步分解，设计主题单元的各个具体的教学环节。在设置教学环节时，要注意做到紧扣单元主题，同时也要做到顺序合理，由浅入深，由易到难，由教师引导学习到学生自主学习。

第四，创设学习情境。遵循系统思维的相关性原则，根据单元内容，针对学情，选择创设合适的学习情境。

第五，确定评价方式及评价标准。主题单元教学要走出传统教学只注重结果的误区，更多地关注学生的发展过程。在这一方面，教师首先要根据教学目标和教学环节，选择本单元中最能体现教学目标的学习成果或最有可能影响目标实现的学习环节作为评价对象，然后选择、制定合适的评价方式和评价标准。主题单元教学中的评价往往不止一次、不止一个方面，所以要根据不同的评价对象和评价目的选择不同的评价方式。而且，评价标准要明确、科学、合理。在主题单元教学中，最常用的评价工具是各种评价量规。评价量规的制定要根据教学目标来设计不同的准则，描述量规的语言要具体、清楚，层次要鲜明，要有可操作性。量规的制定尽量让学生参与其中，学习小组也可以制定本小组的评价量规。评价量规可以在评价环节提供给学生，也可以在单元学习之初就展示出来。在学习之初让学生了解评价的方式和评价的标准，对学生的单元学习具有引导性，有利于学生明确学习目标和方向。

第六，准备单元学习资源。主题单元教学中的学习资源包括信息资源、工具资源、人力资源和环境资源等。现在的主题单元教学中最常用到的资源有以校本教材形式提供的拓展阅读材料、音频视频资源、网站资源、各种工具资源等。主题单元教学离不开资源的支持，丰富的学习资源不仅有助于拓展学生的知识面，有助于学生更好地完成学习目标，而且有助于培养学生的现代化技术和能力。

二、高中语文的主题单元教学实践须注意的问题

（一）加强系统思维，转变教师观念

主题单元教学需要教师有较高的自身素质，需要教师具有系统思维，能够运用整体性、层次性、相关性、有序性和环境适应性原则，设计安排单元教学；主题单元教学需要教师拥有对文本较强的解读能力、对同一主题内容的综合能力以及拓展能力，需要教师投入大量的精力与物力；主题单元教学需要教师具有新的教育理念，课程改革要求教师要从"教教材"转变为"用教材教"，能够灵活运用教材，创造性地使用教材，适当地对教材文本进行整合重组，敢于自编校本教材。

主题单元教学与传统的逐篇课文学习相比更具挑战性。单课教学目标落实时间相对较短、较细，主题单元教学课时周期长，在教师心目中不如单课教学稳当。在高考压力下，有部分教师不敢尝试。要想改变这一教学现状，高中语文教师要抛弃应试观念的影响，敢于打破已熟悉的教学模式。

（二）教学主题选择紧扣学科的特点

主题单元的选题看似是很宽泛的，但是如果像某些教材那样完全按照社会生活主题组

织单元教学，只重视语文学科的人文性特点，而忽视语文学科的工具性特点，那么就会造成"泛语文化"的问题。因此，主题单元的选题必须遵循系统的相关性原则，遵循语文学科自身的规律，在选题时需要注意以下方面。

第一，选题要符合课标要求且立足教材。课程标准是教师教学的立足之本，主题单元的选题必须以课程要求为根本依据，教师不能"唯教材论"。但是，由专家组精心设计的教材，在紧扣课标和立足教学大纲这两方面，比其他资料要好得多。当然，立足教材并不等于拘泥于教材、局限于课本，而是要有所超越，打通课内外，甚至跨越学科。

第二，选题要考虑主题单元的集中性和相对独立性，以及各单元之间的联系性。每个单元自身是相对集中的，是一个独立的系统，每一个专题和问题都是要紧扣主题来设计的。单元与单元之间相对独立，又相互联系，都是高中语文教学这一大系统中的存在关联性的小系统。因此，教师在选题时，要运用系统性思维，通观三年的学习，考虑每个单元的知识与能力目标如何在教学中有序地、有层次地完成。换言之，在选题时要考虑系统的整体性原则、有序性原则和层次性原则。

主题单元注重学习内容的开放性和综合性，因此在选题时不会局限于本学科和教材。但是，教师必须严格按照课程标准和考试大纲的要求组织教学，拓展延伸必须基于语文教学的基础。

（三）拓展课、活动课不能流于形式

主题单元教学是一个完整的系统，每一个环节都必须围绕单元主题展开，各个环节之间必须是相互联系的。

课程改革之后，语文课堂的拓展环节和语文活动课的形式越来越丰富，课堂上是否有拓展、拓展和学生活动是否精彩、形式有没有新意成了评价一堂语文课是否成功的标准。为了追求新意，出现了为拓展而拓展、为活动而活动的现象，许多拓展、活动与课堂教学内容缺乏联系，缺少整合。架空文本、忽视了学生对语文知识和能力的掌握、只追求形式成了语文课堂新的误区。

拓展和活动是主题单元教学这一系统中两个重要的环节，是与单元文本和单元目标紧密联系的。拓展要有度：一是拓展的内容难易程度要适当；二是拓展的内容要与主题、教学目标、单元文本有紧密的关系。题目太难或太空泛，学生都无法完成，于是就成了无意义的拓展，而拓展要与单元学习的文本和学习目标有较密切的联系，要遵循系统思维的相关性原则。

活动课的设置可以很好地体现语文课程标准所倡导的自主、合作、探究的学习方法。所以，活动课在课改后被教师广泛开展。但是，主题单元中的活动课是由课内向课外延伸的，必须具有"语文性"，要紧扣单元主题。活动课只是为单元学习提供一个学习平台，创设一个单元学习的情境，因此要以提高学生的语文能力和素养为落脚点。

（四）评价教学单元主体要有科学性

课程标准提倡评价主体多元化，使评价成为学校、教师、学生、同伴、家长等多个主体共同积极参与的交互活动。课程标准也提醒，"课程评价有多种方式，每一种方式都有其优势和局限，都有适用的条件和范围"。现在，教师们越来越注重形成性评价，但是在教学实践中却出现了评价烦琐化问题，评价量表过于琐碎，为了记录量表，冲淡了甚至影响了正常的学习和教学的现象时有发生。因此，制定评价量规，提高评价效率，要注意以下问题。

第一，紧扣单元主题和学习目标。要依据学习目标的预设要求，划分、确定评价量规的若干评价项目；要充分地研究学生的认知特点、学生的能力基础，评价项目不能脱离学生的实际，要求不能过高。

第二，等级描述要具体。等级描述要具体，各个等级间的差异要明显，这样才能保证量规的可操作性强。

第三，根据学生能力发展，需要有针对性地分配评分权重。在此过程中，每一个评价量规的权重分配最好采用百分制或十分制。

第四，师生共同研究、确定学习任务完成的方式，共同设计评价量规。在实际操作时，要根据实际情况及时调整量规，使之更好地为主题单元教学服务。

综上所述，高中语文主题单元教学作为一种新的教学方法，在实践中不可避免地存在一些问题，这需要高中语文教师不断加强理论学习，特别是系统论的学习，在实践中不断摸索、不断改进，使高中语文教学更加科学，更好地为时代发展服务。

第五章　高中语文教学方法——学习创新

第一节 高中语文教学的合作学习方法

合作学习是以合作学习小组为基本形式，系统利用教学中动态因素之间的互动，促进学生的学习，以总体成绩为评价标准，共同实现教学目标的教学活动。高中语文教学应兼顾培养学生的合作能力，通过合作式学习方法来建立学生的合作意识，提升学生的合作能力。

一、高中语文教学中合作学习的原则

在高中语文教学中开展合作学习时，应运用恰当的教育教学手段，调动学生的主观能动性，优化课堂教学结构，提高课堂教学效益，全面提高学生的综合素质，具体而言，应遵循以下原则。

（一）主体性原则

在高中语文教学的合作学习中，主体性原则是在小组的合作过程当中要尊重学生学习的主体性、能动性以及学习自主性、学习创造性，要让学生在小组学习中积极地、主动地发表自己的意见。教师需要注意的是教学活动当中的学生不只是被管理对象，与此同时，他们还是管理的主体，教师应该充分激发学生的能动性，让他们自主管理小组、管理教学活动，让他们自主解决遇到的问题。

语文合作学习中主体性原则的应用主要涉及两个内容：第一，学生的主体性必须得到充分的尊重，学生必须在课堂活动中发挥自己的作用，课堂活动也必须把学生看作主体，学生应该拥有独立的人格、独立的决策，要有自己的学生观、价值观；第二，教师应该为学生主体性的体现创造条件，引导学生形成自己的主体性人格，也就是学生主观上愿意进行自主性的选择，打破外在因素的限制，这个过程是从自发到自觉的转变，让学生自觉地参与课堂活动、课堂管理，充分发挥主体性，在这样的情况下学生的求知欲必然会增强，学生会把知识的学习和了解当作一种探索，会获得学习的乐趣，逐渐进入学会和会学的境界，与此同时，学生的合作意识、合作技能也得到了提高，合作学习的模式也能够持续发

展下去。

（二）师生合作原则

师生合作原则是在课堂学习过程中，学生和教师对彼此依赖，两个课堂主体是相互促进、共同发展的关系。师生合作的特征是通过合作谋求共同发展，师生合作的中心是教师和学生之间的交流互动。教师和学生讨承担起自己在合作中的责任，形成合力。课堂是非常活跃的整体，在课堂中的每一个人都要担负起自己的责任，不能将自己置身于课堂之外。语文教师是课堂的管理者，不仅要维持课堂的秩序、安排任务，还要推进教学进度；学生是课堂真正的主人，既要管理课堂，也要管理好自己。两个主体对课堂的责任存在关联，没有一个主体是独立的，在主体之间建立合作关系能够让课堂更加完善。例如，学生对课堂的管理有助于学生提高自我管理水平，也有助于教师提高自己的管理能力，与此同时，还能够提高教师和学生自身的责任意识，而且教师对学生管理方面的指导能够让学生更加积极地参与到管理当中。师生之间的合作意味着在课堂中彼此地位的平等、彼此权利的平等，也意味着彼此都要承担课堂的责任，要遵守课堂规范，而且要不断地交流沟通，促进彼此的合作。

（三）成功机会均等原则

成功机会均等原则是在小组学习中，学生通过自身成绩的提高对小组成绩提高做出贡献。这样的学习模式参考的是学生以往的成绩，属于标准参照性，和传统的常模参照性不同，这种模式的优点是优等生、中等生、差等生都能发挥自己的作用，因为小组重视的是每一位成员的贡献，这有利于所有学生的共同发展。现代教育注重的是每一位学生的成长，强调学生应该享有平等的学习权利、成长权利。异质小组的合作学习尊重不同学生的差异，这对于学习困难的学生有非常大的帮助，需要注意的是在建设这样的学习小组时，教师要做好优等生和学困生之间的搭配，要发挥优等生的学习带动作用，帮助学困生学习，激发学困生学习的动力，并且传授学困生学习的方法。除此之外，教师还应该在合作之初设置好基础分数，并且在未来的学习中以学习提高分来评价学生，这将会很大程度地激发学困生的学习动力，让他们获得学习成就感，这很好地保护了学生的学习兴趣。

（四）小组激励评价原则

全新的评价理念强调的是学生学习主体地位的体现，评价可以让学生正确认识自己，有针对性地在某些方面提高自己，除此之外，评价理念还强调进行形成性评价，这种评价方式能够增强学生的成就感和自信心，还能够培养学生团结合作的精神。合作学习不会过于关注学生个人的成绩，会将团体的成绩作为学生是否获得奖励的依据，对学生进行的相关评价、相关奖励会依照小组总体成绩为标准，合作学习模式的存在使得学生个人之间的竞争变成了合作小组的竞争，小组之间激烈的竞争会反过来促进小组内部成员的合作，能够让小组中的每个人都各尽其能，能够最大限度地激发个人的潜力。而且相比于学生个人的努力和奋斗，小组形式的努力能够让学生体验到更多的乐趣，有助于培养学生的合作精神，提高学生对合作的积极性。

（五）相互依赖原则

第一，目标上的相互依赖。小组学习的目标是相同的，教师会分配给小组一个或者多个学习目标，学习目标的完成需要小组内部成员的共同努力，这样的学习模式会让小组内学生的学习动机明显增强，之所以会产生这样的效果是因为个人不代表自己，代表的是小组集体的荣誉，会促进学生动机的增强，让学生想要完成教学任务，会让学生尽最大能力地完成小组的共同任务。

第二，资料上的相互依赖。高中语文教师应该分发给小组成员不同的语文资料，小组中的成员不应该拥有所有的资料，这是为了让学生之间加强分享、加强交流，只有通过交流才能获取所有的资料，才能完成任务。

第三，角色上的相互依赖。小组内成员在分担角色时应该让每个人承担不同的角色，角色的分配可以由教师指定，也可以由小组成员自行决定，角色之间要有联系、有互补。承担某一角色的小组成员必须承担角色的责任，每一个人都有自身角色的任务，所以保证了每一个学生参与交流和活动的机会，避免在课堂活动当中有人被遗忘。合作学习直接或间接地提高了学生的责任感、归属感以及自尊感，激发了学生为集体服务的动力，而且小组学习的形式有效地降低了学习焦虑，学生更愿意表达自我，更愿意尝试，更愿意创新，有利于学生创造力的提高。

第四，奖励上的相互依赖。如果小组成员表现优异，那么整个小组都会获得活动奖励，也就是合作小组成员成绩是共享的。

（六）最小干预原则

最小干预原则即当正常课堂行为受到干预时，应该采用最简单的最小值的干预纠正违规行为。如果最小值的干预没有发生作用，可逐步增加干预值，主要目的是既要有效地处理违规行为，又要避免对教学产生不必要的干扰。干预的结果，应该是尽可能使教与学的活动继续进行，使违规行为得到较好的控制。如果让那些出现了行为问题的学生成为教室里的注意力焦点，他们反而会获得成就感。有经验的高中教师通常会以不太引人注意的方式来处理学生的行为问题，可以在自己的讲课中把学生的名字带进去，被叫到名字的学生自然会得到提醒，而其他学生则可能不会觉察出问题。

（七）有效指导原则

合作学习方法需要教师把学习的主动权重新交到学生手中，让学生有自主构建学习时间和学习空间的权利，让学生的思维有更多发展的机会，让学生能够进行自主学习。将学习主动权归还给学生并不是要削弱教师的作用，反而教师的指导作用得到了增强，要重视有效指导原则。教师必须发挥出自己作为课堂组织者、引导者的作用，要掌握教学的各个环节，教师和学生之间更像是合作的关系，教师不可以过度干预学生对学习问题的思考，但是又不可以对学生遇到的困难置之不理。

二、高中语文教学中合作学习的管理

（一）确定合作学习目标与任务

合作学习有共同的目标，在高于语文共同学习的过程中，教学目标要有一定的情感功能，要追求知识学习、技能学习、情感交流的均衡，学习小组的目标应该由教师制定，在制定好目标后，每一个小组成员都要遵守。合作小组中的成员在完成个人目标后，还要帮助小组内其他同学完成目标，只有这样才能完成他们共同的小组任务。

（二）制定合作学习的相关规则

合作学习规则过程要能够约束和规范合作小组的学习，能够让高中语文教学更加规范，也能够让学习效率得到有效的提高。一般而言，合作学习规则主要涉及五个内容：一是自我管理，始终在自己的座位上，控制好自己的音量，不打断别人，不说废话；二是听人发言，在别人说话时不插话，记住别人的说话要点，给出合适的评价；三是自己发言，发言内容要包括自己的独立思考，要条理清晰、表达清楚；四是互帮互助，既要帮助同学，也要虚心向同学请教；五是说服别人，要保持自己的态度，对别人的看法提出质疑，但是态度要诚恳，要用道理让别人认同。

（三）选择最佳合作时机与内容

第一，选择最佳合作时机。要根据高中教学实际需要，把握合作学习的时机，尤其是在教学任务较多或需要突破重点难点的时候，在学生意见产生较大分歧或思维受阻时，都可以组织合作学习。选择最佳合作时机不仅可以调动集体的智慧，每个同学都能参与，掌握了相关知识和技能，还让每个学生感受到个人和集体的力量，认识到合作是必须的，充分体会到合作的优势，感受到合作的意义，享受到合作成功的愉悦。

第二，选择最佳合作内容。合作学习的内容要适合学生交流思想，任务应当具有一定的难度，具有合作学习的价值。学生通过自主学习无法完成或无法较好地完成的内容，可通过合作学习让学生相互帮助、相互讨论、相互交流能够完成或更好地完成。

（四）确定合作学习中学生责任

小组学习过程中会有能力强的学生特别愿意完成任务，为了避免能力强的学生替代其他同学完成任务，教师可以将学习责任分配到具体个人。

首先，责任承担。小组在有了共同的目标之后，应该将目标分成不同的小目标，每一个人都要承担一个小目标，最终小组目标完成的程度取决于每一个同学完成小目标的质量。

其次，随机提问。指的是从小组成员当中挑选一个随机提问，并且对他的回答做出评价，他的评价代表小组活动的整体评价，因为提问是随机的，所以每一个人都有可能向老师展示活动成果，这就使得成员积极地参与活动，否则会影响小组荣誉，这种集体荣誉感造成的压力能够让成员认真参与活动。

最后，个别测试。在集体讨论的时候，成员之间是可以交流的，可以互相帮助，但是当老师检查学习成果时，学生必须独立完成，并且以学生的个人表现当作小组的成绩，这种测试方式能够让学生失去小组的保护，让他无法逃避学习的责任，而且如果学生积极学习、积极参与，就能获得较好的成绩，能为小组赢得荣誉，这有利于学生积极性的提升。

（五）发挥合作学习中组长职责

高中语文教师在分好小组之后，应该选出小组长，小组长的任务是维持小组纪律，分配任务，安排和组织集体讨论，做好任务总结等。在最开始展开合作学习时，小组组长应该选择人缘好的、有能力的、在学生当中有威信的同学，与此同时，教师也应该对小组组长展开培训，给予他们一定的管理权力，但是也要避免他们利用权力垄断小组任务，要监督他们，让他们正确使用权力。

（六）促进合作中学生自我管理

真正有效的管理是学生自我的内在管理，语文课堂既然是教师与学生的共创，那么学生同教师一样，也是课堂中具有独立精神意志的主人。而且，高中语文课堂活动的最终目的是促进学生的健康发展，离开了学生的参与、支持与合作，课堂管理便失去了意义。内在管理强调学生积极主动地参与，在参与过程中形成自主意识和责任感，从而激发其主动和创造精神。内在管理不仅能提升课堂管理的效益，而且能发挥学生的聪明才智，有利于他们的成长和发展。

（七）不轻易调换合作学习成员

高中语文合作学习过程中，小组的创造力并不取决于个别的小组成员，而是取决于小组成员之间的交流方式、互动方式。一般在合作初期都会出现合作不顺利、不友好的情况，也会有个别成员希望调换合作小组，教师对个别成员的这种要求处理一定要慎重，不要随意地更换小组成员，因为随意地更换小组成员会导致学生无法学习到和他人的沟通技巧，出现问题最好的方式是解决问题。教师应该合理安排小组成员的组成，例如，对于独来独往的同学，教师可以将它安排在人缘比较好、乐于助人，并且非常受欢迎的同学身边，这能够有效地保证学生不被孤立、不被遗忘，能够保证他们进行充分的交流学习。

（八）教师进行必要的督促与介入

高中语文教师应该介入合作学习的全过程，并且要督促学生的合作，高中语文教师对合作的介入和管理包含非常多的内容，例如，观察学生解决问题的过程，如果学生遇到难题可以暂停活动，给学生做出一定的指导和示范；对于表现好的小组要给予表扬引导，其他学生会主动效仿良好行为。教师的介入是为了让学生掌握正确的合作技巧，在学生遇到难题时提供帮助，通常情况下，如果出现了以下情况，则教师要参与到学习活动中。一是如果同学不了解任务，教师一定要介入，对任务进行解释。二是教师要时刻观察学生的任务完成过程，如果小组顺利地完成活动任务，那么教师要及时地给出表扬和奖励。教师也可以在结束之后介入小组讨论，保证每一位成员都参与小组讨论。如果小组完成任务的进度缓慢，则教师也不要急于介入到小组讨论中，可以先观察一段时间，如果遇到的难题实在无法解决，教师再进入小组指出问题，给出问题解决的思路，需要注意的是，教师不能直接给出答案，而是要引导学生寻找答案。三是教师要维持讨论的纪律，如果某一个小组的声音过大，那么教师要对小组的这一行为及时制止，教师也可以让小组成员位置更加靠近一些，这能够有效地降低他们讨论的声音。

在合作小组开始讨论之前，高中语文教师需要告知学生合作需要的技能，还要训练他们的合作技能，但是在合作开始之后，还是会有同学无法真正地使用合作技能，这个时候语文教师需要参与到合作中，帮助学生更好地掌握学习方法，更有效地使用学习技能。如果教师发现小组讨论的内容和主题相互脱离，那么教师应该及时制止并且为小组的讨论指明方向；如果合作学习已经进行了一段时间，那么教师可以询问某一小组的具体进度，了解学习任务的完成情况；如果有小组完成了学习任务，那么教师应该检查任务是否真正完成，如果确实完成了学习任务，那么教师可以让小组成员自由活动，也可以让小组成员自由选择帮助其他的小组完成任务。

（九）对学生期望的行为给予关注

高中语文教师应该对他期望的课堂行为给予特别的关注，老师的特别关注会引发学生的效仿。举一个相反的例子，有些教师会在课堂中提醒不认真听课的学生，有的时候会点名批评不认真听课的学生，但是教师严厉批评的结果是其他的学生争相模仿不认真听课学生的行为，这是因为他们想引起教师的注意，教师的批评反而引起了和预期目的相反的效果。在同学比较多的合作课堂中，教师应该引导学生，让他们清楚明白地了解教师期待哪些课堂行为、哪些课堂行为是有价值的，比如教师应该告诉学生认真倾听别人的表达，按照顺序发言，不要打断其他同学的发言，除此之外，教师还应该对符合他期望的小组给予表扬，例如，如果教师希望讨论的声音小一点，那么教师可以对讨论声音大的小组不给予关注，对讨论声音小的小组给予表扬和关注。与此同时，教师要给出表扬的原因，这能够在很大程度上引发别的小组的效仿，进而实现教师想让讨论声音小一点的目的。

（十）正确处理合作学习中的关系

第一，正确处理个人学习和合作学习的关系。高中语文小组合作学习的目的是把小组中的不同思想进行优化整合，把个人独立思考的成果转化为全组共有的成果，以群体智慧来探究问题、解决问题。因此，有效合作学习的前提就是个人学习，合作学习应该建立在个人学习的基础上。学生对学习内容获得较为全面的把握后，上课时有备而来，带着问题、带着思考、带着求知的兴趣进入课堂，也才有可能在与他人合作时有话可说，有感而发，才能避免以个别学生的思维代替其他学生的思维。而且每一个学生领悟和探究的视角又各不相同，更易于激发在相互交流时思想的碰撞和思路的拓宽，提升合作学习的效果。当然，也便于教师及时了解学生的疑点、难点，更有针对性地组织教学，促进学生更高层次思维的发展。

第二，正确处理竞争与合作的关系。竞争与合作是对立统一的关系。两者既相互区别，又紧密联系，都是最基本的社会互动形式，永远不能孤立地存在。与合作相比较，在没有引导的情况下，人们更倾向于选择竞争的行为方式。语文教师可以在小组内部和小组之间引入竞争的机制。在小组内部提倡竞争，可以充分激发学生的潜力，使学生能够积极参与小组合作学习。值得一提的是，小组内部的良性竞争，并不会影响到小组成员之间的合作，它们都是基于小组合作学习共同目标的实现，竞争只是在小组内部形成一种比赛的氛围，目的是为了实现小组合作效率的提高。而在小组之间引入竞争机制，则有利于促进学生的小组意识，形成集体荣誉感，小组成员彼此之间相互帮助、共同抵抗外界的压力。

第三，正确处理教师和学生的关系。在合作学习过程中，始终坚持一个原则——学生是合作学习的主体。因此，合作学习更加注意学生的心理需要，把教学的重点放在学生的"学"上。此时，教师的作用更加重要，责任更加重大。高中语文教师要进行知识讲授，要引起学生学习的兴趣和动机，要促使每一个学生获得最大限度的发展，还要善于协调各小组的活动，对学生和小组进行认可或奖励，促使学生主动掌握知识、发展能力。

第二节 高中语文教学的自主学习方法

自主学习是学生在教育者启发、指导下，充分发挥自己学习的主体作用，在学习的整个过程中对学习的各方面，包括学习情绪、学习策略、学习方法与技术等做出主动的调节、控制，从而完成学习任务的过程。高中语文教学中要重视自主学习方法，"只有提高了学生的自主学习能力，学生的语文学习才会变得越来越高效"[①]。

一、高中语文教学中自主学习的原则

（一）目标性原则

自主学习的语文教学管理应当有正确而明晰的目标，它向教学目标的实现提供保证，最终指向教学目标。目标本身具有管理功能，直接影响和制约师生的课堂活动，能起积极的导向作用。并且，目标使学生成为积极的管理者和参与者，对于发挥学生自觉的求知热情，增强学生自我管理能力，也具有积极意义。

在高中语文教学过程中，教和学的活动先要确定好准确适度的目标，使知识的难度恰好落在学生通过努力可以达到的潜在接受能力上，从而不断构建新的知识结构。在这种目标的适度要求下，教材的处理、教学方法的运用、教学过程的每一环节，都要体现学习目标。只有树立目标意识，教师的教和学生的学才会同步提高。

激发学生自主探求的兴趣和欲望，这是构建高中语文自主学习方法的核心要素。如果让学生根据自身的情况，在教师的帮助下确定对自己有意义的学习目标，自己确定学习进度，那么学生的学习兴趣肯定非常浓厚。让每个学生在课堂中充分行使自己的权利，充分享受学习的乐趣。这就给了学生自由选择的权利，为他们提供了主动探究的空间。

（二）自主性原则

高中语文教学实践的特殊性要求教师必须具有创新意识，必须全方位确立学生的主体地位，充分调动学生的积极性，注重学生个性的培养。现代教学理论认为学生是学习活动的主体，也就是要让学生自主学习。

在语文教学过程中，一方面，教师要创造机会，乐于放手。要积极为学生提供自由思考的时间和机会，为全体学生创设一个主动探索的空间；另一方面要相信学生，敢于放手。学生是学习的主体，他们有自己的思维方式，有一定的知识积累，对一些知识的学习，学生独立或通过合作是能够解决的。作为教师要让学生在课堂有限的时间和空间内，多读、多说、多思，使学生真正成为课堂的主人。同时，大力创造学习的机会，学生能发

[①] 郑静：《浅谈高中语文教学中学生自主学习能力的培养》，载《速读》（上旬）2018年第1期，第231页。

现的教师不暗示，学生能叙述的教师不替代，学生能操作的教师不示范，学生能提问的教师不先问，使学生在力所能及的范围内跳起来摘果子吃，让学生自主地运用所学知识去解决实际问题。

此外，语文教师要立足学生，善于放手。高中语文教学不是无目的的放手，当学生对知识不理解或操作不规范时，教师要加以引导。自主学习并不意味着任由学生自己学，同样也离不开教师的导。教师要善于在方法上引导，在关键处点拨。

（三）反馈性原则

运用信息反馈原理，对高中语文教学管理进行主动而自觉的调节和修正，是反馈性原则的基本要求。在高中语文教学中，教师应当不断分析把握教学目标与课堂管理现状之间存在的偏差，运用自身的教学机制，因势利导，确定课堂管理的各种新举措，作用于全班同学，善于在变化的教学过程中寻求优化的管理对策，而不应拘泥于一成不变的管理方案。此外，应积极关注不同程度学生自主学习的完成情况，准确把握学生学习的反馈信息，并以此确定课堂指导的内容及策略，增强教师课堂指导的针对性及有效性，使学生的自主学习更为有效。

（四）激励性原则

在高中语文教学管理时，需要通过各种有效手段，最大限度地激发起学生内在的学习积极性和求知热情。激励性原则要求教师在课堂上努力创设和谐的教学气氛，创造有利学生思维、有利教学顺利进行的民主氛围，而不应把学生课堂上的紧张看作管理能力强的表现。激励性原则还要求教师在课堂管理中发扬教学民主，鼓励学生主动发问、质询和讨论，当然，贯彻激励性原则并不排除严格要求和必要的批评。浓厚的兴趣会吸引学生的注意力、思考和想象力，促使他们去积极思考、主动探索。一个宽松和谐的教育教学氛围的形成，取决于教师的民主意识。培养学生的创造力，尤其需要民主的氛围和相对的空间。教师要努力创设一种教学氛围，允许学生有自由思考的时间，鼓励学生争辩、质疑、标新立异。

（五）参与性原则

自主学习活动取得有效成果的前提就是学生的全员参加和全身心地投入学习。学生只有充分投入，积极参与，才能使自主学习成为可能，为此，高中语文教学中的自主学习需要体现参与性原则，要做到：一是语文教师应采取各种方法进行热情动员，关注全体学生，促使不同层次的学生都积极参与课堂教学；二是做到学生在自学活动中多种感官并用，观、读、思、做几方面有机地结合运用；三是最大限度地把课堂教学的时间和空间交给学生，使学生真正参与课堂，成为课堂学习的中心和主体。

（六）自控性原则

高中语文教学中自主学习课堂要求学生自己管理自己的学习，不依赖外界来管理自己的学习活动，这是自主学习的又一个基本特征。自主学习课堂管理表现为学生对学习的自我计划、自我调整、自我指导、自我强化上；语文教师要强化学生的自我管理意识，让学生意识到自我管理的重要意义，引起学生对自我管理的认同；语文教师还要逐步培养学生的调控能力和自我管理能力，这是促进学生自主学习的重要因素。

二、高中语文教学中自主学习的管理

高中语文课堂管理是语文教师在教学活动中通过协调课堂内各种人际关系，吸引学生积极参与课堂活动，使课堂环境达到最优化的状态，从而实现教学目标的过程。课堂管理的根本是创设良好的学习环境和条件，促进学生有效地学习。有利于学生自主学习的语文教学管理，应该以满足学生的自主要求为切入口，以和谐的人际关系为基础，以学生的自我管理和自律为特征，以积极的师生对话为主要手段。为了促进学生的自主学习，高中语文教师可以采用以下管理策略。

（一）设置有利于学生自主学习的目标任务

1. 创设具有挑战性的学习目标

教学目标是教师进行教学活动的指南，在多数情况下，教学目标是由国家、学校或教师来确定，学生只能被动地接受这些目标。在这种情况之下，如果教学目标设置不够合理，则会对学生的自主学习造成一定的消极影响。因此，高中语文教师设置自主学习目标时应注意：首先，教师应把提高学生自主学习能力设为最终目标，并在教学中有意识地强化学生自主学习的能力，将其作为教学目标的重要部分；其次，教师应设置明确、具体、适度的教学目标来引导学生进行自主学习，并促进学生对教学目标的认同；最后，语文教师还可以以灵活的方式引导学生自主确立学习目标，体现目标确立的主动性、开放性和灵活性，使教学目标真正成为学生学习的要求和期望，起到激励学生去探究、去发现的作用。

2. 设置适当的语文学习任务

学生的学习兴趣源自两种动力——内驱力和高中语文教学与写作研究外驱力。在自主学习中，学习者对学习的需要主要源于已有的知识经验不足以解决面临的现实问题，为了解决面临的问题，学习者的学习积极性将被激发出来，形成学习的内部动机，这是一种积极、持久、力量强大的动机。在这种动机的激发下，学习者的自主学习行为才可以维持下去，也才可以根据自己的情况和外界变化对学习进行监督和调节。学生对知识的兴趣越强，学习的主动性、自觉性也就越强。因此，教师在组织学生自主学习时，应尽可能与学生民主协商学习任务，应给学生以一定的选择空间，以提高学生的学习兴趣，激发学生学习的内部动机。

（二）进行有利于学生自主学习的教学设计

有利于学生自主学习的高中语文教学，应该凸显学生的自主学习过程，给学生充分的自主学习机会。把学生自己能够掌握的学习内容让学生通过自学、讨论先行解决，然后高中语文教师再针对学生不能掌握的内容进行重点讲解或指导。这样，在学生自学、讨论的过程中，充分发挥学生个体和集体的学习潜能，锻炼学生的自主学习能力，自学、讨论后不能解决的问题也可以为教师的精解提供明确的依据；通过语文教师有针对性的重点讲解或指导，学生能够更好地获得问题解决策略。

有利于学生自主学习的高中语文教学流程主要包括确定学习目标、激发学习动机、自学教材内容、自学检查、集体讨论、教师讲解、练习巩固、学生小结等环节，这些环节构成流程图的主体部分。另外还有教师指导、启发、反馈、评价这一模块，意指在学生确定学习目标、自学教材内容、自学检查、集体讨论、练习巩固等环节，教师主要起辅助、引导作用。

第三节 高中语文教学的情景式学习方法

一、高中语文教学中情景式学习的重要性

情境教学法是在教学过程中，教师以引发学生的情感经验、提高学生对教材的理解和掌握能力、有目的地营造具体情境的教学方法。高中语文教学中积极导入情境教学法是语文教学实践贯彻落实立德树人、以人为本教学理念的重要表现，不仅可以提高学生的学习效率，还可以提升学生的道德素养，其应用的重要性体现在以下方面。

第一，优化学生价值观，强化学生的审美鉴赏能力。情景教学法为学生学习不同的语文知识内容营造了特定的情境，一定程度上培养了学生从不同角度看待和分析问题的能力，进而引导学生树立正确的价值观，使学生的审美鉴赏能力和综合素养在潜移默化的过程中得到全面提升。

第二，强化学生的思维能力和理解能力。与传统语文教学"满堂灌"的教学模式不同，情景教学法在高中语文教学实践中的科学应用，以情境营造的形式对学生分析语文内容发挥引导性作用，同时以学生在特定情境中的思维活动为基础推动学生深入思考语文知

识点，与此同时，主动探究学习过程中遇到的诸多问题的解决方法。对于学生而言，这种方式既能活跃学生思维，又能提高学生的思考能力、分析能力和解决问题的能力，从而使学生具备了一定的语文学习阅读能力和理解能力。

第三，陶冶学生情操，提升学生的思想境界。情境教学法的本质是对沉浸式教学环境的重构，通过这种环境重构使学生接受传统教学环境中所感受不到的文学感染和情操陶冶，其内在的先进文化可以使学生的心灵得到净化，使学生的思想境界在不断的学习探索中得到提升，情感境界得到升华。

第四，锻炼学生的创造性思维，提高学生适应社会生活的能力。学校教育的最终目的是让学生具备适应社会生活的能力，而情境教学方法融入高中语文教学实践活动，可以为学生营造一种假设的社会环境，从而使学生积极发挥创造性思维，有效锻炼学生适应社会的能力。

二、高中语文教学中情景式学习的管理

第一，创设生活化场景。生活化场景是学生所熟悉的生活常态，在高中语文教学实践活动中创造生活化的场景，可以给学生一种心理暗示，即语文课堂不再是教室，而是社会或大自然，学生需要悉心观察生活细节和生活现象，而在教师生活化语言描述以及生活元素等的辅助下，学生对生动形象生活情境的感知也会随之更立体、更具象，其直接性影响就是拓宽了学生眼界。

第二，音乐渲染情境，激活审美体验。提高学生的审美鉴赏能力是学校教学的核心素养要求之一，对于高中语言教学实践活动而言，学生的审美鉴赏能力主要体现在学生分析和理解文本内容的能力，以及以文本理解为基础发现美、感受美、创造美的能力等，其重点在于以有效的教学指导为媒介强化学生的文化理解能力和语言表达能力。因此，情境创设教学方法应用到高中语文教学，要求教师要认真思考，针对不同的教学内容导入不同的音乐渲染情境，使音乐旋律、音乐节奏与文本内容实现完美的融合，进而在学生脑海中塑造更立体和鲜活的形象，只有这样，才能加深学生对故事情节、人物性格特征、情感走向等的理解，才能给予学生良好的审美体验，高效培养学生的审美能力。

第四节 高中语文教学的探究性学习方法

一、高中语文教学中探究性学习的原则

（一）主体性原则

教育的根本目的在于培养、发展和弘扬学生的主体性，学生作为语文学科教学活动中的主体，其积极参与和自主活动的程度都与语文教学活动的开展直接相关。对高中语文教师而言，其教学任务不仅停留在知识的讲解与传授上，更应该对学生能动性、自主性和创造性进行充分调动，培养与发展学生的探究态度和探究能力。语文探究活动是一个综合性的活动过程，具有多侧面、多途径、多方法的基本属性，活动的完成需要经历观察思考、提出问题、探究方案设计、检验假设、提出答案和解释、预测，以及与同学就探究结果进行交流和讨论，而这个过程必须在学生的主动参与下才可以高效、优质地完成。与此同时，通过探究活动，学生也完成了对认识冲突的解决任务，这都离不开学生的坚持观察、思考和实验探究等。

所以，高中语文的探究学习更凸显学生学习的自主性，即自主选择学习内容、学习方法，自主制订和实施学习计划，以及对学习结果的自主评价，而这种基于信任的自主探究必定可以推动学生探究能力的提升。在高中语文教学中，语文教师要为学生搭建自主探索、自主创造的平台，激发学生的积极性来应对问题情境或探究，使学生能充分发挥主体性。

（二）差异性原则

差异性原则要求高中语文教师对不同学生的个体差异化要有清晰的认识，要能够在教学过程中尊重学生的独立人格，促进学生个性发展，要针对不同学生的差异化学习需求提供差异化的教学服务，以培养学生的学习兴趣，激发学生的学习积极性和能动性，引导学生建立科学的学习态度。在学生的差异化影响下，学生对学习探究活动也会有不同的体验，进而形成带有主观色彩的评价和结论。基于此，教师要在高中语文课堂管理过程中，以学生学习兴趣保护和因材施教教学方式的引导，使学生的个人特长得以在不同的活动中得到发挥。因此，探究学习中最重要的一个原则就是要从实际出发，承认和尊重差异性，为学生创造性的发展提供自由的环境和条件。

（三）情境创设原则

为激发学生的探究兴趣，语文教师应注意了解学生关注和感兴趣的问题，然后将那些

真正来自学生和属于学生、联系学生生活和社会实际的问题纳入课堂。在高中语文教学过程中，教师应通过创设问题情境、真实的生活情境、实验探究情境等多种情境，激起学生思考的冲动，加强学生对知识的重组和改造，保证学生对知识的意义建构，提高学生发现和解决问题的能力。这样就将学生带入了一个问题情境，激起了学生的探究热情。

二、高中语文教学中探究性学习的管理

（一）高中语文教学探究学习的教学设计

成功的课堂教学与成功的课堂设计是密不可分的。高中语文教学探究学习的教学设计应从以下方面着手。

1. 制定探究目标。探究目标是探究活动主体在探究活动预期要实现的最终效果，是进行高中语文教学设计的出发点和落脚点，因此具有预先性和目的性的双重属性，而在探究活动中，确保探究目标的合理性和适当性是探究方案设计的重中之重。通常来讲，探究活动对学生的知识技能、思维情感、行动方式所产生的影响，并最终呈现出来的变化就是探究目标的实现情况。

2. 创设问题情境。高中语文探究学习实质上是问题解决的学习，问题是整个学习过程的核心和关键。因此，创设与探究主题有关的问题情境，在教学内容和学生求知心理之间设障立疑，引起学生对知识、对科学、对人生的兴趣，激发学生的探求欲望是探究学习首要和关键的一个环节。在探究学习中可通过四个途径创设问题情境：①通过学科之间的横向联系创设问题情境；②通过日常概念和科学概念的矛盾冲突引发问题情境；③利用多媒体创设问题情境；④通过精心策划的课堂讨论创设问题情境。

3. 设计探究方案。探究方案作为指导探究学习的指南，是决定探究学习成败的关键。因此，语文教学方案的设计既要遵循科学探究的基本过程，又要根据实际情况的需要。具体而言，可利用实验、科学史，结合生活实际、调查访问、查阅文献资料等形式来设计语文教学探究方案。

（二）高中语文教学探究学习的内容选择

探究学习的课堂内容即探究内容是探究学习目标的载体，是选择学习材料、安排教学环境和教学条件的依据。虽然探究学习具有接受学习所没有的优点，但是并非所有的内容都适合于探究。因此，高中语文教学探究内容的选择就显得尤为重要。选择探究内容应以探究目标、学生学习的准备情况和学习特征为依据，不仅要注意科学性，还要注意个性化和社会化，即要与个人和社会的生活紧密结合。因此，探究内容除了高中语文教科书上现有的探究内容外，还应选择一些社会生活问题以及学生自身发现的问题。

（三）高中语文教学探究学习的过程管理

第一，语文课堂纪律的保持。通常一个班级有几十名学生，高中语文教师既要引导学生自主探究，又要保持课堂良好的秩序，管理任务自然是繁重的。如果教师一人承担管理任务，教师的大部分精力就会耗费在一些纪律问题方面，就不会有充足的时间去帮助学生探究问题，也就无法保证语文教学任务按时完成。把高中语文教师从繁重的管理任务中解脱出来的一个有效途径就是适当下放管理权，动员全班学生都参与纪律管理，师生共同制定一些管理条例，明确每一个学生的义务与职责，同学间互相管理，人人自我管理。

第二，语文教学组织形式的安排。语文探究学习常常是合作式的活动，学生之间大多数以小组为单位进行探究学习活动。但在分组情况下，也会出现积极参加者、消极被动者。为使每位学生都有充分参与的机会，应控制小组的规模，小组的规模取决于学生的年龄、探究的条件及性质，在教学阶段一般以 3 ～ 4 人为宜。另外，有些情况是可采用全班和个人单独活动形式的，如当学习对象或任务比较简单，个人经过努力后能独立完成的，就应该采用个人单独进行；在活动最后总结经验时，就要采用全班讨论的形式。因此，高中语文教师要根据学习任务的性质以及学习进程设计教学组织形式。

第三，语文探究时间的安排。高中语文教师在设计探究学习时，要对具体的探究过程做到心中有数，做到能够比较精确地预估每一步骤所需的时间，把握好整体时间的分配，使整个探究活动的节奏加快，转换自然，避免无谓的时间遗失。

第六章　高中语文教学方法——整本书阅读

第一节 高中语文整本书阅读教学模式分析

作为高中语文教师，在语文教学尤其是阅读教学中，不能仅采用以往的传统教学模式，而是要注重"整本书"的语文阅读模式的改变和创新，增加学生对语文的阅读兴趣，提高学生整体阅读、系统思考的能力，以此全面提高高中生的语文素养，促进其综合能力的全面发展。高中语文整本书阅读的教学模式具体有以下方面。

一、创造教学氛围，提高学生兴趣

对于语文教学而言，只有不断激发学生的学习兴趣，才能将语文教学落到实处、落到深处。"尤其是对于高中语文的整本书阅读教学来说，阅读教学更要激发学生对于阅读的兴趣，才能使学生的阅读能力、阅读水平得到质的提升"。[①] 但是，由于高中学生正处于一个全面学习的阶段，其可供自我支配的时间较少，阅读时间也会被一再压缩，而且网络等的出现，也会导致学生的语文阅读受到阻碍。在这种情况下，如果要提高高中生的阅读能力，就要培养学生对语文阅读的兴趣，只有使其真正喜爱语文阅读，才能进行课后整本书的阅读。因此，教师需要对学生积极宣扬语文阅读的重要作用。

拥有良好的阅读习惯能够为高中生指引人生方向，对其日后的长远发展将大有裨益。高中语文教师可以建立读书角鼓励学生进行课后阅读，也可以定期举办一些读书分享会，帮助学生进行读书心得的交流讨论，通过在班级营造良好的阅读氛围来提高学生对语文阅读的兴趣，从而发挥其主观能动性，自发地进行语文整本书的阅读。

二、强调学习动机，加强学生约束

对于高中生而言，以一定的动机来驱动学生进行学习往往会有较好的效果。但是，教师需要明确，这样的动机必须是来自学生本身自发产生的内生驱动力，才会对其目标的实现有良好的效果。因此，在对高中生进行阅读教学时，可以使其明确和强化动机来实现自

---

① 李清友：《高中整本书阅读教学模式研究》，载《文学教育》（中）2020年第11期，第68页。

我满足和自我升华，从而真正地去喜爱阅读、热爱阅读。首先，教师可以让学生自我选择图书，在满足其阅读兴趣的基础上，提高其阅读量和阅读时间；其次，教师也需要让学生明确阅读能够为其长远发展所带来的益处，在强化阅读意义的前提下让学生积极参与和阅读相关的活动，以此来增强学生的阅读意识。

此外，"整本书"的阅读教学模式强调的是对于一本书的整体阅读，通过对书籍的整体阅读，形成对该书的全面理解和深切认知。但是由于高中生的自制能力不强，各种诱惑因素又较多，所以会导致高中生在阅读的时候很容易受其他因素的影响，难以持之以恒地读完一本书。因此，高中语文教师需要在强化学生阅读动机的基础上，加强对学生的约束力，防止学生在阅读的时候出现半途而废的现象，帮助学生培养其对阅读的耐心和信心。

三、合理选择教学内容，搭建小组

高中语文教师在进行阅读教学时，需要明确自己的教学目标，这样才能有效地帮助学生提高自己的语文阅读水平。语文教师在进行整本书阅读教学时，一定要对书目进行选择，并不是所有的书籍都适合高中生进行整本书的阅读。对于有的书而言，高中生只需要通过阅读其序言、目录等内容来对整本书有一个大体上的了解即可，这样既能够节约阅读的时间成本，又能够锻炼学生的逻辑思维能力。同时，对于一些较为高深的图书而言，由于其理论性较强，而高中生的理解能力和社会阅历都还不够，也不需要其进行整本书的阅读。因此，教师需要对图书进行适当的选择，如一些情节性较强，同时具有一定逻辑性的书籍比较符合高中生的阅读层次，这样既能帮助其培养对语言文字的感知能力，同时又具有趣味性，便于进行整本书的阅读。

同时，语文教师还可以通过建立一个小组来进行阅读成果的检验。通过小组内部的讨论，学生们可以知道其他同学对于这部分内容的见解和看法，既能够弥补自身思考深度和广度的不足，又能锻炼自身的言语表达能力和人际交往能力，促进其综合素养的全面提高。

四、提升教师教学修养，改变态度

语文学习能力不同于其他学科，它与个人的逻辑思维能力、言语表达能力、独立思考能力、情感判断能力等都有紧密联系，所以语文学习对个人的成长发展具有重要的影响。因此，高中语文就需要具有综合素养和多种能力的教师，但是，部分语文教师的教学素质不高，文学修养也不够。在进行整本书的阅读教学时，往往会出现自己没有通读全书的现象，这样的教师无法对学生进行良好的语文阅读教学指导。语文教师需要改变自己的教学态度，以认真负责的态度进行课前备课，以积极主动的态度进行课堂教学，以任劳任怨的态度进行课后反馈。同时，语文教师还需要提高自身的文学素养和教学技能，需要经常阅读名家著作，提高自身的文学内涵和素养。语文教师还应当积极学习其他优秀教师的教学策略，以弥补自身在教学方式、教学手段上的不足。

除此以外，语文教师需要明白在高中语文整本书阅读教学中，教师只是作为引导者的形象出现，其目的是使学生获得良好的阅读体验，提高语文学习技能。教师首先需要明确，教学的主体是学生，受众也是学生，只有了解学生需要怎样的语文阅读，才能及时调整教学策略，为其提供适合的、有效的语文阅读教学模式。因此，教师需要积极地了解学生的所思所想，以学生的教学需求来作为调整方针，制定符合学生现阶段社会需求和心理需求的阅读教学。

随着时代的发展，传统的高中阅读教学模式已经存在着一些困境和问题，如何进行整本书的阅读教学，已经成为当代语文教育工作者所思考的问题。因此，教师需要为学生营造良好的阅读氛围，以提高其阅读兴趣，在明确阅读动机的基础上对其进行自我约束。同时，教师需要合理选择学生进行整本书阅读的图书书目，以防止学生浪费不必要的阅读时间。除此之外，教师还需要提高自身的教学素养和文学内涵，不断学习语文阅读的教学技巧，同时以学生需求为主题调整教学策略和教学手段，以此提高学生的语文阅读能力和综合素养。

第二节 高中语文课程视域下的整本书阅读

一、高中语文课程视域下整本书名著阅读

理解名著概念可以把握四个要点：第一，名著具有深、大、厚、重的特点，其刻画的主题、传达的思想往往不容易被理解；第二，名著具有时代特征，提及了人类生存的基本问题，是生命的张力的体现；第三，名著具有无穷的魅力，能够战胜时间、超越国界，深受世界读者的欢迎；第四，名著是智慧之源，读者通过阅读名著能够获得丰富的生命体验，能够启迪心灵、增长智慧。

"名著阅读是指阅读的对象为经典的著作，它与整本书阅读有很大的关联性。"[①] 例如，阅读的对象都是整本的书，但两者之间存在差异，属于包含与被包含的关系，整本书阅读范围大于名著阅读。名著读本历来是教材选文的重要素材，现行的普通高中人教版教材中就有《林黛玉进贾府》《林教头风雪山神庙》《鸿门宴》等选自经典名著中的段落。除此之外，人教版专门在必修教材中设立了"名著导读"这一版块来指导学生的名著阅读。但是，目前在学习方式上，更多的还是单篇短章的精读，距离整本书阅读相去甚远。名著是具有高度典范性和文化蕴含性的作品，整本书阅读以名著读本为对象，能够在一定程度上开阔学生的眼界，提高学生的审美境界，是书目选择的必然选项。但名著读本难免会因

---

① 钟翠婷：《高中语文"整本书阅读"教学研究》，吉林人民出版社2019年版，第61页。

为难度较大而使学生出现无从下手的情况，因此，整本书阅读不妨大胆选用一些当代深受学生欢迎的、涵盖各个类别的优秀作品，这样不仅可以扩大学生的阅读面，开阔学生视野，还可以提升学生学习兴趣，使学生养成阅读的习惯。

整本书阅读因其内容较多，不适宜全部放在课堂进行，将一些阅读活动放在课下进行也是必然的选择，但这与一般的课外阅读有着本质的区别。整本书阅读下的课外阅读是课堂的延伸。首先，整本书阅读有教师的指导。目前，高中学生的阅读意愿是非常高的，要想提高阅读质量，就需要教师在阅读方面予以指导，使他们了解"读什么""怎么读"的问题，不至于迷茫。其次，整本书阅读是课堂的一部分，教师对整本书阅读在课下进行的部分有相应的规定，如阅读内容、阅读时间等，一方面，使学生在学习的时候不至于失去目标；另一方面，也使教师可以对学生的学习状态有所掌握。最后，单纯地由学生决定的课外阅读，其阅读的书籍往往趋向于内容比较简单的休闲读物，不仅会占用大量时间，且难以进入深度阅读。而在教师指导下，学生阅读一些难度较大但是有益处的书籍，可以显著提升自己的阅读能力。下面以名著导读为例进行探讨。

名著导读就是对于名著的指导阅读，即教育者指导受教育者阅读名著。因此，在高中语文学科教学中的名著导读就是指学生在教师的指导下阅读名著。名著导读，重在教师的导和学生的读这两个字。教师的这个导是指导，是引导，亦是教导；学生的读不仅是阅读文本，亦是读出理解和感悟，读出鉴赏和评价。总而言之，名著导读并非完全是教师或学生单方面就可解决的事情，名著导读是教师的指导和学生的阅读相统一的教学活动，语文教师的指导应伴随着学生名著阅读过程的始终。

（一）名著导读下整本书阅读的重点

高中语文名著导读教学是在一定目的规范下，教师的教、学生的学相统一的教学活动。同样，在这个活动中，学生在教师有计划地组织与引导下能动地学习，掌握一定的知识和技能，形成良好的品行和美感，获得个性发展。但是，高中语文名著导读教学中教师教、学生学的具体内容，学生需要掌握的知识和技能，学生身心获得何种发展，学生形成怎样的品行与美感，等等，这些是在给高中语文名著导读教学下定义时所必须讨论研究的重点和核心。

第一，教师教、学生学的主要内容。在高中语文学科教学中名著导读教学的内容来源和依据主要包括四个方面：一是必修教材的名著导读模块；二是出现在语文教材教辅中的名著节选或者改编；三是部分选修教材的内容，尤其是选修教材《小说与戏剧》和《文化论着研读》中的名著相关内容；四是《普通高中语文课程标准（实验）》推荐的高中生名著阅读书目。其中，导读模块是引线，节选改编是基础，选修以及《普通高中语文课程标准（实验）》是辐射。

第二，学生需要掌握的知识。高中语文名著导读教学中学生需要掌握的知识主要包括两方面。首先，回答名著关于作者、内容等文学常识在内的陈述性知识。陈述性知识是高中语文名著导读教学中智育的主要内容。其次，回答名著怎么读、怎么学的程序性知识问题。按程序性知识的性质和特点，可以把程序性知识分为智慧技能、认知策略和动作技能三类。在高中语文名著导读教学中，需要学生掌握的动作技能相对较少，需要学生学习和掌握的主要是智慧技能和认知策略。其中，智慧技能主要有分析概括、理解记忆等，认知策略包括对时间和资源的管理以及对名著阅读进程的调节和控制等。

　　总而言之，高中语文名著导读教学就是师生以高中语文必修教材的名著导读模块、名著教学篇目，以及部分选修教材内容为基础教学内容进行的系统的科学的名著阅读和学习的教学活动。在这个教学活动中，教师运用各种教学方法和手段来组织和实施高中语文名著导读教学，使学生获得相关的语文应用、探究、审美及其他方面的知识与技能来促进其身心发展，尤其是个性和人格发展。

（二）名著导读下整本书阅读的策略

　　第一，更新高中语文名著导读教学观念，正视高中语文名著导读教学的重要意义。学生阅读名著不仅对于学生语文素养的提高具有积极作用，还对学生身心的全面发展具有重要意义。学生阅读名著绝不是在浪费时间，名著阅读对于学生语文成绩的提高具有积极意义，且妥善地规划名著阅读时间，名著阅读与学生日常学习任务的完成并不构成矛盾，只要做好规划，阅读名著与语文学习可以相辅相成。因此，开展高中语文名著导读教学对学生的成长具有重要意义，教师应该更加重视名著导读教学，让名著导读教学落到实处，让学生在阅读名著中得到心灵与精神的成长。

　　第二，教师教学角色的转换。长期以来，教师在教学中担任的都是知识的传授者的角色，传道、授业、解惑。所以，语文课堂上总是充满了教师孜孜不倦的讲解和教诲，即使是名著导读课堂也不例外。但是，现代教育观强调教师是学生学习的促进者，教师不再主要是传授知识，而是帮助学生去发现、组织和管理知识，引导他们而非塑造他们。因此，高中语文教师要转变角色，从知识的传授者成为学生学习的促进者。在高中语文名著导读教学中，教师也需要更新教学观念，转换教师角色。在过去的高中语文名著导读教学中，很多教师是单纯地传授给学生一些关于名著的知识，如名著作者、主题思想、精华内容等，旨在增加学生的知识。而现代教育观要求教师尊重学生的主体地位，引领学生自己一步步地去阅读、去发现，在阅读名著的过程中构建自己对于名著的认识，旨在发展学生的能力与个性。

　　第三，学生学习观念的更新。学生是学习的主体，学生要学会学习、学会阅读、学会自我发展。在名著导读教学中，不仅语文教师需要尊重学生学习的主体地位，不过多干涉学生的阅读和学习。学生也要清楚地知道自己是名著阅读和学习的主体，自觉激励自己跟紧教师的指导坚持阅读，尝试和选择适合自己的学习方法，在与他人对话交流中不断印证和扩大自己的阅读收获，真正让自己获得发展，学有所得。

第四，完善高中语文名著导读教学设计。高中语文名著导读教学设计是教学设计原理在高中语文名著导读教学领域的运用，因此，高中语文名著导读教学设计是一个系统化规划高中语文名著导读教学的过程，主要包括确立教学目标、安排教学内容、选择教学方法、设计教学过程、组织教学评价等方面。需要特别强调的一点是，高中语文名著导读教学由于其自身的阶段性、长期性和复杂性等问题，往往需要不止一个教学设计，最好在每个教学阶段都建构一个具体的教学设计。对高中生名著阅读相关学习情况的分析是高中语文名著导读教学开展的前提和基础，只有在深入了解了学生对于名著的学习情况，如学习态度与动机、学习方式及方法、学习困惑与收获等方面，才能将名著导读教学设计得更为科学，更贴近学生的具体实际。另外，教学目标是教学活动的出发点和归宿，是教师安排教学内容、选择教学方法、展开教学过程、组织教学评价的依据，在教学活动中发挥着导向、激励、评价等多种作用，高中语文名著导读教学目标的设计是高中语文名著导读教学设计的重中之重。

第五，将名著之"名"传给学生，激发其阅读兴趣。高中语文名著导读教学始于语文教师给学生做的名著推荐。名著推荐，是指教师把某一名著推荐给学生，简单阐释名著之所以成为名著的缘由，让学生对其产生阅读兴趣，指导学生去阅读名著。教师要在名著导读教学的开始就给学生做一个正式的名著推荐，让学生清楚名著的意义、读名著的原因、怎么读名著等基本问题。

第六，组织学生进行自主阅读，将名著"悦"读进行到底。学生的自主阅读是高中语文名著导读教学继教师名著推荐之后的第二步，也是最重要的一步，学生的名著阅读居于高中语文名著导读教学的核心，它既是教师名著推荐的反馈，同时又对此后的师生名著批评鉴赏和对话交流的开展起着基础和决定作用。自主阅读，是指学生自主、主动、积极地去阅读名著。读十遍名著简介、看百个名著评论，都比不上真正通读名著一遍的效果好，学生自主阅读名著是学生对名著第一手资料建立的过程，具有十分重要的意义。所谓自主阅读，不仅是指学生要自己主动地阅读，还包括教师不要过多干涉，要给学生阅读的自由。因此，名著阅读，是阅读，更是"悦"读，强调学生作为学习和阅读的主体的感受与体验。高中语文名著导读教学的学生自主阅读环节强调，在阅读活动中，学生是阅读的主体，教师要调动学生的主观能动性，创造条件、平台和氛围，让学生乐于阅读、享受阅读。

第七，制订名著阅读计划，引导学生阅读进程。教师要带领学生事先制订好详细明确、切实可行的名著阅读计划，然后按照计划一步一步地实行，这样才能将学生的名著阅读行动落到实处。需要指出的一点是，教师只是提供一定的阅读建议，读与不读、读多读少，要由学生根据自己的实际情况来决定。

二、高中语文课程视域下整本书文本细读

文本细读是立足于文本本身，从题目、语言、结构、辅助材料和阅读中产生的疑问等方面入手，多措并举，充分理解课文内容。而文本细读教学就是把文本细读置于语文教学情境下，是教师根据学情和文本特点，指导学生运用文本细读的科学方法进行阅读实践，达到充分理解文本的目的。长期以来，高中语文阅读教学注重介绍背景、认识作者、划分段落、总结中心、把握写作特点，随着课程改革的发展，语文教师开始注重让学生对课文总体感知，引导学生合作探究，并运用课程资源，对文本内容加以拓展。文本细读教学则是教师在对文本深思熟虑、了如指掌的基础上，引导学生对文本从题目到字词句段加以品味、琢磨，全面深入地理解文本。文本细读教学很好地填补了长期以来语文教学的不足，有利于提高阅读教学的效率。文本细读下高中语文整本书阅读的策略有以下几点。

（一）教师要引导学生多关注文本细读

高中语文教师在教学中起主导作用，应在平时教学中引导学生对文本细读的关注。首先，教师自己要重视文本细读；其次，要对学生明确提出细读文本的要求。在文本细读教学中，教师可以示范如何细读文本，如紧扣题目进行语意联想、语法分析等来激发学生思考兴趣，走进文本；教师在课堂上有感情地诵读课文，让学生去品味文本的内涵；教师细致地解剖重点词句的含义以及所表达的中心思想；对相似课文的比较阅读；有些课文需要结合背景资料来进行讲解，教师需要推荐相关资料，延伸与文本有关的知识，让学生做好读书笔记。在教师言传身教的过程中，学生逐渐增强文本细读的认识。

（二）教师要增强自身细读文本的能力

高中语文教师需要增强对文本细读教学的重视程度，虽然教学任务繁重，但是教师仍然需要抽出时间精力去进行文本细读教学。一方面，教师应当怀着教育理想，努力成长为一名学术研究型教师。为此，语文教师要加强自身的理论修养，阅读与文本细读相关的理论书籍，掌握一定的文本细读的理论和方法。另一方面，语文教师可以加强相互间的交流，通过集体备课、自身的教学经验总结、教师间互相听课、向优秀教师请教等方式，不断提升自身文本细读教学的技能。教师不仅自己要会细读，还能引导学生进行细读，教会学生掌握文本细读的方法，养成文本细读的习惯。

（三）教师要了解学情，提高学生积极性

高中语文教师若想进行有效的文本细读教学，需要对班上学生的阅读情况有所掌握。教师不仅要认真备教材，也要认真备学生，知道怎样的教学内容较容易被学生所掌握，怎样的教学方法能够被学生学以致用。在了解学生的基础上，教师开展文本细读教学，才能

切实有效地引导学生去认真细读文本，在细读文本的过程中去提高学生的阅读能力。教师需要了解学生情况，对于学生已经懂的知识不要重复，有选择地对某些课文进行细读。同时，要对文科班和理科班的学生的语文水平有所了解，因材施教，因生制宜。在课堂上，语文教师要给学生更多的阅读、思考的时间，让更多学生参与师生互动。一方面，文本细读教学过程中对内容的讲解要联系现实，尊重学生的观点和感受，贴近学生的实际理解能力，不空谈教学方法；另一方面，教师多站在学生的角度，引导学生自己发现问题，教师可进行方法上的指导，让学生自行解决问题，从而提高学生对文本进行细读的主动性和积极性。

（四）教师要注重多种细读方法综合运用

高中语文教师常用的细读教学方法就是引导学生揣摩重点的字词句，毫无疑问，这是文本细读的重要方法之一。同时，语文教师还要引导学生细读文本的题目、文本的框架结构、文本故事情节、教材的助读系统及练习系统等，根据课文的体裁特点、作者的写作特色等，结合教学目标和课文的重难点，综合应用多种细读方法，引导学生准确地把握文章的主旨，习得相应的知识、能力，获得相应的情感体验。

（五）教师要重视培养学生的文本探究意识

在高中语文教学中，教师要发挥学生的主动性和积极性，先让学生自己去理解文本，不会的再讲；教师要引导学生读出文本深层的内容，进行随堂提问，让学生认真思考；对于学生的回答，教师要专注、耐心地听，有时能给出一些提示；重视每一位学生的提问，并给予讲解；问题设计也要深入浅出。语文教师在提问的时候，学生的回答情况可能不一样，有些学生能准确回答出，有些学生不会回答或不敢回答。教师针对不同的学生情况要区别对待，对回答好的学生要表示肯定，对不会回答的学生要给出一些提示让他思考，对那些不敢发言的学生要进行鼓励，开始的时候不要求他们的答案完全正确，重要的是鼓励他们能够表达出来。以后再提出具体要求，如语言的正确表达、回答的逻辑等。教师在教学中善于引导学生进入文本，深入理解文本，培养学生敢于质疑的精神和探索的勇气。

第三节 高中语文其他视域下的整本书阅读

一、高中语文交互决定视域下的整本书阅读

交互决定论认为，在社会学习过程中，个人认知、行为和环境三者是彼此联结、相互

决定的。交互决定论模型包括三大要素，即行为、环境和个人认知。这些要素之间相互作用并对学习产生影响，这三者具有持续性和发展性，并不是一成不变的，是相互促进的动态关系。个人（认知）因素起着重要作用，认知因素包括期望、信念、思考、策略和智力。认知因素影响甚至决定了事物和环境将被怎样理解和组织，以及采用何种反馈来操控行为。因此，身为教育者，要充分重视学生认知因素的发展。

依据交互决定理论，高中语文整本书阅读教学应努力推进个体、行为和环境三者之间的互联，切忌人为地将三者割裂开来审视，否则将会影响整本书阅读教学的深入发展。在整本书的阅读教学活动中，教师要优选教学方式从而更好地激发学生的阅读兴趣，要给予学生适当的评价从而维持学生良好的阅读信念。学生阅读策略的改变影响着教师的阅读指导行为，教师在不同的阅读环境中需要采用不同的教学方法，这都是交互决定理论带给本书的启示。同时，交互决定理论又为整本书的阅读教学提供了一个极佳的研究角度和理论框架，使得以往零散化的相关研究有了一个体系化的视域。

高中语文教师不仅要探究整本书阅读的教学价值，更应将切实的理论与实践有效地进行结合，深入探析整本书阅读的教学实践路径和策略，有针对性地给予当前高中语文整本书阅读活动以指导，这样才能最大限度地发挥整本书阅读的价值。

（一）激发学生的阅读兴趣与学习期待

1. 强调学生阅读主体性，使阅读意向指向清晰

（1）在整本书阅读"读什么"和"怎么读"这类问题上，高中语文教师应强调学生的主体性，这样才能够诱发学生强烈的阅读兴趣。因为学生是教学当中的主体，即整本书阅读教学中的主体，所以在整本书阅读的过程中，要充分尊重学生个体的阅读意愿，不能以教师个人的决定来代替高中生自主选择的过程。因此，关于"读什么"，也就是整本书阅读书目选择这一问题，要依据学生的意愿合理地选择整本书阅读书目。学生只有在内心有兴趣去探索相关知识，对当前的书目不产生抵触情绪，才能主动地、积极地开展整本书阅读。如果在学生毫无心理建设的情况下就贸然安排学生阅读他们不感兴趣的书籍，往往会使学生产生逆反心理。

（2）语文教师也应对学生所选择的书目进行把控。尊重学生自身的阅读意愿只是首要考虑的因素，并不表示教师在这一过程中采取无为的态度，任由学生抉择。因为浩瀚书海，数量与种类过于庞大，质量也是良莠不齐，所以教师要及时把控可供学生选择的书籍种类，告诉学生哪些是对他们成长有益的书籍，哪些是适合他们目前认知水平的读物。充分尊重学生的阅读兴趣，不代表放任自流。关于"怎么读"这一问题，在阅读初期，即学生在课余时间自读的过程当中，教师和家长不要过分干涉学生的阅读进度，避免过多的、强制性的阅读方法指导与限定。让学生在自由、放松的阅读状态下寻找到最适合自己的阅

读速度、阅读方法与阅读策略，充分发挥自身的主观能动性，这样才能在接下来的整本书阅读教学活动中自觉地将教师的指导和建议内化。因此，在阅读书目选择与阅读的方式方法上，不仅要强调教师的指导作用，还应充分强调学生的主体性，这样才能有效地激发学生的阅读兴趣与期待。

2. 明确整本书阅读目的，挖掘深层次阅读兴趣

高中语文教师要引导学生明确整本书阅读的目的，从而激发学生广泛阅读的兴趣。

（1）通过对书籍多元化的介绍，扭转学生的抵触心理。学生通常只阅读自己感兴趣的书籍，而对那些他们认为枯燥、乏味的书籍怀有一种排斥和抵抗的心理。这种现象会影响学生的知识结构、欣赏水平等诸多方面的提升。高中语文教师在充分尊重学生主体阅读意愿的同时，也要思考如何才能激发学生对其不太感兴趣的书籍的阅读欲望。教师可以为学生生动地介绍不同种类的书籍，为学生提供名家对相关作品的经典书评，播放作者的纪录片，使学生对原本反感的书籍产生一探究竟的好奇心理。

（2）引导学生明确整本书阅读的目的，使学生形成持续的广泛阅读兴趣。很多高中生的阅读目的就是"减压""休闲"，这跟高中生长时间处于升学压力的状态之下，需要课外读物来排解压力有着很大关系。所以很多学生在自选书目时就会选择轻松、娱乐的书来进行阅读；而对那些相对而言比较严肃、学术的书籍就不予以考虑。这就需要语文教师引导学生明确：不能仅将"减压""休闲"作为阅读整本书的目的，拓宽知识面，提高艺术品位，提升文化修养都是我们阅读整本书更良好的出发点。这些远大的、崇高的阅读目标一旦确立，学生就不会再拘泥于休闲读物的阅读。让学生在不断丰富阅读目的的同时，寻找到与阅读目的相对应、相契合的书籍，这样才能更好地激发高中生深层次的阅读兴趣。

（二）重视强化学生积极正向的阅读信念

1. 以信心与能力为支撑，强化阅读的自我效能感

（1）语文教师要善于体察并正确判断学生阅读时的自我效能感程度。在实际的整本书阅读过程中，有的学生就会信心满满，他们以往阅读整本书的经验通常都是愉快的、顺利的，拥有较强的阅读整本书所应具备的能力，或者主观认为自己拥有较强的阅读能力。这类学生就是具有较强的阅读自我效能感的人群，因此，这类学生的阅读信念就更强，能够带着较强的信心比较顺利地完成整本书阅读活动。而自我效能感低的学生则表现为，面对即将要阅读的书籍没有能够顺利完成的把握。这种自我判定的主观感觉通常来源于以往较差的整本书阅读经验，并认为自己的能力不足以完成整本书的阅读。这就会导致学生产生因阅读信念低下而出现阅读动力不足的现象，这种消极情绪会阻碍学生的阅读活动。能够正确感知学生阅读时的自我效能感程度，是进行阅读信念培养的第一步。

（2）语文教师要对自我效能感较低的学生进行心理的疏导和能力的提升培养。阅读中的"自我效能感"不仅受个人性格因素影响，更受读者先前的阅读经验、对自己阅读水平的评估，以及对将要阅读的书籍的难易程度预估等因素影响。因此作为教师，应该及时对阅读自我效能感低的学生进行心理与能力的双重引导和提升。例如，学生通常会对不常阅读的、非专业领域的书籍有较强的畏惧感，自我效能感也随之降低。高中语文教师可以引导学生明确，只要采用正确的阅读方法和策略，便可以在一定程度上消除不同的文体、不同的知识领域间存在的壁垒。在消除学生心理障碍的基础上，给予学生更有针对性的阅读方法指导，提升学生阅读能力，从而真正提升高中生的阅读自我效能感。

2.激发学生的质疑精神，培育批判式的阅读信念

学生阅读信念的强弱也受作者信息可靠性的影响，如果学生过于信任作者的权威性，就会降低学生的阅读信念，从而阻碍了学生对作品进一步的质疑与创新，为此，高中语文教师需要激发学生的质疑精神，培育批判式的阅读信念。

（1）引导学生全面地了解作者。所谓"全面"，不是要泛泛地了解作者的头衔和成就，而是要全面翔实地了解其生平、性格特点等。教师可以让学生在课余时间自己搜集相关资料，也可以在整本书阅读教学的过程中为学生集中介绍，它不等同于传统的作者简介，而是要在这个过程中让学生逐渐明确一种观点：要客观理性地看待作者。而高中生阅读的整本书通常都是历史文化名人所撰写的经典作品，如果在阅读伊始就被作者的权威身份所暗示，就会更倾向于完全接受作者观点，即使对作者的某些观点存疑，也碍于其在相关领域的权威性而下意识地认为是自己错了，这无疑是对学生批判思维的桎梏。

（2）引导学生思考作者观点的时代特性和现实意义。每一个时代都有其局限性，学生在进行整本书的阅读时需要认识到，作者的观点即使在其所处的时代是正确的、有意义的，但将这些观点纳入当前的时代框架下，它们是否还具有生命力；是否还有意义；又衍生出了哪些新的价值；等等。在这种思维模式中，学生就能够逐步形成批判精神，提升阅读信念，敢于将自己原有的知识储备与书中的观点进行对照，求同存异，形成自己的见解。

（三）注重整本书阅读的技能指导与评价

在交互决定论视域下，高中语文教师需要合理调节和改善自己与学生的行为，注重整本书阅读的技能指导与评价，从而将整本书阅读及其教学的价值充分地发挥出来。

1.进行整本书阅读的技能指导

（1）合理选择适合整本书阅读的阅读方法。

第一，带领学生了解不同阅读方法的特点和适用范围。在整本书阅读过程中，最常使用的是精读和略读的阅读方法。精读是一种仔细认真、精益求精的阅读方法，深入翔实地

阅读作品，精读需要读者有充分的时间和精力作为保障。略读就是不需要逐字逐句地阅读，不要在某一个细节上过分纠结，重点把握作品大体内容，抓住要领，这种阅读方式既能够汲取到作品的精华之所在，又能够提高效率，减少阅读时间。这两种不同的阅读方式各有特点和长处，高中语文教师选择时的重点是要选择适合文本，同时也最适合自身阅读习惯的阅读方法。

第二，引导学生合理整合阅读方法。高中语文教师需要让学生意识到，在整本书的阅读过程中，多种阅读技能的有机结合，既能够提升学生的阅读效率，又能提升其阅读质量。不能因为整本书的篇幅较长，就只选择略读、速度等较粗略的阅读方式，这样容易导致学生难以把握作品当中的细节和精华，致使阅读质量不高；也不能因为担心读得不仔细而漏掉书中传达的信息，故意降低阅读速度，导致效率低下。例如，《林黛玉进贾府》是《红楼梦》当中的一个选段，学生在教师的带领下，对选段进行了精读，把握了其中典型的人物形象，并跟随游览线索在头脑中形成了贾府富丽堂皇的场面。但只精读这一个选段，等同于管中窥豹，无法全面体味《红楼梦》的精髓，这时教师就可以引导学生采用略读的方法进行《红楼梦》的整本书阅读，这样既不会消耗学生太多的时间和精力，又拓宽了学生的视野，品味了经典名著。

（2）增强信息搜集和处理的技能。学生虽然读完了书，但并不代表书中的精华都为其所吸收，只有通过不断整理和积累，才能真正将书中的精髓"为我所用"。所以，在整本书阅读教学过程中，高中语文教师要引导学生掌握信息搜集和处理的能力，养成良好的积累习惯是十分必要的。教师要指导学生根据自己的目的摘抄有价值的内容。很多学生在进行积累和摘抄的时候是没有目的、缺乏方法的，他们觉得作者写得都很好就大段大段地摘抄，浪费了时间又起不到积累的效果。学生在进行整本书阅读的积累时要有目的性，如以积累"美文佳句"为目的，就重点摘抄作者在遣词造句上下功夫的句子；如以累计书中新颖独特的观点为目的，就着重摘抄作者评论性的语言，这就能够使学生的积累不再杂乱无章，达到事半功倍的效果。

2.建立整本书阅读的评价机制

（1）根据实际情况选择适合的评价原则。高中语文教师对学生整本书阅读情况进行评价时要遵循以下原则。首先，要坚持发展性原则。教师不能只看到学生目前完成的结果，还要结合学生的原有水平综合考虑学生是否有进步、有发展。其次，要坚持主体性原则。学生是教学活动当中的主体，也是评价的主体。教师在充分发挥主导作用的同时，也应该重视学生在评价中的主体作用。最后，要坚持模糊性原则。每个学生都是独特的，教师在评定学生的阅读进程、阅读效率、阅读方法和阅读成果的时候，要充分考虑到每个学生的情况和水平，因材施教，全面推动学生阅读能力的提高。

（2）整本书阅读教学的评价主体应多元化。要将教师评价、家长评价、学生自评及学生之间互评结合起来。教师评价是对学生在整本书阅读中最具指导意义的评价，因此高中语文教师要及时进行评价，对学生的阅读方法和阅读结果等方面进行专业性的指导，在最短时间内切中要害，并给予学生以鼓励。同时，家长也要配合教师进行好对学生整本书阅读的评价工作，勤于观察学生在家庭阅读环境中的阅读习惯，督促学生更好地完成整本书阅读活动。教师还要引导学生进行自评，学生要在整本书阅读的各个阶段以及完成整本书阅读活动后，对自己所取得的成绩进行总结，梳理出优点和不足的地方，发扬优点，改正缺点，成为自己学习的主人。学生和学生之间也应该进行互相的评价活动，引导学生在互相交流讨论的过程中，发现其他学生身上值得学习的地方，并与大家共享，让全体学生共同学习和进步

（四）构建混合式整本阅读的教学环境

混合式学习与整本书阅读的属性存在较多的契合点，混合式学习是在互联网背景下产生的一种学习模式，其强调不同学习方式的交互。运用混合式学习模式的整本书阅读不只在课堂上进行阅读和讨论，而是将阅读延展到家庭、社会等任意空间当中，并采用在线互动的学习方式将不同的空间互联，形成灵活高效的整本书阅读空间。

l. 构建在线互动环境，为课堂教学奠定基础

学生在参与整本书阅读课堂教学活动之前，要做一系列关于整本书阅读的准备工作。构建在线互动环境可以为开展系统化的课前准备活动提供条件，为课堂教学的顺利实施奠定基础。

（1）学生应自主把控整本书的阅读进程。对于学生的阅读时间、地点、进度等不做统一的硬性要求，学生可以根据各自的喜好来选择不同的读物，也可以根据自己的时间，参与阅读与讨论等活动；要强调学生的自主性，而不是始终处于被动的阅读状态。

（2）语文教师要给学生设定阅读任务。虽然在线上环境当中，学生对自己整本书阅读的进程有一定的自主性，但这并不意味着学生将处于漫无目的的阅读状态。教师根据学生选择的书籍和学生自身的能力水平，为学生设定阶段阅读任务。例如，搜集整理作者相关信息，标记精彩语句，记录心得感触，制作重要篇章或整本书的思维导图，归纳作者观点并评价，等等。

（3）语文教师需要为学生提供支架性材料。学生对于读物当中某一具体问题的深入剖析，需要立足于大量的相关资料。而基于高中生的阅读视野和阅读时间都相对有限，这就需要教师为学生提供精选的优质资源，作为学生处理任务、解决问题的"支架"。

（4）在线互动与交流。学生在网上发布自己的阅读成果、心得、观点和问题，并与同学和教师进行交流，字数的长短不受限制。在线互动交流旨在激发学生的交流表达欲望，为课堂讨论做前期准备。因为在线的交流环境有不受时空限制的特点，学生随时随地

都能在线发表观点和看法。课堂中由于需要考虑课程时长，无法满足每个学生表达需求的弊端，被在线互动的形式所解决，给每一个学生表达自己想法的权利和机会。

2. 构建有利教学环境，对在线成果进行深化

高中语文课堂教学是整本书阅读活动中的重要环节，主要以开展活动的形式进行。经过前期的在线阅读活动，学生已经阅读完所选书籍，对相关问题有了自己初步的理解，也与同学展开了交流和讨论。因此，需要积极创建良好的整本书课堂教学环境，开展方法指导、问题研讨、章节赏析、成果展示等活动，从而对在线成果加以深化。首先，教师进行阅读方法指导。方法指导是指根据书籍类型并结合学生需求，介绍和教授整本书阅读的方法和策略。学生进行在线阅读时，根据个人喜好自主选择了阅读书籍；教师需要将这些书目归类，并对不同种类的书籍进行更有针对性的阅读方法指导。其次，带领学生进行章节赏析。这个活动并不是逐章逐节依次赏析，而是教师选择出整本书当中比较经典、有代表性的章节，带领学生将所学的阅读方法带入到所选章节中，并对具体文体加以深入剖析。最后，带领学生开展问题研讨。课堂上的问题研讨环节，是将在线互动交流后所产生的关注度最高、最富有争议的问题带到课堂当中，师生共同来探讨。语文教师可以选用小组讨论的形式，来对问题进行研讨和交流，真正实现"自主、合作、探究"型的整本书阅读教学模式。此外，还要鼓励学生进行成果展示。成果展示是学生阅读成果的展示和交流，可以是针对整本书的，也可以是针对某一阅读阶段的。有了成果展示的环节，就会激发学生展示阅读成果的欲望，促进学生间的相互学习。

二、高中语文集体审议视域下的整本书阅读

整本书阅读要在教学实践中落到实处，就必须体现阅读的整体性，如果以"课时观"来落实就可能还是过去较为散碎的情节介绍与简单赏析。整本书阅读的教学需要课程意识，需要将教学"课程化"，需要着眼于长期的、序列的学习活动设计，需要有较丰富的课程资源的支撑，需要有效的课程协商和监控，这种课程建构可以在目标模式的基础上，吸收实践模式作为补充，形成"集体审议"视域下的整本书阅读的课程建构，其具体策略有以下几点。

（一）进行师生协商，共同酌定课程目标

我们可以把整本书阅读的教学实施看作一个微型的课程体系，以课程观来进行教学设计，这样就能找到整本书阅读的最佳教学操作路径。这个微型的课程先要解决的就是目标的确定问题，其目标的确立需要依据课程标准，课程标准给我们提供了以下方面内容。

第一，列举了各阶段的阅读书目，提出应该掌握的相关阅读方法和能力，这个方面是相对比较明确的，教师们也容易把握。但是大家比较容易忽略的是重要的语文要素、语文

学科的素养体系，如语言、思维、审美、文化等方面的语文核心素养，这里的语文核心素养并不是仅仅针对单篇精读提出的，而是整个语文学习所应当关注的关键品质和能力，甚至在整本书阅读中更需要进一步落实这些核心素养。

（2）整本书阅读课程目标确定的另一方面依据，需要考虑到学生的阅读实际，包含阅读的兴趣、阅读的基础和能力、阅读的已有经验、生活经验等，以学生的兴趣和实际作为出发点再对国家统一的课程进行二次的开发和选择，这样使得整本书课程的建构就更具有针对性和适应性。要实现这两方面的有机统一，可以运用"集体审议"的方式进行课程目标的商酌，"集体审议"是施瓦布实践课程中的核心概念，课程要实现实践的旨趣首要环节正是进行集体审议的课程开发，并贯穿于课程实施的始终。集体审议就是按照实践的逻辑、实践的旨趣，将课程相关的各方面成员进行协商权衡，实现课程目标选择的一致意见。这个集体审议的课程建构过程使得课程更加民主化、科学化，特别是更能关注学生的个性化特点和需求。

在整本书阅读中，我们主要进行师生双边的协商审议，通过集体审议模式，既落实课程标准、教材的规定性，又关注学生的兴趣和个性，以课程民主协商的方式实现进一步的选择性目标，这样的目标确定就更容易得到学生的认可，同时更容易落实阅读的情意目标，以学生较感兴趣的点来强化他们的阅读兴趣，课程目标的确定因为具有实践的逻辑，所以实施起来也就更具有操作性，落实得会更加细致入微。

（二）以混合式学习方式推进课程的实施

整本书阅读在课程的场域中是一个课程与教学的问题，是有计划、有目的的教育活动，但是我们不可忽视的是阅读同时也是一个特殊的文化活动，它是人们认知世界的重要途径，也是人们文化性存在的重要表现，阅读不仅仅是信息的获取，更是阅读者自我精神建构的过程，是精神的成长历程。整本书阅读不能仅仅停留在教学的视角上来推进其课程实施，需要站在更广阔的阅读生活场域中去。因此，整本书阅读的课程建构应该关注两个方面的文化变迁：一是外部社会文化的变化；二是作为阅读者的学生其精神世界的变化。

I. 重构阅读生活的整体性

信息化时代给文化的传播带来了前所未有的巨大变革，文化传播使得人们的阅读生活发生了深刻的变化，形成了"碎片化""浅表化"阅读，这也是整本书阅读之所以重要的原因之一。碎片化阅读主要有阅读系统目标偏离、深度下探受限、信息素养提升受阻等主要负面效应，然而这种"碎片化"的产生其原因是复杂的，并不仅仅是因为阅读媒介的变化，事实上"解铃还须系铃人"，信息化时代特有的传播媒介既催生了"碎片化"阅读，也可以成为"逆碎片化"的推手。

整本书阅读的课程建构需要做的便是课程实施中阅读目标的系统化，确保以专题的形式形成阅读的整体性以及继续深度下探形成深度阅读，这需要以课程文化的方式和"逆碎片化"策略重构学生阅读生活的整体性。首先，需要保证阅读对象的整体性，无论怎样的阅读媒介，纸媒也好，屏幕介质也好，要保证学生进行整体的阅读；其次，需要在课程实施过程中不断地抓住阅读的专题性，按照实践模式的实践旨趣和实践逻辑，这种专题是可以在实施中协商的，学生初读之后的感受可能是碎片化的，得到的相关课程资源也可能是碎片化的，这些信息如果不进入课程的场域可能就毫无价值、杂乱无序，但是如果教师能够时时有课程协商的意识，将他们专题化，就能形成整体性的阅读。

2.强化整本书阅读的可行性

高中语文教师要找到整本书阅读的各方面的平衡点，避免整本书阅读无序化的一种可行路径是混合式学习，混合式学习是将信息技术与学科课程相结合，线上与线下学习相结合的"互联网＋教育"的学习方式。这种学习方式的引入在某种程度上能够解决整本书阅读实施的现实难题。就整本书阅读的具体实施过程来看，其形式不可能是纯粹的课堂教学，其功夫在课外，课外阅读存在的问题是不易监控，不能及时指导，学习者之间无法交流，这些困难都可以在基于互联网的在线学习方式中得到解决。基于互联网的学习平台搭建之后就可以突破时空的局限性，将整本书阅读延伸到家庭、社区，并将这些零散的学习过程连接起来，形成有聚合意义的课程内容。此外，集体审议的课程模式在互联网环境下更能发挥其协商审议效应，在互联网平台上，教师、学生、家长、社区、专家都可以成为课程建构的参与者，并在互联网上进行民主平等的课程协商。教师在其中担当课程建构的首席，将课程建构的各资源要素、各课程主要参与者整合在一起，则又为整本书阅读的"整"增加了一层课程意义。

基于互联网的混合式学习，还可以将整本书阅读与跨媒介阅读相互整合融通，掌握更为丰富的交互式阅读媒介和工具，更好地获取课程资源服务于整本书阅读的课程建设，如《西游记》的阅读，在阅读介质上可以引进电子书、引进经典的影视作品、引进西游的网络文化等。这样的课程建构形成了丰富的课程资源，回归了学生的阅读生活，建构多样的课程关联性，主题和目标也具有严密性。

三、高中语文关联理论视域下的整本书阅读

（一）关联理论与语文阅读教学之间的联系

关联性即读者在阅读时感到亲近、亲切，易于接受，乐于阅读的特质。人们认识客观事物，总是遵循着由个别到一般、由具体到抽象的规律，教师文本分析中要尽量具体生动，要把理论和形成理论的具体材料一同告诉学生，让学生和作者一起经历由具体到抽象、从材料至观点这一认识过程，绝不可仅仅把抽象的结论告诉学生。作者写作是要作用

于读者的。排除在阅读过程中的语言障碍，创造语言表达的亲近感，增强可读性，是文本分析中的重要前提。当然，对于文章关联性的理解也不应绝对化。有些内容艰深或专门性较强的文章学生可能读不懂，但并不能说这些文章就与学生毫无关联，没有可读意义。

从语文教师角度而言，从言语内容到言语形式要尽量考虑到学生的接受，也需要不断帮助学生实现知识迁移、激活"理解前结构"，同时积累、拓宽知识体系、增加阅读体验、生活阅历等。特别是语文阅读涉及的一些含义深刻、视野宏大、表达形式独特的作品学生们不能接受，这就需要教师引领。应该看到这些寓意深刻、具有真知灼见的著作，词语虽艰涩，但只要教师引领恰当，引导学生们从那些若隐若现的思路中辨析清楚每个语义，领悟出其中的真正内涵，就会在不知不觉中步入一个新的思维境地。因此，高中语文教师在文本分析中，应尽可能为学生创造读者语境，帮助学生不囿于原有的天地。因此，理顺作者和读者的关系，缩短学生和作者的距离，教师不仅应增强读者意识，也应努力提升文本分析的方法及理论。

（二）关联理论下语文阅读教学文本分析的可行性

l.关联理论与语文阅读课程目标、学科性质的"关联"

语文作为中华民族的语言文化，其肩负着传承民族语言知识和文化的使命，在民族传统文化传承中发挥着无可替代的作用。如今，汉语在全世界展现出蓬勃兴盛的发展态势，学习语文不仅是对自身言语素养的提升，还将激发中华民族文化传承的责任意识。因此，高中语文课程标准的理念中透射出应多阅读文质兼美的文章和作品，培养自身对语言的理解能力，并利用自己的联想与思考体会语言作品中所隐含的美学体验、思想魅力及艺术品质。与此同时，在阅读中外优秀文学作品时，要培养自身独立思考能力，领悟作品内涵，形成属于自身的正确价值观、世界观系统，并以此不断砥砺自我、塑造自我、完善自我，实现人生理想。

语文不仅是语言学习的工具，也饱含了深深的人文色彩，阅读教学在高中语文的教学课程中扮演着重要角色，显然，它应该与语文课程性质相得益彰、互为表里。语文课程是语言学习的工具，体现了它的工具性特质，学生可以通过语文教学对与语言知识、言语技能展开学习与训练；而语文课程浓重的人文色彩，可以让学生在语文学习的过程中感悟意志、重温历史、涵养精神、浸润生命。关联理论指将与所研究文本相关的认知背景和社会文化背景相结合，对作品进行分析，并发掘出作品中所隐含的作者意图。

将关联理论融入高中语文阅读教学文本分析中，一方面，实现了学生对知识结构的有益补充，并将习得的各种知识相联系；另一方面，可以使学生深刻理解作品中所隐含的人物情感思想、主观意志。很显然，这一理论观照下的教学方式与传统的教学方式截然不同，它不再仅局限于教学的言语内容一个方面，更强调了立足言语形式的教学理念。回归文本是关联理论教学方式的基础，从作品本身探索和发现文本人物所表达的真实意图和情感。关联理论在阅读教学文本分析中的应用充分地将语文课程"人文"与"工具"这两大性质实现了融汇，在很大程度上增加了高中生的文学知识积累，提升了对文学作品内在逻辑和内隐情感的分析能力。

2. 关联理论与学生语文素养培育目标的"关联"

以往的传统教学关注文本言语形式和内容关系的理解重心与新课改后的教学理念存在较大差异，传统教学认为正确处理形式与内容的关系是重点，新课标教学理念则从聚焦学生语文素养、塑造学生全方位发展的话语语境出发，重新审视文本的形式和内容之间的关系。高中语文课程标准的制定理念中就着重关注高中语文教学应将重点放在提升学生对语文的应用能力、对文本的理解和发掘文本语言魅力的能力，从整体方面提升学生的综合文学素养及自己独立思考和探索的综合素质，进而让学生养成终身学习意识。

近年来，高中语文阅读教学的定位也发生了一定的转变。与传统阅读教学不同，现阶段的阅读教学越来越重视学生对于整体文本的理解和把控能力，多元分析文本，并主张形成学生对文本解读的个性化认识。传统阅读教学语境下，学生只在被动状态下学习文本，文本解读的话语权主要是教师，学生只能被动、单向地接受教师对文本分析的结果，不以培养学生对文本的个性化体验为导向，而是直接给予学生既定思路，或符合应试要求的答案与阅读方式，不重视开发学生自主开展文本分析、理解的智力动能，学生仅是为了应试而学，教师仅是为了应试而教。

关联理论融入阅读教学让学生对文本的学习视野不仅仅局限于一篇文本，而是从历史关联视角中开展文本解读，并与同时代的文本和作家相比较，获得更深层次的情感对话。因此，高中语文教师理应将关联理论应融入自身教学理念，以学情为中心进行阅读教学，引导学生通过一篇文本学习展开历史语境、时代语境关联，了解文本关联的历史背景、社会背景，以此塑造学生素养的全方位立体发展。

3. 关联理论与语文阅读教学三维目标的"关联"

传统的教学目标只能覆盖一个或几个层级，往往忽视学生微观的知识水平对于教学目标的影响，无法涵盖各层级学生的学习需求。在高中语文教学标准中，从知识能力、学习方法和情感体验三个方面提出了具体而微的教学目标，以此要求教师根据不同学生知识水平制定相适切的学习目标和适合不同层级学生的教学方法，从而在尽可能短的时间中让学生在学习能力和水平上取得进步的最大化。关联理论融入阅读教学，为更好地实现三维目标落地提供了新的思考视角。关联理论的认知语境认为，认知是心理认知动能过程，产生的语境假设亦可视为认知假设。获得交际意图的前提是受话人可以准确理解发话人发出的明示信息，展开推理假设。受话人须具备与发话人共通的知识体系、理解前结构，这是开展语境假设的基础。可见，构建认知语境是开展阅读教学的关键抓手，架设与作者共通的交际语境则是激活学生认知语境的最佳途径。由此，在阅读教学三维目标的审视中，应该遵循三个步骤：首先，应对教授学生的认知水平、理解前结构展开立体观照，制定相应的教学目标；其次，制定不同层次的教学目标来迎合阅读理解的层次性；最后，对教学质量和教学水平实施评级制。开展教学活动中，区分不同层次的教学目标要讲究技巧性，不能仅仅考虑部分学生，而是应该考虑全盘，从整体角度着手。

4. 关联理论与阅读教学文本分析实施过程的"关联"

（1）分析学情，学生认知规律的适切。认知水平是个人在已掌握知识体系中所具备能力的综合，它对于人们思想的形成具有重要作用，并且它涉及多个方面的能力，如记忆、语言表达和思维想象等。在选择阅读教学的内容和方式上必须考虑学生以往的语文认知能力。在制定不同阶段的阅读教学目标时，必须坚持阅读教学目标与学生的认知水平相适切的原则。高中语文教师必须根据学生的认知水平的高低来判定应该制定怎样的教学目标，以何种教学方式开展教学，而不是忽视学生自身对知识的掌握情况和学习能力，无所顾忌地制定教学目标。

高中语文教学内容的选取要有益于学生的身心健康发展，且可以帮助学生提升语文整体学习能力和文学素养。在开展语文阅读教学时，要将学生放在教学的中心位置，教学方式的选择要依据学生的认知水平。在之前的传统阅读教学过程中，没有将学生的认知水平和需求考虑其中，仅仅教授学生如何应试，如何在考试中取得优异成绩，然而这种教学方式和观念导致语文阅读教学无法达到好的整体教学效果。由于不同年龄段的学生的生活经历和阅读体验不同，所以知识水平也存在较大差异，因此教师在选择教学方式时必须契合学生的具体需求。高中语文教学应该更加侧重培养学生自主学习能力和意识。完成义务教育的学生已经具备了一定的文学素养和语文能力，因此对于语文的学习不再是知识的接受，而是倾向于根据自己的兴趣和需求进行选择性学习。显然，完成了初中小学阶段学习的高中生已经拥有了一些生活阅历、阅读体验、认知水平，并且也拥有了一定的知识储备和文学鉴赏能力，可以自主地解读文本大意，形成自主的阅读体验认知。

关联理论则是让学生通过建立与文本相关联的认知环境培养他们独立分析文本、推理文本真实意图，从多角度去研究揣摩文本的语言魅力，从而使自己在阅读文本的过程中生成自主的阅读体验。同时，不能仅局限于将学生的认知水平考虑其中，还应该不断探索新的学习理论，并加以运用。关联理论正适切于这一要求，在考虑学生认知水平基础上，将形象性思维和抽象的逻辑思维能力结合起来对学生展开语文教学。

（2）价值重塑，课程内容组织要求的衔接。语文学习包括阅读学习、写作学习和交谈学习三个方面，它要求学生可以在语文学习中积累大量词句，并且可以以少量的词语或句子建构完整的段落，而培养这种技能最基本的载体就是文本。因此，高中语文教学要格外重视阅读分析文本和日常口语交际的教学。在阅读和分析文本时，要注重培养学生独立阅读和思考的能力，可以根据文本的语境来揣摩文中作者所要表达的意思，并对文化的结构和语句进行梳理分析，体会语言魅力。在阅读时，分析文本的内容依据关联理论中的明示—推理原则对文本内容的具体含义进行推理，从读者的角度对作者的写作意图进行揣摩和分析。学生也应习得获取最佳关联为原则的文本分析，但是由于不同读者和学习的知识阅历和生活体验不同，所以他们对文本内容及作者意图的揣测会不尽相同，同时，这也是新课改要提倡培养学生个性化和多元化阅读能力的原因。在对文本进行明示—推理时，教师必须给予学生独立的空间去思考和分析文本意图，并且要认可和尊重学生对所学文本独立分析后的自主体验。

（3）探寻理论，明确阅读活动参与主体及其相互关系。阅读教学活动参与的主体主要是教师与学生，阅读也是一种跨意识形态的交际活动，阅读体验与阅读者自身的知识结构、阅读体验、社会经历、生活阅历息息相关。根据关联理论，阅读过程中实际涵盖着三个交际主体，即作品的创作者、教师和学生，阅读活动涵盖了两个环节的明示—推理行为：在第一环节的明示—推理中，语文教师需要先行领悟，依据作者文本的语境信息、关联原则等，对创作者的交际意图展开推理。在这一环节，教师的主要目标是对创作者的交际意图展开推理，在结束这一交际过程后，教师开展第二环节的明示—推理交际。这时，语文教师的角色由受者转为授者，教师根据自己在第一轮推理理解的创作者的交际意图传递给学生。

因此，在阅读教学活动中，"教师"兼具着交际人与接受者的重合角色。在关联理论视域下，阅读教学中教师的教学是一种中间行为：一方面，教师需要付出推理努力，寻找原文本的最佳关联，形成对原文本的认知与理解；另一方面，要把文本以最佳关联的方式向学生传授。由于教师与作品创作者的阅读经验与认知结构不同，从原文本和语境信息中寻得关联而收获语境效果，与创作者欲达到的语境效果有差异。学生的认知结构与阅读经验、认知环境也与创作者、教师存在差异，因而学生在与创作者展开交际行为过程中，其根据自己的阅读经验与认知结构，通过创作者传达出来的示意，展开推理努力，由此产生新的解读。与此同时，与教师展开的明示—推理交际行为产生叠加影响，进而衍生出新的文本。所以，这三者关系中的三方对三个文本的解读不可能完全等同。高中语文教师在阅读教学中应尽可能尊重学生与创作者的交际行为所产生的个性解读，同时也要求教师在阅读教学过程中将言语内容与言语形式均要尽可能契合创作者意图地传授给学生。

第四节 高中语文召唤结构下的整本书阅读

下面以文学作品为例对高中语文召唤结构下的整本书阅读进行探讨。

一、召唤结构理论应用于文学作品阅读教学意义

（一）召唤结构理论应用于文学作品阅读教学的可行性

l. 以格式塔阅读心理学理论为依据

格式塔 [①] 心理学或称完形心理学，它强调经验和行为的整体性，认为整体不等于部分之和，而是大于部分之和。"格式塔"不仅指事物的"形状"或者"形式"，在格式塔学说里，Gestalt 一词的含义是指任何一种被分离的整体而言的。换言之，格式塔心理学强调，知觉到的东西要大于眼睛见到的东西，反对把事物割裂成单一的元素一个个地进行分析，因为这样破坏了它本身的完整性。任何被我们经验到的事物或现象，他们的每个成分都是相连的。一个完整事物的特性不仅仅体现在某一个元素上，而应该整体地关照该事物，全面看待事物。由此可知，格式塔心理学强调整体组织而反对元素分析。根据此原理，文学作品的阅读就不是读者在被动的过程中感知或者接受的，而是读者通过创造性的知觉活动对作品提供的种种要素进行组织，从而形成新的意向整体。

读者在阅读的过程中会不断赋予文章某种意义，从而形成格式塔，如果作品的行文与想象中的格式塔出现了差异，那么读者就会努力矫正，与行文保持一致。知觉具有把"不完全的整合成完全的"的"构造能力"，即当"不完全"的"形"或"空白"呈现于知觉时，会激发起知觉将它"补充"或恢复到"完整"状态的天然倾向。这跟伊瑟尔召唤结构理论中提到的作品中存在的"空白""空缺"的概念具有内在的一致性，他们都有待于读者在阅读中完善。文学作品建构意向的过程将各要素组合，最后获得大于各要素之和的整体，这一点与心理学格式塔的形成是类似的。明确这些内容，能够帮助我们理解读者在阅读过程中对各要素的组织方式和建构过程，探索心理活动规律，从而在其基础上指导高中生的文学作品的阅读。

阅读活动是一个复杂的心智活动，阅读时，读者先用视觉感知文字符号，然后通过分解、归纳、批判、推理等思维活动对知觉到的材料进行加工，把经过理解、鉴别的内容归入或并入已有的知识结构中，存储起来，根据需要随时提取并加以运用。所以，阅读活动

---

① 格式塔作为心理学术语，具有两种含义：一是指事物的一般属性，即形式；二是指事物的个别实体，即分离的整体，形式仅为其属性之一。

的开展伴随着读者的多种主观心理因素，一方面，读者受自己心理因素和心理结构的影响；另一方面，在阅读过程中与作者一起对作品进行意义建构。这是一种有效的话语建构，因为这种建构是由读者参与的建构，直接反映了读者的接受心理，并使作品的意义通过读者的接受而得以体现。

在文学作品的阅读中，读者需要自己组织接受的事物，而这些事物又是通过语言符号触发的，读者在阅读过程中通过不断发问，寻找作品所揭示的意义。但是意义并不能由词语直接表现出来，因而阅读过程不能仅仅停留在识别语言符号上，还须依靠格式塔群集来帮助理解。读者在阅读过程中不管自身的期待和视点如何变化，他们都试图把看起来没有联系的语言符号联系起来，形成"一致性阐释"或称作"格式塔"，也即形成一个整体，即所谓的"一致性构筑"。这种活动其实也是读者对作品中的各材料元素进行联结归纳的过程，这一过程也是形成格式塔的过程，伊瑟尔将这种阅读活动称作读者获得作品意义的"完形认识"过程。

2.符合语文教材中文学作品的特点

格式塔心理学具有整体感知的特点，同时这一特点也存在于高中语文教材的文学作品中。例如，鲁迅对人物形象的刻画往往只用一两笔勾勒，这就体现为一种空白，恰是这简单的描绘，足以调动读者的想象，对作品中的人物进行完型，其中，在《纪念刘和珍君》中，鲁迅对刘和珍形象的描绘只是短短的几句："她却常常笑着，态度很温和。"文章对刘和珍形象的描述也止于"她始终微笑着，态度很温和"。但是通过通读全文，一个外表甜美可人，内心却刚强不屈，极具正义感的刘和珍赫然站立在我们面前。也正是由于作者对刘和珍形象描述所留的空白，才激发我们对她进行更丰富想象。这是因为文学作品作为一个格式塔系统，本身具有一种提示读者依据作品提供的线索进行感觉和把握的秩序。因此，当我们凭借作品的开放性对人物进行想象性填补时，甚至能够达到即使作品中描绘的人物跳出书本也不一定有读者自身想象的真实和丰满的程度。人们在阅读过程中面对看似毫无秩序的刺激信号时，我们的知觉依然能够依照情感逻辑自觉运用各种组织原则有目的地对这些刺激信号进行结合，明确事物的秩序，并从各个结构的提示中将各成分组成一个格式塔，从而迅速获得整体的形象，见一叶落而知天下秋。在高中语文教材中，按照题材的选择、形象的塑造、语言的特色、结构的方式和表现手法的不同，文学作品主要有诗歌、小说、散文和戏剧。

（1）诗歌——凝练之言充满召唤。一切诗歌都是以情感作为诗人始终不渝的表达对象，如《说文》三上《言部》中这样解释诗："诗，志也。"诗歌包含着强烈的情感和丰富的想象。但是写作诗歌有三个要求：第一，语言凝练，它以尽可能经济的诗句表达尽可能丰富的内容和密度尽可能大的情思，因此要求每个词都有极强的表现力；第二，诗歌语言讲究陌生化，就句法来说，诗歌常用一些不合规范的语法，有时缺主语，有时缺谓语，有时还经常省去一些关联词等；第三，诗歌语言有对偶韵律的要求。诗歌的这些特点也成就了它具有最多的空白、空缺和否定。在高中语文教材收录的诗歌中，柳永的《雨霖铃》，苏轼的《念奴娇》《定风波》，辛弃疾的《永遇乐》，李清照的《醉花阴》《声声慢》等都包含着这样的结构，因此教师可以发现并进行相应的教学设计。

（2）小说——于细节中体现召唤。小说是典型的叙事作品，同时也是叙事虚构作品。小说创作的人物不受时空的阻隔和语言的限制，可以自由转换时空，充分运用环境、景物和氛围烘托人物的感受、心理和性格。这样就很容易召唤读者根据作者的描绘对故事中的人物进行想象和创作，在阅读过程中依据自身的经验与作品中的人物进行交流。例如，鲁迅《祝福》中对柳妈人物的刻画虽然只有寥寥几句，但柳妈所代表的那个时代的人物阶层已跃入我们的眼帘。另外，《林黛玉进贾府》这篇文章对王熙凤这个人物的刻画，《老人与海》对老人桑地亚哥的描绘，行文中都充满着召唤结构。

（3）散文——以形散召唤。散文是"生活的博物馆"，这是因为散文是表现手法灵活、内容富于感性且精粹、语言清新自然、题材广泛的文学作品。散文的结构不拘一格，比较自由，它的这种特点给读者以"散"的感觉，但这种散并不是杂乱无序的，而是被文章的主题、情感、思想等凝聚在了一起，也就是所谓的"神聚"。所以，散文有"形散神聚"之称。这就有如前文所提到的格式塔的概念，散文中的各部分组合成整体后，其意义就由整体来展示。

例如，朱自清的散文《荷塘月色》，开篇交代了一句"这几天心里颇不宁静"，下文便不再对此进行说明，而是用鬼斧神工的手法为我们呈现了一个月光下迷人的荷塘夜景。那么，作者心里颇不宁静的原因便是作品的潜在空白。而文章写到最后又说"这令我到底惦着江南了"，此处便是联结前文空白设置的空缺。由此，语文教师便可引导学生去查阅朱自清相关的人生履历，明确是什么让他"惦着江南"了。这是从宏观上把握作者的思想情感，文中作者描写的荷塘的景色，更是让人美不胜收。如"虽然是满月，天上却有一层淡淡的云，所以不能朗照"，正当我们想象这个画面时，作者却说"但我以为这恰是到了好处——酣眠固不可少，小睡也别有风味的"来对我们的阅读情感进行否定，并用"酣眠"和"小睡"分别来比喻"朗照"和"被云遮住的月光"，又一次打破了我们的想象。其他的散文如《故都的秋》《纪念刘和珍君》《小狗包弟》等也存在类似的召唤结构。

（4）戏剧——在冲突中召唤。饱满形象戏剧最重要的审美特征是戏剧冲突，写戏必须先找矛盾，矛盾越尖锐，才越会有戏。而语言又是推进戏剧冲突、展开戏剧情境的重要载体，这就要求戏剧文学中人物的语言具有动作性、个性化的特点，并赋予潜台词。潜台词指人物的语言要有言外之意，即人物没有直接说出来，但是观众能够根据剧中特定的情境和台词体会剧本想要表达的间接语言。例如，在《雷雨》这篇文章中，当周朴园发现眼前站着的妇人竟是自己心心念念几十年的侍萍时，他的表现是"（忽而严厉地）你来干什么？"这一情节的反转是对我们阅读习惯的否定，学生读到这里时可能会感觉到不适，但正是这种不适感，给学生的批判地思考周朴园这个人物特点提供了契机。通过以上分析我们明确，在高中语文教材中，文学作品往往存在大量的召唤结构，因此，利用召唤结构进行教学具有可行性。

3. 契合高中学生文学阅读思维特点

在学生思维总的发展趋势上，辩证逻辑思维已经在高中阶段的学生形成，同时此阶段的学生发展较快的思维是创造性形象思维。到了高年级，也就是高二或者高三时，他们的思维趋于基本稳定，思维结构以形象思维和抽象思维为主。此时他们积累的思维材料日益丰富、深刻和系统化。因为在高中学生所掌握的概念中感性的成分越来越少，抽象的、理性的概念逐渐增多。同时，他们的表象材料也得到不断充实和改造。高中生的表象不再是对象外在形式的简单的、刻板的摹写，而是外在形式和内部联系相统一的反映。同时，他们已经可以在情感和想象的作用下创造具有审美意义的新形象。思维材料这些质的变化为思维的有效加工创造了条件。因此，高中语文阅读教学可以多加关注思考问题的广度和深度，培养学生想象力、创造力和批判性的思维能力。从文学接受的规律来看，文学接受强调读者在作品的基础上进行再创造，也就读者在特有的审美经验的基础上对文学作品所包含的意蕴主动地选择、接纳、抛弃或者创造。所以，高中语文教师可以在尊重学生思维发展基础上，提高学生解读作品的能力，让学生根据自己的经验去填补、体验作品，从而让学生在更加主动地学习中绽放自己的思维火花。

（二）召唤结构理论应用于文学作品阅读教学的重要性

文学作品中存在着空白，各语义单位之间存在着连接的空缺，同时作品对读者脑海中积累的现实规范进行否定，这些隐含在作品中的结构激发着读者通过批判性思维进行想象性连接、创造性填补，同时让隐含在作品中的参照域引导读者前进的方向，让读者在不断否定的过程中形成自己的观点。因此，把召唤结构理论应用于文学作品的阅读教学可以培养高中学生的想象力、创造力和批判性思维。

1. 利于培养学生的想象力

想象的形象观并不是客体造成的印象，也不是真正意义上的视觉，实际上，它是一种独创的意念中的想象，我们在观看一部由读过的小说改编的电影时便是如此。在这种情况下，我们便有了一种来自我们自己的记忆形象背景的视知觉。像通常的否定那样，自发的逆向作用是一种失望，因为这些人物不像我们在阅读中所创造的形象那样。然而，这种从个别到个别的想象大多是因人而异的。诸如"我对他的想象"之类的反应是一种普遍现象，反映了想象的特殊本质。两种图画种类之间不同的是：电影是视觉性的，表现的是一种既定对象；而意向则是自由自在的。客体不像意象那样自由，而是相当确定的。这就是小说改编的电影或电视剧让我们感到失望的原因所在。

利用作品的空白能够而且有助于培养高中学生的想象力。文学的创作为了达到某种艺术效果，作者会故意在创作时进行留白，如本文情节的前后中断。尽管作品对空白未加说明，但是空白确实暗含着本文各个不同部分的相互联结。联系的中断导致了一些功能，使得空白得以在文学作品中实施。而正是文中的空白导致某些情节的缺失，阻滞了文章的连贯性，并将自身转化为对想象活动的刺激从而成为不断激发读者的想象的源泉。空白打破了情节的联系性或者画面的整体感，这样读者就会根据自己的选择标准和对文章的理解努力地去填补缺失的环节或者画面，作者建构的意向与空白的数量相关。一般而言，空白的数量越多，建构的意向也随之增多。

例如，李清照的《声声慢》，文章开篇七个叠词"寻寻觅觅，冷冷清清，凄凄惨惨戚戚"，通过分析这些意向，让学生深刻理解李清照此时内心的孤独。意向不能被综合为一个序列，但人们必须不断放弃由环境决定的瞬间想象而去生产更新的意向。因此，可以说重视作品的空白，有助于培养学生的想象力。

2.利于培养学生的创造力

现在的世界是知识经济的世界，知识经济的前提是知识的创新，知识创新的基础是创造力的发挥，创造力指产生新颖的和有用的产品的能力，这一能力深受创造性思维的影响。人类的思维发展是一个既包括问题的发现和提出、描述和分析，又包括对问题解决方案的提出和论证的系统工程。创造力所表现的成果往往是十分新颖的，它往往是用一些新的概念、新的符号、新的人物来准确、有效地表达思维成果，在竞争中获得首创权。

现代学习者在学习和掌握前辈们创造的文化过程中，同时获得了蕴含在其中的创造因子，从而使人的创造力得以继承并发展。文化越开放和自由，其包含的创造潜能就越大。而语言作为传播文化的重要媒介，在培养学生创造力方面起着非常大的作用。通过上文对语言的分析得知，语言不是思想的副本，当它允许打破自身而后为思想所重构时，它才是有意义的。文学作品是这一过程的总体系统，所以显而易见，这一系统中必然有重构完成者的位置。这一位置以文章中的空缺为标志。它是在阅读所需填充的空白构成的。由空缺的概念我们可以明确，文章的结构空白刺激着读者依据给定的条件使文章完整化。在作品中，空白提供了文章不确定处的可联系性，空缺则在视点的移动过程中根据文章提供的参照域增添了非主题的部分。

所以，空缺在建构审美对象中是重要的导引设计，因为它们以读者有关新主题的观点为前提，并依次以读者有关前一主题的观点为前提。因此，空缺能够使读者形成一种新的见解。创造力总是在人产生创造的念头和欲望之后发生的。因此，在语文阅读教学中，教师要善于抓住文章中图景的空缺，积极引导学生，让学生勇于表达自己的想法，勇于结合自己的经验和对文章的理解创造属于自己的"第二作品"，从而获得文章美的体验和感受。因此，空缺召唤读者参与作者的创作，而正是由于空缺的召唤，挖掘出了读者创造的潜质。由此，可以说，重视作品的召唤结构，有助于培养学生的创造力。

3.利于培养学生的批判性思维

我们这个时代愈来愈强调批判性思维的重要性，因为对国家而言，它是进行科学研究和有所发明创造以提升国际影响力不可或缺的基础；对学生而言，培养学生的批判性思维能让学生真正体验到丰富而真实的学习和生活，对培养他们健全的人格和理性精神具有重要意义。因此，在教育领域，批判性思维的价值日益凸显。

批判性思维是合理的、反思性的思维，其目的在于决定我们的信念和行动，也即通过批判性思维，我们要明确自己相信的是哪些内容、坚持怎样的观点、采取怎样的行动。在教育教学中，语文理应是最适合培养学生批判性思维的课程，因为语文主要以语言文字为媒介向学生传授蕴含在文字中的知识。而语言文字又是思维的载体，承载着作者的思想内容，这一特点是其他学科所不具备的。由召唤结构理论可知，文学作品在行文过程中会引起读者的某种期待，但是又通过"否定"打破了读者的期待，引发读者新的思考。在这一过程中，读者就要利用批判性思维选择自己的方向：是打破日常规范建立新的认知，还是维持原来的标准，固守之前的规范。因此语言和思维互为表里，相互促进。语言离开了思维就成了没有任何意义的躯壳。在高中语文教材中出现的文学作品，往往充满着对学生熟悉标准的否定、习惯定势的否定和阅读期待的否定。在阅读教学的过程中，教师如果能够把握这些否定，向学生的思维发难，让学生在思维的张力中，通过批判地分析论证之后，重新获得思维的平衡，从而使学生在这一过程中增强批判性思维的意识。

二、高中语文召唤结构下整本书阅读教学的重点

召唤结构理论认为文学作品是一种正在生长和变化的事物，它是向不确定状态的移动，是一个无限的过程，这就说明语文的外延和生活的外延是相等的。其中所蕴含的空白、空缺和否定成为联结读者和作品的桥梁，它们激起读者以自己的方式赋予他们确切的含义，在交流的过程中使作品具体化和现实化。因此，在召唤结构理论的视野下，我们要坚持一种开放的、动态的、生成的课程观，让学生成为阅读的主导者。传递知识并不是阅读教学的最终目的，阅读应该追求的目标是当学生面对文本世界时，能够结合自己的生活世界，做出自己的思考和判断，强调的是学习思维的提升。为此，我们应设定以下语文阅读教学目标，以加强和开掘阅读的力度与深度。

（一）重视学生在阅读中再度体验

文学解读是一种"再度体验"，这种体验的目的是对作品意义的理解与创造，也可以说是体验的体验，是读者与作品进行交流的必要条件。它融合了阅读前"我"的世界和阅读后"我"的世界，进而形成一个新的世界，使读者在融合的过程中感悟到作品世界的真

义，从而扩展自己生命的意义。例如，伊瑟尔说的没有体验就没有世界，解读即体验，体验即意义。所以，注重学生的再度体验理应是阅读教学的重要目标。要让学生进入到"自我理解"的佳境，教师就要把教学目标由只重视知识点传授转向重视学生在阅读中的自我体验，引导学生联系实际生活，感悟作品的生命意识，激活学生的内在体验，让阅读和阅读教学切实成为一种体验的过程。

（二）注重学生对作品意义的创造

作品意义的创造，主要在于读者对作品的积极投入。作品真正意义的取得必须是作者与读者的双重创造。读者参与的过程就是对作品的空白或者空缺结构加以想象性填补和建构的过程，同时也是一种发现性的活动，该活动融合了读者自身的认知、想象、综合、批判等各种心理因素。由伊瑟尔的召唤理论我们可以明确，文学作品是包含着许多空白、空缺和否定的结构，由于这些结构的存在产生了一种吸引读者参与到作品事件中去的活力。在参与作品事件的过程中，读者结合自己的经验实现了作品的具体化，这个具体化的过程也就是读者对作品的意义进行创造的过程。在教学中，教师自己要真正把理解课文的权利还给学生，抓住作品的空白、空缺和否定的结构，适时引导学生对作品的意义进行创造和建构，从而在情感上与作者产生共鸣。为实现这一教学目标，教师可以鼓励学生围绕所学课文搜集相关的资料，在掌握丰富背景材料的基础上，创造更贴合作者创作的本来意义。

（三）加强学生自我意义的具体建构

语言学习固然是语文学习的重中之重，但是在面对高中生时，教师不能把眼光仅仅局限在阅读带给学生的语言方面的实际收获，而忽视阅读对学生自身意义的建构。其实，学生在阅读课文的过程中，不自觉地会用心去体验作者的思想情感、精神品质、人生境界，使之与自己的人生体验不断交流，从而实现自我意义的更新。学生就是在这不断的阅读—体验—领悟中逐渐成长和成熟起来的，突破量变达到质的飞跃，这就是自我意义的建构。为实现这一目标，教师可以营造良好的课堂氛围，如在民主的课堂氛围中激起学生探究的兴趣，在体验作者生命意识的过程中发挥自己的想象力和创造力，建构自己的生命意义。优秀的教师之所以优秀，并不仅仅在于渊博的学问、灵活的教法和感人的精神，其根本之处是他们把先进的教育观念渗透和融入了日常教学活动中。

三、高中语文召唤结构下整本书阅读教学的对策

（一）利用"空白"来激发学生的想象力

召唤结构中所蕴含的空白本身具有激发读者想象力的作用，但是它往往并不是直观地

展示在读者面前，尤其是阅历不多、经验并不怎么丰富的学生面前。这就需要教师的启发和引导。因此，教师进行阅读教学的重要任务就是引导学生发现空白，帮助学生合理质疑。教学的艺术不在于传授的本领，而在于激励、唤醒、鼓励。作为高中语文教师，就要依托课文，深入地理解和研究课文，这也是对语文教师的首要专业技能要求。由于语文教学的内容以课文为主，这种教学内容相对其他学科来说是不确定的，因此与其他学科的教师相比，研究教材的能力就显得尤其重要。语文教学内容的不确定，主要是因为在语文课文中呈现的文字所指向的、所蕴含的是人类动态的精神世界：对于作者，它是一种动态的生成，是思维的流动，是言语智慧的创作；对于读者，它是一种召唤结构，等待读者通过自己的想象能够对作品加以人个性化阐释。正是这一不确定性，就要求语文教师对教材进行创造性解读和个性化理解，全面地考虑教学过程中的生成性，根据作品语义上、句法上和结构上的空白，适时激发学生的想象。根据作品的创作技巧，虽然其创作空白不可穷举，但针对高中语文阅读教学来说，教师可以通过以下方法培养学生的想象力。

1. 发现语义空白，升华作品隐藏主旨

文学作品只是给读者提供了一个框架，作者希望用有限的文字引发读者进行无限的想象，形成丰富的意义。这有限的文字与丰富的意义就出现了某种失衡，以至于任何一种语言的表达方式都难以淋漓尽致地刻画出事物的精妙曲折之处。此时，语言为了给读者提供广阔的想象空间，作者就会在文章的隐蔽处适时使用一些手法。这些"隐蔽"除了语言的概括性外，还应包括象征、通感、比喻、隐喻等不是指向事物本身而是指向非本体来完成意义的建构。例如，人教版高中语文收录的杜甫的诗歌《登高》，虽然诗中没有提到直接抒情的主人公人物，但是我们却可以在浓缩的诗句中寻找到一个隐形的"我"。"由于隐在之'我'在读者心目中的存在，诗中就有了景外景，象外象，一首小诗因此也就成为空纳万象，万象我裁的艺术形式。"

2. 发现句法空白，品味作品残缺寓意

有些文章尤其是小说多多少少、有形无形地会存在语言的省略或中断现象，这些现象都是需要读者介入的艺术空白。在高中语文课文中有形的句法空白往往有省略号的提示，如高一课文巴金的《小狗包弟》中描述："我自己终于也变成了包弟，没有死在解剖桌上，倒是我的幸运……"这处就是含义比较丰富的有形空白。因此，教师要能够在备课时深入理解这些残缺或中断所包含的深意，在句法的空白处稍做停留，给学生留有品味的空间，从而丰富学生的阅读体验。

3. 发现结构空白，感悟作品预设情怀

预设是先于作品情感表达就已经存在的信息。从接受的角度来看，预设作为隐藏在文

字深层的无形力量，既规定了表达者的话语权，也规定了接受者的解释权。换言之，预设在向读者传达一些既有信息的同时，也包含着一些言外之意。作者预设的结构空白，给教师向学生发问提供了很好的契机。因此，教师有必要认真钻研教材，理解作者背后隐含的意义，从而激起学生的探究欲望与学习欲望。教师要善于在文章的预设处发现结构空白，并以此为切入点，激发学生的联想。

（二）利用"空缺"来培养学生的创造力

第一，觉察内容空缺，个性化地填补。在高中语文教材中，在内容方面存在着描写性语言的空缺、人物对话的空缺、情节结构的空缺。教师要通过引导学生觉察语言的空缺，个性化地深入理解空缺背后深层的含义。

第二，觉察主题空缺，创造性地构建。主题的空缺在建构审美对象中是重要的导引设计，它们是以读者创造性地进行构建而实现的。因此，教师要善于分析语文教材，把握文学作品中主题的空缺，并依此引导学生完成创造性的构建。

第三，觉察画面空缺，自主性地想象。在高中语文教材中，选择的语文教材除了在内容和主题上存在空缺以外，有些课文往往也存在画面的空缺。教师要引导学生结合此画面在文中出现的位置，结合上下文，创造性地将画面补充完整。

（三）利用"否定"来培养学生批判性思维

I. 否定熟悉标准，构建作品新认知

一部作品在创作时会将特定的外在现实引入文章中，以向读者提供一个可以用来比较的参照域，或引起读者过去的某些经验，如此就把读者想象的主动性与作品力图对特定问题和社会问题的回答结合了起来。在语文阅读中，读者原有的熟悉标准被否定而失去了有效性。在这个过程中，读者在头脑中逐渐建立起一种新的标准而原有的标准逐渐被舍弃。因此，高中语文教师对文章熟悉标准的否定处要有相应的洞察力并把握这些地方，在恰当的时刻提出问题，引起学生的思考，进而培养其批判性思维。

2. 否定习惯定势，创造作品新主休

在阅读过程中，学生不可避免地会看到所熟悉的行文脉络，或者故事的发展情节。但是如果文章一直保持这样的行文方式，势必会使学生失去阅读的兴趣，进而对文章产生厌倦之情。因此，好的文章总是出其不意地呈现出读者所料想不到的东西，以打破文章的惯有定式。高中语文教师要有挖掘作品新的深度的能力，能够利用学生的惯性思维在不经意间揭示内在的矛盾，同时让学生的思维在这一刻聚焦和停留，这样在提升学生思维的同时也增加了作品的厚重感。

3.否定阅读期待，重塑作品新形象

人们既定的期待视野与文学新作品之间存在着一个审美距离，如果作品中的故事情节、人物性格，命运结果与学生的既有期待一致的话，学生对作品的理解就能马上得到印证，获得一种先见之明的满足感。但是假如作品都如学生所期待的那样，他们不免会失去阅读的兴趣。因此，对高中学生而言，好的文学作品应该是"熟悉又陌生"的。熟悉是因为作品与学生先前的期待有重合的地方，陌生是因为它又会打破学生的某些既定期待，高中语文教师为学生提供新的视野，从而使学生获得阅读能力的提升。

第七章　高中语文教学方法——与中职结合

第一节 中职与高中语文的区别和联系

初中生毕业以后，一部分学生会进入到高中继续深造，另一部分学生会选择进入职业中学。因此，中职和高中在一定程度上可以算作同一级别。

一、中职语文与高中语文的具体区别

（一）课程设置及老师的任课情况不同

第一，在中等职业学校，语文课是以公共基础文化课的形式出现的。而在普通高中学校，语文课既是公共基础课，又是与数学、英语、物理、化学、生物等课程同等地位的必不可少的专业知识课。

第二，在中等职业学校，语文课的课时相对较少，是其他专业课课时的1/3。以一个中等职业班的语文课程教学为例，每位语文教师每周大约任教 2 节语文课。但是，在普通高中学校，语文课程是高中诸多学科当中课时最多的，以一个高中班的语文课程教学为例，每位语文教师每周不少于 8 节语文课。如果是任教高三文科班的语文教师，其任教的课时一般达到 10 个课时以上。

第三，中等职业高中的语文课，实用性大于人文性。整个教材被细分为作品选读、应用文写作、文秘写作、交际与口才等。其中，除了作品选读隶属于人文教育之外，其余均为实用性课程。而普通高中语文教材，虽然每个单元后面也有口语交际、社会实践等综合训练，但是教材的每个单元、每个教学模块均是以人文为主题的古今中外的名家名篇。另外，有些职业学校的语文教师，除了担任正常的语文课堂教学职责外，还要担任学校在课余时间运用开设第二课堂的方式为学生开设的影视鉴赏、书法等课程的教学任务。由此可见，中等职业教师肩负的是培养学生的口才交际能力和文字书写能力的重任。另外，教师应要求学生在阅读的同时准备字典，以便可以随时翻阅解决问题。并且要注意认识文章的结构，在阅读中能够联系上下文，加深对文章内容的理解。自主阅读实践可以大幅提升学

生阅读的效率，再通过教师的指导与启发，使学生在阅读中逐步掌握阅读的方法和技巧，满足学生阅读的需求，实现阅读教学质量的提升，培养学生阅读的自主性和积极性。

（二）中职与高中语文教育的理念不同

中等职业高中语文教育的主要目的是为了培养适应社会各行各业需要的实用性人才。基于这一教学理念，中等职业高中语文教育必须根据社会不同行业的不同需求等不断调整语文教学内容。

（三）中职与高中语文教学侧重点不同

中等职业高中语文课比较重视启发和培养学生的情感体验。而普通高中的语文教师通常重视授予学生升学与考试的技能。因此，中等职业学校的语文教师在语文教学中更重视传授实用性和技术性的教学内容，目的在于培养学生的口头交际能力和实用性公文写作能力等。

二、中职语文与高中语文的具体联系

（一）中职与高中语文教学目的相似

无论是中职语文还是高中语文，其目的都是为了提升学生的语文素养。我们这里所提到的语文素养是指语文的知识积累、学习能力、思维能力、学习习惯、知识运用等，中职语文偏向实用，课程教授的多数是一些比较实用的内容，如应用文等，但归根结底也是为了学生的学习能力、思维能力和知识运用等语文素养的提升，这与高中语文是一致的。虽然高中语文教授的多数是偏理论的内容，但是这些偏理论的内容都是围绕着学生的语文素养来进行的，因此，二者殊途同归，都是为了提高学生的语文素养。

（二）中职与高中语文教学手段类似

我们这里所说的教学手段，是指教师在进行语文教学的过程中所采取的方法。在当前的中职语文教学和高中语文教学中，教师基本上都已经脱离"一块黑板，一支粉笔"式的传统教学，取而代之采取多媒体辅助教学的方式，利用多媒体声像图文并茂的特点来吸引学生的注意，激发学生的兴趣，调动学生的积极性，从而取得良好的效果。

第二节 职业高中语文教学的实用性提升

中职教学目的是让职业学生能够适应社会企业的需要，在社会上能够立足。这便是大部分中等专业学校总的办学理念。换言之，中等专业学校应当把教师的"教"和学生的"学"有机结合。教师在教学时应带领学生一边学习，一边操作。

一、将实例与课题有效融合

教师在步入正题之前，可以引用一些生活实例，这样不仅能够吸引学生的注意力，而且还可以表现语文这门课程的实用性。对中职的学生而言，他们倾向于在学校学习到一些技巧和技能，然后在社会上立足，所以实用性非常重要。

例如，《邹忌讽齐王纳谏》这一篇文章的教学。这篇文章主要讲述了一个关于谏言的小故事。历代君主如果想要流芳百世，成就伟业，除了君王自身的能力还需要身边有敢于谏言的大臣，协助自己。劝谏在古代并不是一件轻松的差事，如果不掌握劝谏的艺术，很有可能招来祸患。劝谏在生活中对应着说话的艺术。中职学生今后在工作时，要学会和同事、领导和睦相处，处理好人际关系，说话的智慧是每一个同学都应该了解并且掌握的。

因此，教师在开篇时可以讲："谈吐能够表现出一个人的气质和修养，在人和人之间交流时，尤其要注重谈话的礼节、技巧和艺术。例如，在工作时，如果我们和同事之间产生了分歧，我们应该怎么做呢？首先，出于尊重，要充当聆听者，让对方完整地表达自己的想法。其次，在表达自己观点时要注重方式和方法，不要因为这件事情而破坏与同事之间的友好关系。《邹忌讽齐王纳谏》这篇文章就涉及一些说话的技巧，让我们一起来学习一下吧。"

由此可见，教师在教学时较为轻松地从生活过渡到了学习，实际例子就是一个良好的过渡载体。在教学结束之余，也可以请学生谈一谈学习和生活之间的看法，表述一下自己在这节课收获到的知识和经验。

二、明晰语文教学的具体目标

如今，许多中等专业学校的学生过于注重技巧和能力的学习。他们重视工科的学习，而忽视了语文这种偏文科的学科。教师在教学时应当明确语文教学的目标，让学生对语文这门学科形成正确的认识，提高重视程度。

总体而言，语文教学目标分为四个方面：听、说、读、写。通过听课，我们学会了用耳朵去收集各方面的信息和知识，能够对信息进行提取，从自身来说，滤除无用的信息，留下有用的信息。而说话就是一门典型的艺术，要做到准确、礼貌、得体。读是一种情感沟通和交流的方式，能够让我们生活得更加充实和快乐。写能够表达出自己的观点和看法，凸显出我们的思考和逻辑，了解之后，学生就会更加重视这门学科。

例如，在进行《致橡树》这篇文章的学习时。《致橡树》是舒婷创作的一首诗歌，向读者们展现了作者的内心独白，里面的意向和手法都值得学生们学习。老师告诉学生，这节课主要有三个学习目标：第一，请大家反复诵读，美读诗歌，熟读成诵，丰富自己的知识体系；第二，通过思考感悟，养成自尊自爱、独立自主的良好品格；第三，感悟诗人互相平等、共同依存的爱情观念。明确教学目标，学生的学习思路就会豁然明朗。在语文课堂上能够合理地分配自己的时间，在有限的时间内收获到更多的知识，提高学习效率。

三、课程的教学注重实践性

中等专业学校非常看重学生的实践，实践性也是此类学校的办学目的之一。实践会给予学生一个更为广阔的平台，学生有更多的机会去测试、检验、锻炼自己的综合能力。

例如，在进行《古代的服装及其他》这篇文章的学习时，教师就设置了多个实践任务供学生选择。这篇文章主要向学生们介绍了古代服装和古代服装着装的规则，表现了当时的时代背景，带给了学生一些思考和感受。教师布置的具体任务内容有以下几点。

第一个任务：我们今天在服饰方面也有一些"标准"。请问今天的"标准"同古代的着装"讲究"有怎样本质的不同？请学生在课下搜集相关资料。制作 PPT 或者书写论文，下次课一起交流。第二个任务：请同学们自己制作一张调查问卷，让周围的人填写，内容只要与古代的服饰有关即可。对所有表格的填写情况进行分析，总结归纳一般结论。第三个任务：对于美术或者创作感兴趣的学生，可以在私下尝试设计一些古代的服饰，大家一同欣赏。

这三个实践任务可以满足不同层次同学的需求。首先，学习力和综合能力比较强的学生，可以选择实践性相对比较强的任务；其次，各方面能力相对比较薄弱的学生可以选择实践性较弱的任务。

总而言之，中职学生学习的目的在于应用，这就决定了课程教学的实践性。学生在实践中，收获知识，积累经验，可以做到二次学习。而语文学科又是一门和生活实际联系紧密的学科，那么实践任务就会多元化、精彩化、有效化。中等专业学校的教学要结合学生的心理特点开展。在我国社会建设的背景下，教师需要辛勤耕耘，不断培养出社会和国家都需要的人才。语文教师也应当贡献出自己的力量，提升中等专业学校的教学水平。

第三节 职业高中语文中引入国学经典教育

一、职业高中语文中引入国学经典教育的意义

（一）拓展学生的知识面，提升学生的文化修养

国学经典是我国非常重要的文化遗产之一，通过对国学经典的学习，能够有效拓展学生对中华传统文化的知识面，提升学生的民族自豪感和凝聚力，充分发展学生的综合文化素质和修养。国学内容包含着我国优秀文化的思想，从先秦诗词歌赋到唐诗宋词再到元曲和明清小说，都蕴含着中国传统文化的内涵与思想。

通过对这些国学经典的学习，能够有效提升学生对于中华传统文化知识的了解。受到全球化发展的影响，学生很容易受到西方文化的影响，为了避免学生对西方文化过于推崇而忽略的本源，就必须从国学教育着手不断培养学生的国家荣誉感和民族自豪感。传统类型的职业高中教育对学生的专业技能教育非常重视，但是在文化教育和素养上有一定的不足。因此，需要在现代化职业高中教育的语文教学中引入国学教育，真正提升学生的综合文化修养和素质。

（二）提升学生语文学习兴趣，解决学习的难点

将国学教育引入职业高中阶段的语文教学中是一个全新的尝试，这种现代化教学模块能够有效提升学生对于国学经典学习的兴趣。中国文化博大精深、源远流长，而汉语作为语言文化的载体，其能够使学生深刻地体会古诗词中的美感，从而在潜移默化的学习中不断体会国学经典教育中的知识和精髓，再去学习课本中的内容时就会变得更加简单。

二、职业高中语文教学中引入国学经典教育的策略

（一）在课程中设置国学经典诵读模块

当前职业高中阶段的语文教学课程当中，对模块结构的课程形式具有一定的应用基础，通过模块化的课程教学形式不仅丰富了传统职业高中语文课程的学习内容，而且还能有效提升课堂教学的灵活性，非常适用于当前职业高中阶段人才培养的实际需求。而将国学经典教育引入职业高中阶段的语文课堂教学中，也可以充分借助模块教学的形式设置国学经典诵读模块。

结合当前语文课堂教学的特点，一般能够将语文课程设置为四大模块：阅读、交际、

写作和规范。教师可以从学生的实际出发，既可以将国学经典诵读内容与其年他模块相融合，也可以单独设置为一个板块进行课堂教学，借助经典诵读的重要窗口使学生对中国传统文化有一个深入的了解。学生一开始接触国学经典很可能会被晦涩难懂的语言困扰，教师可以先引导学生了解和熟悉国学经典文章内容，随后由浅入深地逐渐从诵读的过程中感受国学经典的美。在进行选题上也可以循序渐进，逐步加深国学经典篇目在阅读方面的难度，从而使学生不断通过学习和实践的过程提升对国学经典的继承与发展。

（二）在教材中添加更多国学经典篇目

为了真正提升职业高中阶段语文课堂教学中国学经典教育的科学性与有效性，在进行教材选择的过程当中，可以添加更多的国学经典篇目。国学经典中包含着非常多的内容，如先秦诗词、唐诗宋词、元曲和明清小说等都可以成为语文教材编纂中的重要材料。

因此，在进行教材筛选的过程当中，需要相关人员加强国学经典篇目的比重，帮助学生筛选更多优秀的适宜当前阶段学习的篇目。当然在进行语文教材设计的过程中需要从长计议，充分结合当前职业高中阶段学生的性格特点需求以及人才培养发展目标等要素进行综合考虑，从而有效提升职业高中阶段学生的整体素质。另外，在进行国学经典篇目选择过程当中，要尽可能对篇目进行精选，过长的篇目可以节选最经典的段落，诗集、《诗经》等内容可以尽量选择具有代表性的文章，从而充分激发学生对于国学经典篇目的学习兴趣，这样做也符合职业高中学生的知识水平和发展需求。

（三）重视国学经典教育的多样化及现代化

随着信息时代的到来，当前教育教学过程当中借助多媒体等设备情况十分常见，通过多媒体等设备能够有效提升课堂教学的情景创设，使学生能够更加直观地学习课堂教学内容。因此，在职业高中阶段的语文教学中引入国学经典教育的同时，也可以借助多样化和现代化的教学设备，从而使学生能够灵活地将所学知识运用于实际生活中。

例如，教师在课余时间可以借助多媒体软件为同学们播放《百家讲坛》《中国诗词大会》等节目。在培养学生国学经典教育的同时，充分挖掘学生对于中国传统文化的学习兴趣。这一类节目比较受年轻人的喜欢，在课余时间内也可以有效利用碎片化的时间进行中国传统文化知识的学习，这些优秀的节目当中蕴含着非常多的国学知识，有时学生观看一期节目甚至能比学习多篇课文学到更多的知识。另外，教师在进行教学的过程中也需要加强国学经典教育的现代化发展，充分结合爱国主义和核心价值观进行教育，使学生在学习的过程中不断提高参与性。为了提升学习质量和兴趣，教师可以在课余时间举办一些与国学知识有关的活动和小竞赛，如诗词背诵和征文活动等，从而有效提升学生对于国学知识学习的兴趣。

总而言之，语文学科在学生的学习过程中贯穿始终。通过对语文知识的学习不仅能够有效提升学生的文化素养，还能弘扬传统民族文化，中华文化中博大精深而富有魅力的内容能够有效提升学生对语文知识的学习兴趣，对国学经典的学习和深入分析能够帮助学生形成正确的人生观、价值观和世界观。

第四节中职语文教学中阅读与写作的结合

阅读和写作是语文课程的重要组成部分，它们能够帮助提升学生的知识能力，教师要提供优质的教学服务，引导学生练习与感悟，掌握基本的阅读和写作技巧。在新课改的背景下，中职语文教学存在着一定的问题，如教学内容不统一、阅读方法单一、写作训练不具有针对性，这些因素阻碍着学生的进步与发展。为了改变这种现状，院校教师要充分认识到阅读和写作的联系，对二者进行有效整合，构建规范化的教学体系与流程，为学生的语文学习奠定基础，促进学生各方面能力的发展，从而提升其语文综合素养。

一、整合阅读与写作的相关内容

中职阶段的学生思维非常活跃，没有形成稳固的知识结构，对语文的学习兴趣不高。语文作为中职学生学习的必修科目，学生要细致学习，了解丰富的文学知识，提升自己的读写能力。教师要有效整合教学资源，提取课程的重点知识，严密设计与规划，逐步增强学生的文学素养。基于纷杂的教学环境，教师要正确引导学生接触多样的知识，让学生细细品读与鉴赏，体会文章的情境与韵味，这样才能让学生真正感受到文章的写作技巧。语文读写能力的培养是一个长期的发展过程，专业教师要事先调查班级学生的语文基础，制订最贴合中职学生的教学方案，促进他们全面发展。

例如，在教学高中人教版课文《鸿门宴》时，首先，教师可以先布置预习任务，让学生先初步阅读课文，划分文章的段落，标注清楚结构类型。同时，教师可以引导学生遇到好词好句时，进行摘录积累，拓展自己的词汇量与写作技巧，为后面的写作练习提供大量的素材。其次，教师要让学生讲述《鸿门宴》的具体故事，用三句话概括，采取这种手段可以锻炼学生的口语表达能力，便于学生深刻理解文章内容与主旨。再次，教师可以组织学生"续写课文"，以"刘邦逃回军中"为背景，发挥想象能力，写一篇1500字的记叙文，运用托物言志的表现手法，细致地刻画人物。最后，教师要收集学生的文章，进行统一的批改，检查学生的写作情况，并及时指正学生的错误，养成学生良好的写作习惯。总而言之，教师要合理地安排教学任务，逐步引导学生练习，掌握最有效的读写技巧，达到预设的教学目标。

二、掌握阅读与写作的教学方向

高中语文课文多数是节选自经典作品，具有鲜明的语言特色，展现了作者优秀的文学才华。就中职学生而言，这些文章没有吸引力，阅读兴趣不高。为此，教师要改变教学手段，以有趣的教学活动来刺激学生的参与热情，合理把握阅读和写作的教学方向，有目的地培养学生的文学素养。各种数据显示，多数中职学生不会主动阅读课文，只是按照老师的教学步骤来学习，这就导致学生形成机械的学习模式，不利于学生的成长与发展。所以，教师可以开展大量的实践活动，如"读书日""写作大赛""班级朗诵比赛"等，提高学生的积极性，这对于学生的语文学习具有一定的促进作用。同时，教师要灵活融合阅读和写作，规范学生的学习行为，巩固学生的写作与阅读技巧，保证后面课程的学习质量。

例如，在教学人教版高中语文课文《林黛玉进贾府》时，首先，学生要概括林黛玉的性格特征与外貌，用简短的词语表达。其次，集体朗读课文，细细品读文章中各个人物的形象特征，可以边阅读边记录，整理出完整的人物分析表，梳理文章的结构层次。在学习林黛玉进入贾府的段落中，学生需要反复阅读，揣摩语句的表达手法；深度了解后，学生需要提炼文章主旨，概括出文章所表达的思想内容。

为了激发学生的学习热情，教师可以在班级举办一次"读书日"活动，由教师提供各种经典书籍，学生可以自由挑选，在规定时间内阅读完文章。活动结束后，教师可以让学生写下阅读感想，谈谈自己在阅读中学到了哪些知识，掌握了怎样的写作方法；这样学生可以透彻地了解自己的不足，不断练习写作和阅读，提高自己的语文素养。由此可见，阅读和写作能力对于中职学生有着重要的意义，教师要设计出一套详细的方案，有针对性地锻炼学生，促进中职学生高速成长。

三、实施综合性的教学策略

在中职语文教学过程中，教师会面临各种各样的问题，如学生基础知识薄弱、阅读兴趣不高、自主学习能力不强、阅读素养低等，导致教学效果较差。为了改变这种形势，教师要实施综合性的教学策略，帮助学生养成良好的学习习惯，实现双倍的教学效果。中职教育区别于普高，教师需要根据学生的基础能力，开展合理的教学活动，让学生在阅读中写作，潜移默化地提升学生的读写技巧。

例如，在教学人教版高中语文课文《荆轲刺秦王》时，首先，教师可以在课堂阅读中融入不同的写作练习任务，如仿写、续写、扩写、缩写等，依托课文来锻炼学生的写作能力。其次，在正式教学之前，教师要让学生自主了解荆轲刺秦王的历史背景，分析荆轲的人物形象，反复进行阅读，深入地解读文章内容。再次，教师可以采取微课程教学，让学生直观地观看课文的故事情节，通过短视频和音乐来衬托当时的情景，加深学生的感悟。或者，教师可以让学生将课文自主改编成一个"舞台剧本"，以"荆轲刺秦王"为内容，以小组为单位进行剧本创作，排练表演，这样不仅可以帮助学生理解课文，也可以提升学生的写作水平。最后，教师可以布置一个文章扩写作业，以秦始皇为中心进行写作，加强课文内容联想，以此更好地进行创作。

四、实施读写拓展性的训练

阅读与写作的高度融合可以加快课程教学的进度，让学生快捷地掌握知识技能。为了促进学生的综合发展，教师要实施拓展性的训练，加强学生的感悟能力。语文科目所包含的内容非常广泛，涉及的知识点相对丰富，教师要合理安排分配，有计划实施读写教学策略，努力提升中职学生的文化素养。

例如，在教学人教版高中语文课文《荷塘月色》时，首先，学生可以先初步精读，圈画出文章中优秀的句式结构，注明写作手法，如拟人、排比、借景抒情等。其次，教师组织学生进行改写，选择一个段落，以"大海"为内容，让学生按照文章的格式进行写作，组成一篇散文，或者诗歌，并且用第一人称进行表达。最后，教师可以借助教学软件，通过网络来实施写作教学，给学生下发大量的网络教学视频，让学生逐一观看，并完成相应的练习。在这种情境下，学生可以接触到不同的知识，有助于提高他们的读写能力。

中职语文教学同属于普通高中教育，它们采用统一的课本教材，教师要合理科学地规划与安排教学内容，针对中职生的特点，制定清晰鲜明、容易操作的教学流程，融合阅读和写作环节，建立规范的课堂教学体系，逐步引导学生应用实践，从而提升其语文综合素养。总而言之，中职语文课程教学需要精细地规划，教师要巧妙融合读写内容，帮助学生掌握基本的知识，促进其全面发展。

参考文献

[1] 贡如云，冯为民 . 高中语文核心素养的实质内涵及培育路径 [J]. 教育理论与实践，2017，37（5）：52-54.

[2] 何国跻，王亚生，陈姝睿 . 高中语文有效教学系统构建 [M]. 长春：吉林大学出版社，2019.

[3] 胡长征 . 高中语文外国文学教学中比较文学观念的引入 [J]. 试题与研究，2019(15)：137.

[4] 纪恬 . 系统思维视角下的高中语文主题单元教学研究 [D]. 济南：山东师范大学，2014：7.

[5] 江翠 . 中学语文教学课堂提问的有效性研究 [J]. 文理导航·教育研究与实践，2013（12）：3.

[6] 姜清平 . 构建有效的高中语文课堂教学模式 [J]. 中国教师，2009（18）：22.

[7] 金玉红 . 试论高中语文生态课堂的构建策略 [J]. 考试周刊，2019（90）：66.

[8] 井艳茹 . 提高高中语文课堂教学的有效性方法 [J]. 现代交际，2014（12）：144.

[9] 李记喜 . 浅谈如何提高中学语文写作教学的有效性 [J]. 现代妇女(理论版)，2013(2)：107.

[10] 李清友 . 高中整本书阅读教学模式研究 [J]. 文学教育（中），2020（11）：68.

[11] 廖才高 . 高中语文教学要彻底改革 [J]. 湖南师范大学教育科学学报，2002，1（2）：78-81.

[12] 廖忠良 . 语文教学的智慧 [M]. 广州：中山大学出版社，2013.

[13] 凌士彬 . 高中语文大单元设计的教学形态与目标实现 [J]. 教学与管理（中学版），2021（12）：58-61.

[14] 刘海平 . 中学语文课堂教学实施策略研究 [J]. 兰州教育学院学报，2019，35（6）：173-174.

[15] 刘建礼 . 系统思维视角下的高中语文主题单元教学研究 [J]. 语文教学通讯•D刊(学术刊)，2022（4）：17.

[16] 刘洁梅 . 高中语文大单元教学设计的操作逻辑 [J]. 中学语文教学参考，2022（9）：40-41.

[17] 刘晓红 . 高中语文教学存在的问题及应对策略 [J]. 吉首大学学报（社会科学版），

2014（z2）：229-230.

[18] 卢镜.高中语文教学：生涯教育渗透研究 [J]. 现代教育科学，2019（3）：106-109.

[19] 吕全鹏.高中语文课堂教学评价简论 [J]. 河南科技学院学报，2022，42（2）：8.

[20] 马秀丽.新课程标准下高中语文教学模式浅析 [J]. 新课程（中学），2018，（6）：27.

[21] 毛建铭.高中语文课堂教学中语言有效性的探析 [J]. 中国科教创新导刊,2011(6):53.

[22] 冉茂怀.高中语文课堂教学探析 [J]. 南北桥，2021（11）：123.

[23] 宋学婷.高中语文教学内容的整合运用研究 [M]. 长春：吉林人民出版社，2019.

[24] 孙英凤.高中语文教学与写作研究 [M]. 西安：世界图书出版西安有限公司，2017.

[25] 万俊蕊.探讨在高中语文课堂教学中有效构建策略 [J]. 魅力中国，2020（23）：106.

[26] 徐彩彩.语文教师课堂有效教学行为研究 [D]. 宁波：宁波大学，2012.

[27] 徐湘龙.主问题的设计与思考：以高中语文教学为例[J]. 基础教育课程,2022(11):60-67.

[28] 杨伟东.核心素养下的中学语文课堂教学 [J]. 文学教育（下），2020（04）：181.

[29] 杨永霞.高中语文教学中渗透语文要素的方法浅谈 [J]. 读写算，2022（5）：174.

[30] 张虹.浅谈高中语文有效教学方法 [J]. 中学课程辅导（教师通讯），2017（17）：93.

[31] 张先亮.高中语文教学质量目标设定与标准监控研究 [M]. 北京：语文出版社，2012.

[32] 郑静.浅谈高中语文教学中学生自主学习能力的培养 [J]. 速读（上旬),2018（1）：231.

[33] 钟翠婷.高中语文"整本书阅读"教学研究 [M]. 长春：吉林人民出版社，2019.

[34] 朱再枝，严景东.高中语文单元整体教学"四化"目标的实现 [J]. 教学与管理（中学版），2022（4）：30-33.